普通高等学校"十四五"规划旅游管理专业类精品教材
国家级一流本科专业建设旅游管理类特色教材

旅游学研究方法

Research Approaches for Tourism Science

编　著◎陈　楠　袁　箐
参　编◎乔光辉　尚雯雯　李嘉琪

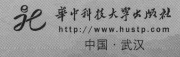

中国·武汉

内 容 提 要

本书从旅游现象的综合性特征出发,借鉴管理学、社会学、地理学等相关学科研究方法体系的理论与实践经验,在对前人研究方法成果做系统归纳、总结和比较分析的基础上,提出和构建适用于旅游学理论研究和分析的方法体系。本书以旅游发展的实践为基础,整理和了解旅游现象,分析并总结旅游发展的逻辑性与合理性,从而发现其活动规律,着重于介绍旅游学研究的基本理论问题,培养学生旅游学方面的科研能力。"旅游学研究方法"是旅游管理专业高年级本科生、研究生掌握旅游研究的入门课程,也是旅游管理专业学生需要学习的一门专业核心课程。本书可以作为旅游专业本科高年级学生、研究生的学习教材,也可作为旅游管理学术科研培训教材和参考读物。

图书在版编目(CIP)数据

旅游学研究方法/陈楠,袁箐编著.—武汉:华中科技大学出版社,2022.8
ISBN 978-7-5680-8682-0

Ⅰ.①旅… Ⅱ.①陈… ②袁… Ⅲ.①旅游学-研究方法 Ⅳ.①F590

中国版本图书馆 CIP 数据核字(2022)第 146444 号

旅游学研究方法 陈 楠 袁 箐 编著
Lüyouxue Yanjiu Fangfa

策划编辑:王　乾
责任编辑:仇雨亭　汪　杭
封面设计:原色设计
责任校对:刘　竣
责任监印:周治超
出版发行:华中科技大学出版社(中国·武汉)　　电话:(027)81321913
　　　　　武汉市东湖新技术开发区华工科技园　　邮编:430223
录　　排:华中科技大学惠友文印中心
印　　刷:武汉科源印刷设计有限公司
开　　本:787mm×1092mm　1/16
印　　张:17.25　插页:2
字　　数:407千字
版　　次:2022年8月第1版第1次印刷
定　　价:59.80元

本书若有印装质量问题,请向出版社营销中心调换
全国免费服务热线:400-6679-118　竭诚为您服务
版权所有　侵权必究

普通高等学校"十四五"规划旅游管理类精品教材
国家级一流本科专业建设旅游管理类特色教材

出版说明

为深入落实全国教育大会和《加快推进教育现代化实施方案(2018—2022年)》文件精神,贯彻落实新时代全国高校本科教育工作会议和《教育部关于加快建设高水平本科教育　全面提高人才培养能力的意见》、"六卓越一拔尖"计划2.0系列文件要求,推动新工科、新医科、新农科、新文科建设,做强一流本科、建设一流专业、培养一流人才,全面振兴本科教育,提高高校人才培养能力,实现高等教育内涵式发展,教育部决定全面实施"六卓越一拔尖"计划2.0,启动一流本科专业建设"双万计划",并计划在2019—2021年建设143个旅游管理类国家级一流本科专业点。

基于此,建设符合旅游管理类国家级一流本科专业人才培养需求的教材,将助力旅游高等教育专业结构优化,全面打造一流本科人才培养体系,进而为中国旅游业在"十四五"期间深化文旅融合、持续迈向高质量发展提供有力支撑。

华中科技大学出版社一向以服务高校教学、科研为己任,重视高品质专业教材出版,"十三五"期间,在教育部高等学校旅游管理类专业教学指导委员会和全国高校旅游应用型本科院校联盟的大力支持和指导下,率先组织编纂出版"普通高等院校旅游管理专业类'十三五'规划教材"。该套教材自出版发行以来,被全国三百多所开设旅游管理类专业的院校选用,并多次再版。

为积极响应"十四五"期间国家一流本科专业建设的新需求,"国家级一流本科专业建设旅游管理类特色教材"项目应运而生。本项目依据旅游管理类国家级一流本科专业建设要求,立足"十四五"期间旅游管理人才培养新特征进行整体规划,邀请旅游管理类国家级一流本科专业建设院校国家教学名师、资深教授及中青年旅游学科带头人加盟编纂。

本套教材融入思政内容,助力旅游管理教学实现立德树人与专业人才培养有机融合。让学生充分认识专业学习的重要性,加强学生专业技能的培养,并将学生个人职业发展与国家建设紧密结合,让学生树立正确的价值观。同时,本套教材基于旅游管理类国家级一流本科专业建设要求,在教材内容上体现"两性一度",即高阶性、创新性和挑战度的高质量要求。此外，依托资源服务平台，打造新形态立体教材。华中科技大学出版社紧抓"互联网＋"时代教育需求，自主研发并上线了华中出版资源服务平台，为本套教材提供立体化教学配套服务，既为教师教学提供教学计划书、教学课件、习题库、案例库、参考答案、教学视频等系列配套教学资源，又为教学管理构建课程开发、习题管理、学生评论、班级管理等于一体的教学生态链，真正打造了线上线下、课内课外的新形态立体化互动教材。

  本项目编委会力求通过出版一套兼具理论与实践、传承与创新、基础与前沿的精品教材，为加快实现我国旅游高等教育内涵式发展、建成世界旅游强国贡献一份力量，并诚挚邀请更多致力于中国旅游高等教育的专家学者加入我们！

前言
Preface

当前,学科交叉融合是大势所趋,受到全球的广泛关注,但机遇和挑战并存。如何促进学科交叉融合研究,一直以来都是世界各国科学资助机构共同面临的一个难题和挑战。旅游现象是涉及经济、社会、文化、政治等多方面因素的复杂现象。来自地理学、社会学、历史学、人类学、心理学、经济学、政治学、管理学、营销学等不同学科背景的学者们都对旅游现象给予了特别的关注,借用不同学科的理论基础和研究方法对旅游现象进行了多角度研究。但是要全面认识并研究旅游现象,是任何一门既有学科都无法独立完成的。旅游学作为一门综合性的交叉学科,在研究旅游现象方面形成了自己独特的理论和方法论体系,旅游学的独立地位也体现在其研究方法的独立性上。要发展中国的旅游研究,研究方法是不能忽略的方面。

旅游学研究方法是旅游管理专业高年级本科生、研究生掌握旅游研究的入门课程,也是旅游管理专业学生需要学习的一门专业核心课程。它以旅游发展的实践为基础,从整理和了解旅游现象中分析并总结旅游发展的逻辑性与合理性,从而发现其活动规律,着重于介绍旅游学研究的一些基本理论问题,培养学生旅游学方面的科研能力。科研能力是个很宽泛的概念,包括很多方面的内容,不但综合体现了一个人专业知识的深度和广度,而且也反映了其发现问题、认识问题和解决问题的能力。对于还处于学习阶段的高年级本科生、硕士研究生和博士生来说,不同阶段需要培养的科研能力的侧重点也是不同的。

本书从旅游现象的综合性特征出发,借鉴管理学、社会学、地理学等相关学科研究方法体系的理论与实践经验,在对前人研究方法成果做系统归纳、总结和比较分析的基础上,提出和构建符合旅游学理论研究和分析的方法体系。全书分为五部分,共计十六章。第一部分导论,包括第一章科学与科学研究,第二章科学研究的过程、类型与范式;第二部分研究基础,包括第三章确定主题与研究问题、第四章研究设计;第三部分定量研究方式,包括第五章研究的测量、第六章问卷编制、第七章数据收集、第八章抽样与研究效度;第四部分定性研究方式,包括第九章定性研究概述、第十章定性资料的收集与分析、第十一章内容分析法与案例分析、第十二章扎根理论、第十三章实地研究;第五部分研究撰写与伦理问题,包括第十四章参考文献和引用、第十五章研究报告与学术论文撰写、第十六章研究伦理问题。

本书由河南大学文化产业与旅游管理学院陈楠、袁箐编著,由浙江工商大学乔光辉、河南财经政法大学尚雯雯、郑州工程技术学院李嘉琪联合参编。编者均是高校科研骨干教师,既有国内教育教学经验,也有海外留学科研背景,对旅游学研究有深刻认识。具体编写任务分工如下:陈楠负责本书的体系构建和内容审查工作,撰写了第一至第三章;袁箐负责教材编写的大纲审核、统稿工作,撰写了第五至第八章;乔光辉负责撰写第四章、第十二章、第十三章;尚雯雯负责撰写第九至第十一章;李嘉琪负责撰写第十四至第十六章。河南大学研究生王亚西、胡文文、王亚慧、周健美、任贺、余仁凤、陈鑫月、王连、王亮、张少康、刘远程、王安鑫、林冠宇等参与了资料收集与文字的校对工作。

本书在撰写过程中,通过网络等平台参考并借鉴了诸多学者的研究成果,由于篇幅有限,未能将作者及相关人员的信息一一列出,在此谨向这些文献资料的作者表示深深的谢意。本书的出版得到了国家级一流本科专业建设点项目(河南大学旅游管理专业)、河南省研究生教育改革与质量提升工程项目(hnyjs2018kc32)、河南省重点学科建设项目、河南大学研究生教育教学改革研究与实践项目(YJSJG2022XJ016,SYLJC2022004)、河南大学本科教学改革研究与实践项目的资助,得到了华中科技大学出版社的大力支持和帮助,在此一并致谢! 由于作者水平有限、时间仓促,虽尽力减少谬误,但在旅游学研究方法上的探索与尝试必然存在着缺点与不足,恳请专家、学者和广大读者不吝赐教,以便我们修订完善。

作者

2022 年 4 月于河南大学

目录
Contents

第一部分 导 论

第一章 科学与科学研究 /003

第一节 科学的本质 /003
一、知识的形成 /003
二、科学的基本原则 /005
三、科学的四个关键词 /007

第二节 科学方法 /008
一、科学方法的过程 /008
二、科学方法的特征 /012
三、科学方法的体系 /013

第三节 科学研究 /015
一、科学研究的目的 /015
二、科学研究的步骤 /016
三、科学研究的框架 /017

第四节 旅游研究 /019
一、旅游研究的范畴 /019
二、旅游研究的属性 /020

第二章　科学研究的过程、类型与范式　/023

第一节　科学研究的过程　　　　　　　　　/023
　一、选择研究的领域　　　　　　　　　　/024
　二、确定研究的问题　　　　　　　　　　/025
　三、构建科学理论　　　　　　　　　　　/027

第二节　科学研究的类型　　　　　　　　　/028
　一、实证研究与规范研究　　　　　　　　/029
　二、定量研究与定性研究　　　　　　　　/029
　三、归纳研究与演绎研究　　　　　　　　/030

第三节　科学研究的范式　　　　　　　　　/031
　一、存在论和认识论　　　　　　　　　　/031
　二、实证主义理论范式　　　　　　　　　/031
　三、解释主义理论范式　　　　　　　　　/032
　四、批判主义理论范式　　　　　　　　　/033
　五、其他范式　　　　　　　　　　　　　/034

第四节　科学研究理论框架　　　　　　　　/035
　一、理论　　　　　　　　　　　　　　　/035
　二、理论框架　　　　　　　　　　　　　/036
　三、研究假设　　　　　　　　　　　　　/038

第二部分　研究基础

第三章　确定主题与研究问题　/045

第一节　研究主题　　　　　　　　　　　　/045
　一、研究主题的来源　　　　　　　　　　/045
　二、研究主题的选定　　　　　　　　　　/048
　三、研究主题的评价　　　　　　　　　　/049

第二节　研究问题　　　　　　　　　　　　/051
　一、研究问题的界定　　　　　　　　　　/051
　二、研究问题的提出　　　　　　　　　　/052
　三、研究问题的解决　　　　　　　　　　/054

第三节　文献回顾　　　　　　　　　　/055
　一、文献回顾的目的　　　　　　　　/055
　二、文献资料的来源　　　　　　　　/056
　三、文献资料的阅读　　　　　　　　/057
第四节　研究计划书　　　　　　　　　/058
　一、研究计划书的概念　　　　　　　/058
　二、研究计划书的要领　　　　　　　/059
　三、研究计划书的作用　　　　　　　/060
　四、研究计划书的内容　　　　　　　/060

第四章　研究设计　　　　　　　　　/064

第一节　研究设计概述　　　　　　　　/064
　一、研究设计的概念　　　　　　　　/064
　二、研究设计的意义　　　　　　　　/065
　三、研究设计的目标　　　　　　　　/066
第二节　研究设计类型　　　　　　　　/068
　一、认知程度导向型　　　　　　　　/068
　二、研究目的导向型　　　　　　　　/069
　三、资料形态导向型　　　　　　　　/072
　四、实验环境导向型　　　　　　　　/073
　五、推理逻辑导向型　　　　　　　　/074
第三节　研究设计战略　　　　　　　　/075
　一、一般性研究设计战略　　　　　　/075
　二、实证检验性战略　　　　　　　　/077
　三、效度提升性战略　　　　　　　　/078
　四、研究设计的选择　　　　　　　　/081

第三部分　定量研究方式

第五章　研究的测量　　　　　　　　/089

第一节　测量的概念　　　　　　　　　/090
　一、测量的定义与作用　　　　　　　/090

二、测量的要素与方式　　/091
第二节　概念化与操作化　　/092
　　一、概念与概念化　　/092
　　二、操作与操作化　　/093
　　三、操作化过程　　/093
第三节　概念、指标与变量　　/096
　　一、概念　　/096
　　二、指标与标志　　/096
　　三、变量与变量值　　/097
第四节　量表与测量评价　　/098
　　一、量表的类型　　/098
　　二、测量评价　　/100
第五节　信度与效度　　/100
　　一、信度　　/101
　　二、效度　　/102
　　三、影响信度和效度的因素及其相互关系　　/102

第六章　问卷编制　　/105

第一节　问卷基本概念　　/105
　　一、问卷结构　　/106
　　二、问卷问题类型　　/109
第二节　问卷编制原则　　/111
　　一、问题设计的原则　　/111
　　二、答案设计的原则　　/112
第三节　问卷设计的基本步骤　　/113
　　一、探索性工作　　/113
　　二、设计问卷初稿　　/114
　　三、预调查　　/115
　　四、修改及定稿　　/115

第七章　数据收集　　/117

第一节　资料来源　　/117
　　一、一手资料来源　　/117
　　二、二手资料来源　　/120

第二节　资料收集方法　　　　　　　　/121
　一、问卷法　　　　　　　　　　　　/121
　二、访谈法　　　　　　　　　　　　/122
　三、观察法　　　　　　　　　　　　/125

第八章　抽样与研究效度　　　　　　/128

第一节　抽样概述　　　　　　　　　　/128
　一、抽样的必要性　　　　　　　　　/128
　二、抽样的常用语　　　　　　　　　/130
　三、抽样误差　　　　　　　　　　　/132
第二节　抽样方法　　　　　　　　　　/134
　一、概率抽样方法　　　　　　　　　/134
　二、非概率抽样方法　　　　　　　　/136
第三节　抽样过程　　　　　　　　　　/138
　一、抽样步骤　　　　　　　　　　　/138
　二、样本容量　　　　　　　　　　　/141
第四节　研究效度　　　　　　　　　　/142
　一、定量研究中的效度问题　　　　　/142
　二、内部效度　　　　　　　　　　　/143
　三、外部效度　　　　　　　　　　　/148
　四、结构效度　　　　　　　　　　　/150
　五、统计结论效度　　　　　　　　　/151

第四部分　定性研究方式

第九章　定性研究概述　　　　　　　/155

第一节　定性研究的概念与特点　　　　/156
　一、定性研究的概念　　　　　　　　/156
　二、定性研究的特点　　　　　　　　/157
第二节　定性研究的目的与方法　　　　/161
　一、定性研究的目的　　　　　　　　/161
　二、定性研究的方法　　　　　　　　/161

第三节　定性研究的方式　/162
一、定性研究的多样性　/162
二、定性研究方法的基本方式　/163

第四节　定性研究的效度　/164
一、提高定性研究效度的策略　/164
二、定性研究效度类型　/165

第十章　定性资料的收集与分析　/169

第一节　定性资料的收集方法　/169
一、观察法　/169
二、访谈法　/172
三、文献法　/175

第二节　定性资料分析　/178
一、定性资料分析工具　/178
二、定性资料分析的步骤　/180

第十一章　内容分析法与案例研究　/184

第一节　内容分析法　/184
一、内容分析法的概念　/184
二、内容分析法的类型　/185
三、内容分析法的目标　/186
四、内容分析法的步骤　/188

第二节　案例研究　/191
一、案例研究的概念与特征　/191
二、案例研究的目的与分类　/193
三、案例研究的范式与一般过程　/195

第十二章　扎根理论　/201

第一节　扎根理论的概念　/201
一、扎根理论的定义　/201
二、扎根理论的起源与发展　/202

第二节　扎根理论的研究步骤　/203
一、准备阶段：理论触觉　/203

二、资料收集　　　　　　　　　　/203
　　三、资料编码　　　　　　　　　　/204
　　四、备忘录　　　　　　　　　　　/207
第三节　理论抽样与反思评价　　　　/208
　　一、理论抽样　　　　　　　　　　/208
　　二、反思与评价　　　　　　　　　/209

第十三章　实地研究　/212

第一节　实地研究概述　　　　　　　/212
　　一、实地研究的定义　　　　　　　/212
　　二、实地研究的优缺点　　　　　　/213
第二节　实地研究的操作方法　　　　/214
　　一、前期准备　　　　　　　　　　/214
　　二、抽样　　　　　　　　　　　　/215
　　三、定性访谈　　　　　　　　　　/216
　　四、观察记录　　　　　　　　　　/218
　　五、资料分析　　　　　　　　　　/219

第五部分　研究撰写与伦理问题

第十四章　参考文献和引用　/223

第一节　参考文献定义与作用　　　　/223
　　一、参考文献的定义　　　　　　　/224
　　二、参考文献的作用　　　　　　　/224
第二节　参考文献信息及其标注方法　/224
　　一、参考文献信息　　　　　　　　/225
　　二、参考文献的标注方法　　　　　/230
第三节　引用与剽窃　　　　　　　　/231

第十五章　研究报告与学术论文撰写　/233

第一节　研究报告的撰写　　　　　　/233

一、研究报告的特征　　　　　　　　/233
二、研究报告的类型　　　　　　　　/234
三、研究报告的体例　　　　　　　　/234

第二节　学术论文的撰写　　　　　　/238
一、学术论文的类型　　　　　　　　/238
二、学术论文的特征　　　　　　　　/239
三、学术论文的体例　　　　　　　　/240

第十六章　研究伦理问题　　/248

第一节　研究伦理概述　　　　　　　/248
一、伦理的概念　　　　　　　　　　/248
二、科学研究的伦理准则　　　　　　/249

第二节　社会研究中的伦理问题　　　/250
一、征得同意　　　　　　　　　　　/250
二、自愿参与　　　　　　　　　　　/251
三、对被试无害　　　　　　　　　　/251
四、提供研究信息　　　　　　　　　/252
五、有权退出　　　　　　　　　　　/252
六、匿名与保密　　　　　　　　　　/253
七、避免欺骗　　　　　　　　　　　/253
八、分析与报告　　　　　　　　　　/253

第三节　旅游研究中的伦理问题　　　/254
一、旅游研究者对社会所承担的伦理责任　/254
二、旅游研究者对学术界所承担的伦理责任　/255
三、旅游研究者对被试所承担的伦理责任　/255
四、旅游研究者对发起人所承担的伦理责任　/256
五、旅游研究者对自身承担的伦理责任　/257
六、旅游研究者、为什么要讲究伦理　/257

参考文献　　　　　　　　　　/259

SECTION

1

第一部分　导论

第一章 科学与科学研究

学习目标

1. 了解知识形成的方法与科学的基本原则。
2. 了解并掌握科学方法的过程以及科学方法的体系。
3. 了解并掌握科学研究步骤及框架。
4. 了解旅游研究的范畴和属性。
5. 了解旅游研究的历史和现状。

知识体系

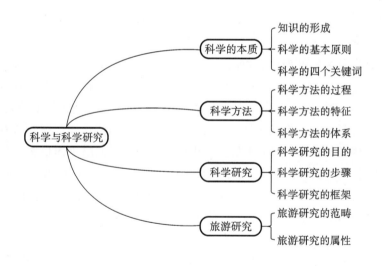

第一节 科学的本质

一、知识的形成

知识是人类对物质世界和精神世界探索的结果。它可以从理论中形成,也可以从实践中获得。在应用和交流的过程中,知识被不断地丰富、拓展,甚至修正、更改。因此,知识没有绝对的对与错,它在不同时代有不同的阐述。英国哲学家培根曾说:"求知的目的不是吹嘘炫耀,而应该是寻找真理,启迪智慧。"

（一）知识形成的方法

1. 神学法

神学法是西方科学研究中从神学及其相关领域获得知识的一种方法。"神学"一词,广义上指所有对神这个主题展开的研究或学说,主要包括四个方面:神的启示、人的理智活动、信徒的宗教经验和信徒一代传一代累积起来的传统。人类历史起源时,大多数人通过神话或者通过祖先传下来的智慧箴言了解真理。信神的人相信这些说法就是真理,因为神永远不会出错。不信神的人认为这是一种迷信。从人类历史起源到今天,对很多人来说,宗教仍旧是有影响力的知识来源之一。

2. 权威法

求知的第二种方法是权威法。当某个人、某种思想体系或某种组织,由于其活动内容的价值、功绩或品德被社会所公认时,就具有权威的意义。例如,我们生病时往往采纳医生的建议,而非家政人员或的士司机的建议。关于飓风如何形成的知识,我们往往相信百科全书的说法,而不是小说或漫画。但是,对于专家给出的知识我们应该保持谨慎,而不是无条件地接受。要知道医生也会误诊,百科全书也可能出错。正如培根所说,如无理性作基础,权威是不完全的。没有这个基础,它会引起误解。

3. 思辨法

思辨法是通过逻辑推理获取知识的一种方法。逻辑推理是由一个或几个已知的判断（前提）,推导出一个未知的结论的思维过程。思辨法能够提供一个合理且真实的概念,像哲学和纯数学知识通常是以这种方式获得的。对于没有确定答案的问题,如果有人能为自己的解释或观点提供很好的论证,我们可能更相信这样的解释或观点。诉讼律师最擅长运用逻辑推理,他们娴熟地引用资料来使法官或陪审团信服为什么某一方是有罪的,而另一方是无罪的。但是逻辑推理得出的结论只是暂时性的真理,因为它是在给定条件下对事物的一个推测,一旦有更令人信服的理由出现,之前的结论将被推翻。所以,除非逻辑和经验一致,否则,仅以逻辑是不足以推出真理的。

4. 科学法

科学法是求知的第四种方法。科学法通过观察、实验和推理得到可验证的、系统的知识。科学过程所创造的知识较为可信,这是因为它既包括逻辑的推理,也包括数据观测或实证观察。例如,屠呦呦通过多次实验发现青蒿素,从而找到治疗疟疾的新疗法。我们相信这种新疗法的临床效果,因为它有充足的理论依据和临床试验作为支撑。科学法是探求知识的过程中最主要的一种求知方法,因为通过科学法得到的结论能大量用于生活实践。这种实用性和之前谈及的可信度使科学法成为一种运用最广泛的求知方法。

如图1-1所示,上述前两种方法属于传承知识的方法,因为它们主要是注释、诠释或者证明自己知识来源的合理性,是将过去已有的知识进行传承和普及,将他人的知识共享为自己的知识。虽然这一过程中享有这种知识的人数增加了,但是人类对世界认知所得的知识总量并没有增加。后两种方法则是发现知识的方法,因为这两种方法是做研究而不是学习和传承。人类通过它们才能在各领域由无知变为有知,它们能够丰富人类的知识库存总量。

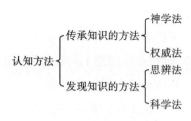

图1-1　四种认知方法

二、科学的基本原则

研究对象的共同属性和研究方法的相同本质是科学的基础。科学方法遵循以下一系列基本原则。

(一)规律性

无论是自然界还是社会世界,都是有规律的。在事物发展的过程中,既有偶然的转瞬即逝的方面,也有必然的稳定的方面,规律揭示的就是事物运动发展中本质的、必然的、稳定的联系。任何规律都是事物内在根据和本质的联系。例如,万有引力定律揭示了物体之间的本质联系;元素周期律揭示了元素的化学性质与原子序数之间的本质联系;生产关系与生产力状况相适应的规律揭示了其本质联系及物质生产方式的内容。

世界上的事物、现象千差万别,它们都有各自的互不相同的规律。按其根本内容来说,可分为自然规律、社会规律。自然规律和社会规律都是客观物质世界的规律,它们的表现形式有所不同。自然规律是在自然界各种不自觉的、盲目的动力相互作用中表现出来的。社会规律则必须通过人的自觉活动表现出来。

(二)可知性

可知论认为,世界是可以认识的。人们不但能够认识事物的现象,而且能够认识事物的本质。虽然在具体的历史阶段或具体的时间点上,人们对世界的认识是有限的,但是从认识发展的趋势来看,任何事物都是可以被认识的。人们对世界的认识没有一个极限。客观事物之所以具有可知性,是因为它的实在性和运动性。事物的根据、条件、状态都是实际存在的,不是虚无缥缈或不可捉摸的东西。事物通过运动,在时间上表现出过程性,在空间上表现出伸张性,于是质具有了量的可测性,本质通过现象表现出来。所以人们可以由表及里,由此及彼,透过现象把握事物的本质和规律。

可知性是物质世界固有的属性,只是在人的意识产生后才以确定的形式表现出来。所以,人对客观事物的认识是主观和客观相互作用的结果。人是在主客观的对立统一中,指出客观对象具有可知性的。这是因为思维是物质世界长期发展的产物,人的认识能力是物质世界本身的能力。思维既然是物质世界自身高级阶段上的反映形式,那么它就一定有能力认识物质的和社会的世界。

(三)相对性

科学知识是相对的和不断发展的。人们在一定条件下对客观事物及其客观规律的认识是有限的。随着时间的推移,当新的逻辑(理论)出现时,最初的逻辑(理论)可能会被推翻。所以，科学研究的过程需要不断引入新的理论和新的观察，从而更新知识体系。事物认识的广度和深度是受历史限制的。如果研究者能够注意到事物发展中的相对意义，将避免思想上的僵化和片面性。

科学理论需要不断被充实、修正和更替。倘若把科学理论等同于真理，就会犯绝对主义和教条主义的错误，束缚科学的发展。相对性和绝对性不是对立关系，而是辩证统一关系。科学真理的绝对性存在于科学真理的相对性之中。相对真理的总和构成绝对真理。科学发展的每一阶段都在给绝对真理增添认识。每一科学原理都具有相对性，它随着知识的增加而不断深化。

（四）客观性

真理必须经得起不受人的主观偏好和情绪影响的客观检验。所谓客观，是指现实世界存在的、不以人的意志为转移的事实。科学研究以事实为依据，在研究中要尽量排除价值观和主观偏好的影响。价值观和主观偏好不同的人在重复科学研究时应能够得出同样的结果。

从科学的理性目标来看，无论是科学理论还是科学事实都应该在一定程度上与对象或世界相符合，这就是科学以其对象的实在性为核心的外在客观性。如果说科学的外在客观性表达了思想结构或语言结构同世界的独立结构之间的静态关系，那么人们运用各种科学工具和科学方法所实现的"变换下的不变性"或公共性，就是科学的内在客观性。内在客观性强调科学认识中的主体能动性。它通过对实体与过程、属性与关系、类型与结构，以及理论模型等的深刻认识与规范性重建，将科学对象的客观实在性内化为一种属人的存在，从而达到更深刻的外在化，实现和深化外在客观性。这一过程是科学客观性的认识论表征。

（五）实践性

科学知识来自实践，实践是检验真理的唯一标准。科学研究建立在现实世界的实践性上。唯心主义、管理者的道德观等问题因为不能被实践所证明，所以不属于科学范畴。文学、艺术、哲学和宗教等不具备观测、调查和实验的科学特征，因而也不是科学。自然科学知识建立和形成所依赖的受控实验，社会科学知识建立和形成所依赖的参与式观察和实证调查共同表现出科学知识的实践性特征。

实践之所以在科学研究活动中不可或缺，理由有三：一是人类思维能力产生于实践。从社会发展史的角度看，人类在劳动中产生，人的思维、意识能力也在劳动、实践中产生。二是人类的思维能力随实践的发展而提高。思维能力需要随实践的丰富而发展。离开了实践的思维，也会退化、衰竭。三是创造性思维的成果要在实践中接受检验。创造性思维是在已有知识和经验的基础上，运用逻辑抽象能力、想象能力及直觉顿悟能力产生的。

三、科学的四个关键词

（一）问题

问题是开启科学探究的钥匙。问题的提出是所有科学探究的起点。真实有效的问题不是依靠虚构得来的，而是从我们自身生活生产的实践中得来的。周围的现象和事物，一切大的或小的，常见的或不常见的，有生命的或无生命的事物，都是科学研究的对象，但只有真实的生活生产实践才能带给人们开展科学探究的重要灵感。我们通过观察生活中的不同现象，产生各式各样的感觉、疑惑和联想，进而以问题的形式将之提出，接着展开进一步的探究活动。

（二）证据

证据是推进科学探究的基石。有了真实有效的问题，就能够一边进行猜想和假设，一边着手设计实验探究方案，最终收集到真实有效的数据，为最后提出结论提供关键的证据。研究者要具备设计探究方案和获取证据的能力，能正确实施探究方案，使用各种科技手段和方法收集信息。例如，能通过观察、调查和实验等方式获取证据；掌握课程要求的实验器材的使用方法，实验方案的设计和数据收集的方法等；以图或表等多种方式呈现收集到的数据。真实有效的证据的发现，需要我们保持深度参与，对破绽百出的实验方案不断地进行优化改进，逐渐让思路清晰且成熟。

（三）解释

解释是实现科学探究的关键。科学家会试图用猜测与假设对所收集到的关键信息进行解释，如果能够成功解释，则证明猜测为合理的；如果不能成功解释，就必须调整或者提出新的假设，直至新的假设能够被所有证据所支持。要得出真实有效的解释需要研究者具备分析论证的能力，会使用各种方法和手段分析、处理信息，描述、解释、探究结果和变化趋势，基于证据得出合理的结论。例如，基于证据分析相关现象或原因；使用课程标准要求的方法和技术来分析数据；对收集到的证据的可靠性进行评估；评价证据是否支持所得出的结论。

（四）交流

交流是深化科学探究的保证。科学探究的收尾环节是交流，交流是对整个科学探究过程的重新审视。其中常见的活动是误差分析和对整个探究过程的评估与反思。要进行真实有效的交流需要交流双方具有交流与合作的意愿与能力，能够准确地表述、评估和反思科学探究过程与结果，例如，准确表达自己的探究问题、过程和结果；选择和运用适宜的媒体与他人进行有效交流；对他人的探究过程和结果能提出建设性意见。科学家很乐意将自己的研究成果公布于众并与同行们交流。他们认为，这种交流是智慧的交换，对得出正确的结论是十分有益的。在交流过程中，他们很注重倾听和尊重他人提出的不同观点和评议，既坚持原则，也勇于放弃或修正自己的观点。

第二节 科 学 方 法

一、科学方法的过程

"方法"是指人们在一切活动领域内,从理论上或实践上掌握现实,为达到某种目的而采取的途径、手段、工具和方式的总和。

方法是有结构的。它由目的、知识、程序、格式和规则等五个要素构成。目的是方法的灵魂,它决定着程序、格式和规则,其他要素都是为目的服务的。

科学方法的过程是对自然或社会现象做出系统性的、可控的、实证的和批判的调查。这一过程既始于现实世界的事实,亦终于现实世界的事实。具体来说,该过程起始于观察现实世界的事实,然后归纳出关于事实间关系的说明,根据归纳得出的结论再演绎推理出关于现实世界的预测,最后用事实来检验预测的正确性。归纳、演绎、验证构成科学方法过程的三大要素,如图 1-2 所示。同时,这一过程也符合认识论的哲学观。

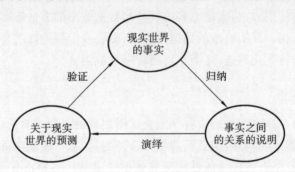

图 1-2　科学方法的过程

(一) 归纳法

归纳法是一种由个别到一般的论证方法。它通过观察许多个别的事例或分论点,然后归纳出它们所共有的特性,从而得出一个一般性的结论。归纳法可以先举事例,再归纳结论;也可以先提出结论,再举例加以证明。前者即我们通常所说的归纳法,后者我们称之为例证法。例证法是一种用个别、典型的具体事例证明论点的论证方法。归纳法的结论内容超出了前提所包含的内容,因而它是人们扩大知识范围、增加知识内容的一种逻辑手段。

归纳法主要包括五个相联系的步骤,即观察或实验、比较、归类、分析与综合、概括。

1. 观察或实验

归纳法要以个别性知识为前提。为了获得个别性知识,就必须收集经验材料。收集经验材料首先需要进行观察或者实验。这里所说的"观察"是"科学观察"的简称,指在一定的思想或理论指导下,在自然发生(不干预自然现象)的条件下进行的主动观察。

科学观察往往不是单纯地靠感官去感受自然界所给予的刺激,而是要借助一定的科学仪器和方法去考察、描述和确认自然现象的发生。其中,实验是人们应用一定的科学仪器,使研究对象在自己的控制之下,按照自己的设计发生变化,并通过观察和思考这种变化来认识对象的方法。

2. 比较

比较是确定对象共同点和差异点的方法。通过比较,既可以认识到对象之间的共同点,也可以了解对象之间的差异点,从而为进一步科学分类提供基础。运用比较方法,重要的是在表面上差异极大的对象中识"同",或在表面上相同或相似的对象中辨"异"。正如黑格尔所说,假如一个人能看出当前即显而易见的差别,例如,能区别一支笔和一头骆驼,我们不会说这个人了不起。同样,一个人能找出两个近似的东西,如橡树和槐树,或寺院与教堂,我们也不能说他有很高的比较能力。我们所要求的,是要能看出异中之同和同中之异。

3. 归类

归类是根据对象的共同点和差异点,把对象按类区分开来的方法。通过归类,可以使杂乱无章的现象条理化,使大量的事实材料系统化。归类是在比较的基础上进行的。通过比较,找出事物间的共同点和差异点,然后把具有共同点的事实材料归为同一类,把具有差异点的事实材料分成不同的类。像扎根理论就是管理学中经常用到的一种归类方法。研究者在研究开始之前一般没有理论假设,而是直接从实际观察入手,从原始资料中归纳出经验概括,然后上升到系统理论。

4. 分析与综合

分析是指将事物分解成简单要素。综合则是组合、结合在一起。也就是说,分析与综合的方法就是将事物分解成组成部分、要素,研究清楚了再组合起来,以新的形象展示出来。例如,白色的光经过三棱镜,分解成红、橙、黄、绿、蓝、靛、紫七色光。反过来,七色光又合成白色光。这就是光谱的分析与综合,由此可以解释彩虹的成因。分析和综合是两种不同的方法,它们在认识方向上是相反的,但它们又是密切结合、相辅相成的。一方面,分析是综合的基础;另一方面,分析也依赖于综合。不以一定的综合为指导,就无从对事物做深入分析。

5. 概括

概括是在思维中把对象本质的、规律性的认识推广到所有同类的其他事物上去的方法。如有研究者以哈雷、苹果、小米和耐克四个品牌的粉丝在线发的帖子作为研究对象,概括出品牌皈依的四个维度,即超常规的购买行为、排外的品牌忠诚、非理性的品牌信念和成为企业内部人员的意愿。

(二)演绎法

演绎法是指在观察和分析的基础上提出问题后,通过推理和想象提出解释问题的假说,根据假说进行演绎推理的方法。这是现代科学研究中常用的一种科学方法,由奥地利科学家卡尔·波普尔推广开来。演绎法为我们解决基础的和管理的问题提供了一种实用而系统的方法。

演绎法主要包括七个步骤,即观察问题所在、问题陈述、提出假设、确定测度、资料收集、资料分析、演绎。

1. 观察问题所在

观察是一种有目的、有计划、比较持久的知觉活动。人们在刚开始从事观察运动时，是凭借自身的感觉器官直接进行的。人的感觉器官直接作用于观察对象，获取关于观察对象的各种信息。在观察者和观察对象之间，不存在任何中介物，它们保持着直接的联系。但是，人的感官感知能力使观察受到生理上的局限。

科学实验上的观察指人们根据科学研究的任务，利用专门的仪器对被研究对象进行积极的干预、实施人为变革和控制，在最有利的条件下对被研究对象进行的观察。科学实验和自然观察的显著区别就在于，在科学实验中，人们要变革和控制被研究对象，在自然观察中，则不是这样。因而，科学实验是比自然观察更强有力的认识手段。科学实验可以把各种偶然的、次要的因素加以排除，使被观察对象的本来面目暴露得更加清楚。

科学实验可以重复进行，多次再现被研究的对象，以便研究者对其反复进行观察。科学实验可以有各种变换和组合，以便研究者分别考察被研究对象各方面的特性。在科学实验中，人们的主观能动性得到了更加充分的发挥。

2. 问题陈述

问题陈述是指为寻求解答，对所研究的问题或议题所做的清楚、完整并简洁的描述。在科学研究中，研究者一开始就要确定一个明确的目标。为了找到解决问题的方案，研究者应该在问题陈述中表明此次研究的目的。通过初步收集与研究目的相关的信息资料，研究者可以缩小问题范围并形成问题陈述。

研究者所需资料可以分为两类：一类是组织的背景信息，即情境因素；另一类是关于研究主题的现有知识，即前人的研究结果。初步的信息收集，包括寻找深度信息以及寻找观察对象，这可以通过撰写文献综述，或与工作场合的一些工作人员、顾客进行访谈，或通过其他相关信息收集与所发生的事情及其原因相关的信息和数据。

通过上述方式，可以得到对环境中所发生的事情的想法或感觉，以便我们形成具体的问题陈述。

3. 提出假设

假设是运用思维、想象，对所研究的事物的本质或规律所作的初步设想或推测，是对所研究的课题提出的可能的答案或尝试性理解。著名学者胡适有句名言：大胆假设，小心求证。大胆假设，即人人都可以提出假设，假定有一种或几种解决问题的方案。科学方法中的假设是对变量间可能存在的关系的一种预测性陈述。它是以已有的事实材料和科学原理为依据，经过逻辑推理，对未知事实及其规律做出的一种假定性阐释。

假设通常以一个可检验的命题形式陈述。陈述的方式主要有三种：①条件式陈述，形式是"如果 A，则 B"；②差异性陈述，形式是"A 不同，B 亦不同"；③函数式陈述，形式是"y 是 x 的函数"，或写作 $y=f(x)$。

一个科学的假设需要满足两个条件：一是可验证性，二是可证伪性。可验证性指的是该假设能被实际验证。像神学里面的很多东西就不能被验证，所以我们不对神学提出科学假设。可证伪性指的是该假设可能被证明是错误的。卡尔·波普尔认为，如果假设不能证伪，那么就不能认为这个假设是成立的。可证伪性强调了理论的核心特点，只有当理论可证伪时，我们才需要证实这个理论，假设才有提出的必要。

4. 确定测度

一个实体的质量好坏是需要测量的,而测量首先需要建立质量指标体系或质量模型,然后使用特定测量方法实施测量。测度的运用是建立测量方法的依据,也是解决质量测量的关键。只有理论框架中的变量可测度,才能验证假设。例如,品牌忠诚度测量模型由态度、产品价值及领导地位、品牌体现价值及差别化、沟通和市场行为五大类十个变量构成。测量模型具有广泛适应性,它在被适当修改之后,可以被应用于不同行业、产业及市场。在对具体的品牌忠诚度进行测量时,此测量模型中的变量可作为备选变量,研究者可从其中选择一些适当变量作研究变量,并赋予其一定的权重。

5. 资料收集

在提出假设之后,需要收集与假设中每一变量相关的资料,即需要进一步收集科学资料来检验研究中所产生的假设。这些资料是将来资料分析的基础。资料收集的方法主要有以下几种。

(1) 观察法。

观察法是指研究者根据一定的研究目的、研究提纲或观察表,用自己的感官和辅助工具去直接观察被研究对象,从而获得资料的一种方法。科学的观察具有目的性、计划性、系统性和可重复性。在科学实验和调查研究中,观察法的作用表现为,扩大人们的感性认识、启发人们的思维、引起新的发现。

(2) 调查法。

调查法是科学研究中常用的方法之一。它是有目的、有计划、有系统地收集有关研究对象现实状况或历史状况的材料的方法。调查法中最常用的是问卷调查法。它是以书面提出问题的方式收集资料的一种研究方法,即调查者将调查项目编制成表,分发或邮寄给有关人员填写答案,然后回收整理、统计和研究。

(3) 实验法。

实验法是通过控制研究对象来发现和确认事物间的因果联系的一种科研方法。其主要特点是具有主动性、控制性和因果性。主动性是指一般的观察与调查都是在不干预研究对象的前提下去认识研究对象、发现其中的问题的,但实验却要求研究者主动操纵实验条件,人为地改变对象的存在方式、变化过程,使其服从于科学认识的需要。控制性是指科学实验要求研究者根据研究的需要,借助各种方法技术,减少或消除各种可能影响科学实验的无关因素的干扰,在简化、纯化的状态下认识研究对象。因果性是指实验是发现、确认事物之间的因果联系的有效工具和必要途径。

6. 资料分析

在资料分析阶段,研究者利用数理统计方法分析所收集的资料,确定其是否支持前面提出的假设。例如,要证实员工不负责任是否导致消费者品牌转移,研究人员可能要做相关性分析,以确定变量之间的关系。此外,还可以进行定性分析,以确定特定的推断是否被证实。定性资料是指通过访谈及观察,以叙事方式所收集的信息。例如,为了检验限制预算将不利于管理者对工作产生反应的理论,研究者可以在限制预算后,对管理者进行访谈,然后将管理者关于由此产生的不同反应的口头回答加以整理和汇总,并观察它们所应归属的类别及回答相同反应的情况。

7. 演绎

演绎是指从前提必然地得出结论的推理,即从一些假设的命题出发,运用逻辑的规则,导出另一命题的过程。例如,从以往的资料中分析发现,在重大灾难事故面前,消费者的购买行为与企业品牌慈善行为呈正相关关系,那么研究人员可以得出"若要提高顾客的购买力,当灾难发生时,企业要树立良好的公益形象"的结论。

(三)验证法

科学假说建立之后,必须通过验证才能成为人类共同的知识。从方法论上讲,科学假说的检验是考察科学理论真假的过程,该检验过程需要在实践中进行。这里所说的检验指的是原则上的可检验性,而非技术上的可检验性。有的假说从目前的理论水平来看,是可以检验的。但由于技术上的条件尚未具备,检验不能立即实施,所以此类假说具有原则上的可检验性,而不具备技术上的可检验性。

假说的检验同假说的预言和推论紧密相连。如果一个假说不能做出任何预言,那它并不具备可检验性;相反,假说的推论和预言中可以被检验的越多,假说的优劣就越易判断。例如,爱因斯坦建立广义相对论后,曾预言了两个重要效应,即光线在引力场中的偏转和光谱线的横向移动,这两个预言分别得到了实践证实,为广义相对论成为重大科学理论奠定了坚实的基础。

假说需要通过观察和实验对假说的推论进行检验与验证。由于假说是对事物的本质或规律的猜测,具有抽象性和普遍性,无法通过实践直接验证。因此,需要由假说逻辑性地推演出若干可以直接检验的推论,然后与观察到的实验结果进行对照。在假说的实验检验过程中,需要注意推论与实验对照的三种情况:

第一,推论与已知的经验相符合,这种证实是对已知经验的理论解释。在这种情况下,从假说命题 P→Q 的逻辑性质看,结论 Q 为真,前提 P 可能真,也可能假。例如,亚当·斯密主张自由贸易,反对政府干预市场,认为个人私利会在市场"看不见的手"的引导下促进公益,这一学说在当时的西方国家备受推崇。但历史经验证明,政府的宏观调控是市场有序发展必不可少的环节。

第二,推论与未知的现象相符合,这种证实是对未知理论的预见。一个理论不仅要有解释力,而且要有预见力,这样的理论才能被称为科学真理。在科学史上,哥白尼的太阳系学说处于假说的状态达三百年之久。尽管有很多经验数据说明这个假说的可靠性,但其毕竟仍是一种假说。当勒维烈根据这个太阳系学说所提供的数据,推算出必定存在一个尚未知道的行星,而且还推算出这个行星在太空中的位置,而后加勒又确实发现了这个行星时,哥白尼的学说才被证实。

第三,推论和未知现象不相符合,这时假说被否证。在这种情况下,进一步深入研究会有两种可能的结果:一是修改或补充原来的假说;二是推翻原来的假说,建立新的假说。

二、科学方法的特征

(一)客观性

科学方法以事实为依据,探究的是事物的真实状况,了解的是事物背后的规律,而不去研究事物应该是什么状态,事物存在是否符合伦理道德。在科学的世界里,事实命题非真即伪,有客观的衡量标准,不涉及价值观的判断。科学方法的客观性表现在主体间认知的一致性。当研究方法能够得到大家统一的认识时,那么它就具有客观性,属于科学方法。

(二) 实证性

实证性意味着通过科学方法得出的结论,可以使用一定的测量手段进行检验。科学方法的过程虽然离不开理论概括、推断、臆测等工作,但其研究结果的导出需要用实践进行证明。换句话说,科学的结论必须经得起现实世界的检验,不能凭空捏造。

(三) 规范性

规范性指进行研究的程序和步骤都是有序、清晰和结构化的,并且能为其他科学研究人员所了解。这有两重含义:一是研究者能用文字和语言清楚地报告取得研究结果的整个过程,使得其他研究人员可据此判断此观测数据获取的过程和分析结果以及导出的结论是否可靠。二是指研究结果的可重复性,即其他人能成用相同的程序和方法得出同样的结果。因此,研究者都非常关注根据一次直接观测所得出结论的规范性。

(四) 概括性

研究者观测事实总是在一定的环境下进行的,然而科学研究结果只有在更广阔的范围才能体现出价值。研究结果的共性越大,其价值也越大。科学研究将具有同一属性的不同事物作为研究对象。有的事物之间的共性显而易见,有的很难发现甚至不存在共性。科学研究的想象力和创新性在于人们发现原先未曾注意到的各种事物和现象之间的同一属性,即两者之间的关联。

三、科学方法的体系

(一) 自然科学方法体系

自然科学方法体系即自然辩证法,是马克思主义哲学的重要组成部分,是关于自然界和科学技术发展的一般规律以及人类认识自然和改造自然的一般方法的科学。自然辩证法包括三部分:一是自然界发展的一般规律,即自然界发展的辩证法;二是科学技术发展的一般规律,即科学技术发展的辩证法;三是人类认识自然和改造自然的一般规律,即科学技术研究的辩证法。这三部分也被称为辩证唯物主义的自然观、科学技术方法论和科学技术观。自然辩证法和各门具体科学技术一样,都研究自然界、科学技术及其研究方法的规律性,这表明它具有科学技术特性。

自然辩证法是集中研究自然界和科学技术的辩证法,是唯物主义在自然界和科学技术领域中的应用。它的原理和方法主要适用于自然领域和科学技术领域,能够很好地指导科学研究活动。在实践中,自然科学的研究方法主要有科学实验法、数学方法、系统科学方法。

1. 科学实验法

科学实验与生产实践、社会实践并称为人类的三大实践活动。实践不仅是理论的源泉,还是检验理论正确与否的唯一标准。因此,科学实验是自然科学理论的源泉和检验标准。特别是在现代自然科学研究中,研究者提出任何新的发现、新的发明、新的理论,都必须以能够重现的实验结果为依据,否则就不能为他人所接受。因此,科学实验是自然科学发展中极为重要的活动和研究方法。

2. 数学方法

自然科学研究中的数学方法是指将科学抽象化的一种方法。其根本特点在于撇开研究对象的其他特性,只抽取出各种量、量的变化及各量之间的关系,也就是在符合客观条件的前提下,使科学概念或原理符号化、公式化,利用数学语言(即数学工具)对符号进行逻辑推导、运算、演算和量的分析,以形成对研究对象的数学解释和预测,从量的方面揭示研究对象的规律性。

3. 系统科学方法

系统科学是关于系统及其演化规律的科学。利用系统科学的原理,研究各种系统的结构、功能及其进化的规律的方法,称为系统科学方法。目前,这种方法已经在各研究领域得到广泛应用,尤其在生物学领域(生态系统)和经济领域(经济管理系统)。系统科学研究有两个基本特点:一是与工程技术、经济建设、企业管理、环境科学等联系密切,具有很强的应用性;二是其理论基础不仅有系统论,还包括各有关的专门学科,例如现代一些数学分支学科。正因为如此,人们认为系统科学方法一般指研究系统的数学模型及系统的结构和设计方法。

(二)社会科学方法体系

社会科学研究方法分为三个层次:指导研究的思想体系、贯穿研究全过程的程序与操作方式,以及进行研究时所采用的具体方法与技术。根据指导研究的思想体系的不同,社会科学方法可划分为三大类:实证主义方法论、反实证主义方法论、唯物史观方法论。

1. 实证主义方法论

此由法国实证主义哲学家孔德提出、杜尔凯姆建立,强调感觉经验、排斥形而上学的传统西方哲学派别,又称实证哲学。作为一种具有明确规定的哲学思潮,实证主义将哲学的任务归结为现象研究,以现象论观点为出发点,拒绝通过理性把握感觉材料,认为通过对现象的归纳就可以得到科学定律。它把处理哲学与科学的关系作为其理论的中心问题,力图将哲学融于科学之中。其核心论点是:事实必须透过观察或感觉经验去认识每个人身处的客观环境和外在事物而获得。实证论者认为,虽然每个人接受的教育不同,但他们用来验证感觉经验的原则并无太大差异。实证主义的目的在于建立知识的客观性,其基本观念如下:

第一,社会科学研究的对象是纯客观的,社会现象背后存在必然的因果规律。

第二,社会现象是可以被感知的。经验是科学知识的唯一来源,只有被经验证明的知识才是科学。

第三,社会科学研究的任务是描述和说明社会是什么,而不是应该是什么。科学只回答真与假的问题,不回答是与非的问题。

实证主义方法论对现代管理学研究的影响巨大而深远。目前所进行的绝大多数规范的管理学研究都是以实证主义方法论为指导的。

2. 反实证主义方法论

此由德国哲学家狄尔泰提出,经由韦伯、米德等的发展而壮大,是19世纪末至20世纪初在欧洲大陆兴起的一种与实证主义相对立的主观主义社会学思潮。在自然科学迅速发展的推动下,关于人的生理和心理研究取得了长足进展。科学中的机械决定论模式被新发现所冲破,这在一定程度上助长了自然科学研究中的唯心主义倾向。一些社会学家抛弃了以整体观和进化观为内容的实证主义模式,而试图以个人行动的主观根源说明人的活动、社会关系、社会结构和社会发展。反实证主义方法论突出了人文科学与自然科学的对立,颠覆了自然科学的主导性,强调研究中的价值和意识形态因素,偏重质性研究,重视研究者和研究对象的平等关系。其基本特征表现为:

第一,强调自然客体与社会现象之间的差异,反对把自然科学方法绝对化。

第二,突出人的主体性、意识性和创造性,反对把人物化。

第三,主张借助价值关联,理解人的主观意义在社会认识上的重要作用。

反实证主义方法论对于理解和解释在某一特定社会文化背景下管理者的态度、决策过程和行为目的的研究具有重要指导意义。

3. 唯物史观方法论

唯物史观方法论由马克思创立,是哲学中关于人类社会发展一般规律的理论,是科学的社会历史观和认识、改造社会的一般方法论。该方法论在考察问题的方法中明确规定,其研究对象是社会发展的一般规律。与以社会生活局部领域、个别方面为对象的各门具体社会科学不同,唯物史观方法论着眼于从总体上、全局上研究社会的一般结构和一般发展规律。唯物史观方法论认为,一切重要历史事件的终极原因和伟大动力是社会的经济发展,是生产方式和交换方式的改变,是由此产生的社会中的不同阶级之间的斗争。

第三节 科学研究

一、科学研究的目的

(一) 求真

从行为上看,科学研究是追求真理的过程,所以科学研究的首要目的是求真。出于该目的,科学研究要求我们必须按照现实世界的本来面目来理解事物本身,而不要陷入先入为主的唯心主义陷阱。事物的本质、规律不会暴露于表面,而是隐含在复杂的现象之中,因而只有以求真为目的,通过大量去粗取精、去伪存真、由此及彼、由表及里的加工制作,才能透过现象把握本质,透过偶然把握必然,使认识到达真理的彼岸。

(二) 创新

科学研究的第二个目的是创新。创新意味着发现新知。人类的创新活动分为认识和实践两个方面。为了实现创新,在科研活动中,研究人员要敢于发现问题、提出见解、创新研究、形成理论。科学研究活动中的创新精神主要表现在三个方面:①提出新的科学方法,并把这种方法应用到迄今尚未应用的领域或问题上,如穆斯堡尔效应;②综合不同类型的研究成果发现新的规律,以及为证明这些规律而做新实验,如原子核质量的系统研究;③探索未知,追究意外发现的事实的奥秘,如爱因斯坦的相对论。

(三)造福人类

科学研究的最终目的是造福人类。从宏观角度上看,科学研究是为整个人类文明和社会进步服务的。科学研究的初级产品是科学理论,是对自然现象或者某种规律的认识。科学研究的次级产品是实用技术,是对自然认识的一种现实应用。科学理论的发展可以使人类更加的"人化",从而进一步剔除野蛮与无知。应用技术的发展与应用则可以显著地改善人类生存的物质条件,如环保塑料袋的发明。

二、科学研究的步骤

所谓科学研究,有狭义和广义两种理解。狭义的科学研究即指科学工作者对未知问题寻求答案的过程。广义的科学研究则指科学工作者不断发现问题、分析问题和解决问题,建立科学解释,形成科学观念和科学范式,并把它们表述出来的过程。以下主要介绍广义的科学研究。一般来说,科学研究的整个过程大致包括以下基本步骤。

(一)确定选题

科学研究,从某种意义上看,就是不断提出问题和解决问题的过程。因此,进行任何一项具体的科学研究,首要步骤就是确定选题。能否正确地选择和确定科研课题,对于研究工作能否顺利开展,以及确定科研工作有无意义、研究意义之大小等都具有至关重要的影响。爱因斯坦指出,提出一个问题往往比解决一个问题更重要,因为解决一个问题也许仅是一个数学上的技巧或实验上的技能而已。提出新的问题、新的可能性,从新的角度去看旧的问题,却需要有创造性的想象力,而且标志着科学的真正进步。

总的来说,研究主题应具有可行性和合理性,一般确定选题有以下三个原则:首先是意义原则,即所选主题必须是有意义的,而意义的标准在于它符合客观需要;其次是可实现性原则,即所选主题经过一段时间的研究之后,能够解决实际问题;最后是独创性原则,即选定的课题应该是前人未曾解决或尚未完全解决的问题,通过研究应有所创新。

(二)文献回顾

一旦有了感兴趣且重要的研究问题,就需要进行广泛的文献回顾。全面的文献回顾有助于评价研究问题是否已经得到回答,也可以帮助找到一些相关理论来解决困惑。文献回顾还能指出更加准确的概念,从而帮助改进研究问题,甚至通过发现文献的不足或察觉未经检验的命题,更换研究问题。

本质上,在第一步选题和第二步文献回顾之间是有回馈循环的。例如,Westphal想研究董事会的组成结构对公司绩效的影响。但在文献回顾中,他发现在预测董事会对首席执行官的社会关系的影响时,作为组织治理中的主流理论——代理理论与社会网络理论是相互冲突的。于是他将自己的研究方向转变为检测代理理论与社会网络理论相互冲突的命题。

(三) 设定假设

科学研究的目的就是要形成对研究对象本质和规律的认识,即形成科学理论。在形成科学理论之前往往要经过推测和假设阶段。假设是对研究问题的暂时回答,是对概念之间可能关系的陈述,涉及可测量的概念(如承诺),但并非测量工具本身(如缺勤率)。假设能够指引我们研究设计和数据收集工作。例如,在员工组织关系的研究当中,Tsui 等应用了社会交换理论来解释员工-组织关系为什么以及如何能产生更高的员工绩效和组织承诺,并形成假设。

(四) 实证分析

这一步骤包括研究设计、数据收集和数据分析。研究设计根据具体的研究是归纳还是演绎而有所不同。当现有理论能够帮助形成假设的时候,可选择演绎研究,与此相对应的研究设计可以是实验或问卷调查等。当现有理论无法给研究问题提供满意的回答时,则可选择归纳研究,如案例研究或其他的定性研究方法(如,访谈法)。例如,根据承诺升级理论,Staw 利用实验来检验人们对一组选定行动的态度和行为反应的假设。而由于没有现成的理论来完全解释自我管理团队中的协和控制(concretive control),Barker 使用了案例研究对这个现象建立了理论。因此,在归纳研究中,实证研究先于理论和假设,于是第三步和第四步会颠倒过来。

(五) 建立理论

理论是假设通过检验被确证之后进化而来的。如果实验获得了预期的结果,那么,假设便得到了强有力的事实依据,并可能成为一种理论,甚至成为一条"自然定律"。理论的形成也有两个相继阶段,即假设通过检验形成理论阶段、理论的内部的逻辑整理与整个理论体系的系统化过程阶段。理论一旦建立,它的基本概念、原理和精神就很快会转化为研究的新起点和方法,从而刺激科学工作者从新的角度看待旧的问题、理论、实验和方法,有助于研究人员提出新问题、新方法。

(六) 论文撰写

上述五个步骤完成之后,剩下的步骤就是论文撰写了。学术论文是自然科学或者社会科学研究工作者在学术书籍或学术期刊上刊载的呈现研究成果的文章。学术论文往往强调原创性的工作,当然也可以是对前人工作的总结回顾及做出评价,后者也往往被称为综述性文章(review)。论文撰写应该高度归纳,精心分析,合乎逻辑地铺陈;应该去粗取精,去伪存真,不能因前人结论不符合自己的意图而主观取舍,更不能弄虚作假。

三、科学研究的框架

科学研究的框架包括导言、理论背景、假设与研究模型、研究方法、结果分析、讨论、结论几个方面。(见图 1-3)

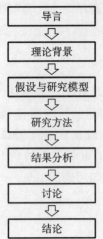

图 1-3 科学研究的框架

(一) 导言

导言一般在学术论文的开篇部分,其目的是引出研究问题、概括文章的重点内容、揭示研究目的、表明研究方法和范围。在规范的论文中,此部分不可或缺。一般情况下,"导言"的内容至少应该包括选题的价值与意义,文献评论,此文的思路、资料和方法,各章节的主要内容及逻辑安排等,从而突出该研究与已有成果的差异,强调此项研究在资料、方法上的独特性,以及明确写作的基本思路以便读者更好地把握全文。

(二) 理论背景

理论背景即相关文献研讨,又被称为文献综述。作者应在文献综述中对该研究领域的研究现状(主要包括前人学术观点、研究成果和研究水平、争论焦点、研究存在的问题及可能的原因等)、发展前景等内容进行归纳整理和综合分析,并提出自己的见解和研究思路。这要求作者在确定选题后,对选题所涉及的研究领域的文献进行广泛阅读和理解,然后有条理地阐述自己的见解,而不仅是做相关领域学术研究的"堆砌"。

(三) 假设与研究模型

研究假设是研究者根据经验事实和科学理论对所研究的问题的规律或原因做出的推测性论断和假定性解释,是在进行研究之前预先设想的、暂定的理论。假设主要分为描述性假设、解释性假设、预测性假设、内容性假设。通过假设导出,研究者随后可以选择合适的研究模型。

(四) 研究方法

假设和模型提出之后,接下来需要使用一定的研究方法进行实验操作。在论文的写作中,研究方法主要分为定性研究方法和定量研究方法。管理学一般采用定量研究方法进行实验,其主要内容有:变量的操作定义、问卷的编制与构成、样本抽出与分析方法、样本的统计特征。

(五) 结果分析

结果是实验过程中记录的各项变化和数据,可以通过图、表的形式直观地表现出来,并且要做适当的解释说明。分析是将这些结果说明了什么写出来,同时还需要进行研究模型分析与假设验证,以确定研究结果是否与预期一致。实际操作中测量项目的信度、效度是常用的分析手段。

(六) 讨论

讨论部分往往紧接着结果呈现,它是对假设验证结果的归纳与解说。其主要作用是回答导言中提出的问题、解释结果中数据的含义、说明研究结果是如何支持该研究的。作者应围绕主题,有针对性地进行讨论,避免重复叙述数据结果,避免重复摘要和导言的内容,避免冗长的文字堆砌。研究结果要与研究目的结合起来讨论,避免论证研究结果不支持的结论。

(七) 结论

结论是结合导言、理论背景和论文里的假设作出的总结。论文的结论是最终的、总体的结论,不是正文中各章小结的简单重复。结论应该观点明确、严谨、完整、准确、精练,文字必须简明扼要。如果研究的最后导不出结论,那么可以用讨论来代替结论。结论的部分不要简单重复、罗列实验结果,而要精练阐明文章的创造性成果和新见解,以及新见解的意义。对存在的问题和不足也应该做出客观的叙述。管理学上的论文结论通常包括:研究摘要、理论含义与管理学含义(理论贡献与实践启示)、本研究的局限与未来研究方向。

第四节 旅游研究

一、旅游研究的范畴

(一) 旅游研究的发展

"旅游是什么"的本质问题是学者们不断追问的旅游元问题,也是旅游研究的核心内容。与其他学科不同,旅游研究从最初就是国内外学者立足于自身的学科背景,从不同学科与旅游的关系中审视旅游以及旅游研究。多学科的视角为探究旅游以及旅游的本质提供了立体的面向。在旅游研究中,除了通过理论创新整合知识深度和知识体系外,还应包括知识体系的支持与创造。各项研究让我们一方面能够像哲学家一样独立思考研究的本质,另一方面能更好地认识我们的研究工作,认识到旅游研究的本质是什么。

在目前的旅游研究中,思辨和实证两种方法在应用上出现了偏颇,在科学实证成为主导范式的大背景下,工具主义盛行,秀方法成了时尚。因此,在建构理论的过程中,需要处理好二者的关系。在未来的旅游研究中,哲学思辨和科学实证两种研究策略可形成合力,共同为建构旅游理论、推进旅游学科建设服务。

国际上旅游学术研究是从 20 世纪 60 年代后开始的,国内则相对较晚,是从 70 年代末才开始。在国内外有名的学术期刊分别是 1986 年创刊的《旅游论坛》(次年更名为《旅游学刊》)和 1973 年创刊的 *Annals of Tourism Research*。专门研究旅游方法的专著出现得更晚,S. L. J. Smith 于 1989 年出版的 *Tourism Analysis* 是比较早出版并且实用性很强的一本专门讲述旅游研究方法的书籍。2010 年 S. L. J. Smith 出版了新的研究方法方面的书籍 *Practical Tourism Research*,是在第一部书的基础上,从旅游研究的本质入手,将旅游研究建立在社会科学层面上进行探讨的一本全新的介绍旅游研究方法的书。还有 Research Methods for Leisure and Tourism：A Practical Guide 在国内旅游研究中的影响也较为广泛，有翻译本出版。

(二) 旅游研究的含义

1. 围绕旅游领域展开

当前旅游领域是一个十分宽广的范畴。从学术界对旅游概念的理解来看，越来越倾向于"大旅游"的概念了，即开始在空间上突破异国他乡的异地性，在时间上突破 1 天以上的时间性，在属性上突破不含工作的消遣性。从行业领域来看，研究应该包含了旅游、酒店、会展三大领域。

值得指出的是，旅游业具有十分突出的延展性，具备明显的平台属性，很容易与各类相关产业交融产生跨界融合，延伸出新领域，这是旅游研究最需关注的研究课题。

旅游融合以多种形态发生，突出表现在"旅游＋"和"＋旅游"两种类型上，简单地理解这两种类型，就是在旅游业发展基础好的地区，充分发挥旅游业对相关产业的带动作用，主动融合，以旅游业主导地方经济发展，形成以旅游业为龙头的产业体系，就是"旅游＋"的表现。而在相关产业发展基础好、势头好、优势明显的情况下，旅游业积极配合发展，利用相关优势产业发展的平台，积极发挥旅游优势，促使相关产业更加顺畅地发展，旅游业发展成为相关产业发展的润滑剂，就是"＋旅游"的表现。无论旅游以什么角色融合发展，都极大地拓宽了旅游研究的领域。

2. 解决旅游发展中的新问题

在当今"三代"叠加的新时代中，各阶层、各行业、各年龄阶段的旅游者，充分展现出消费的个性化与普遍化，形成了日益增长的新旅游消费需求，刺激各种旅游新供给的出现，使得旅游要素由经典的"食、住、行、游、购、娱"供给要素，向着更多形态发展，"学、养"等要素相继出现。

从消费者的角度来看，共享旅游经济开始出现苗头；从投资者的角度来看，现代制造业直接以产品作为旅游设备参与旅游开发的投资方式出现，例如，上市公司太阳鸟游艇股份有限公司，直接投放设备开发水上旅游项目，中国国家铁路集团以技术、设备和资金直接投资建设雪峰山云端观光项目，实现轨道上山的旅游新形式，旅游业的融合发展出现了全新的方式。

从 2015 年开始，全域旅游成为新的战略理念，认为旅游业应由职能部门管理转向政府协同管理，由景区景点开发迈向目的地全面发展，由日间时段旅游业主导到各类需求的全时段全面服务，由面向旅游者提供服务到建立主客共享的公共服务体系，由旅游业率先发展到跨界融合实现业态整合，促进全体居民积极参与到旅游发展的各种活动中来。尽管这样的理念与现实有十分明显的距离，但是表现出旅游业发展的一个全新方向，将孵化出大量新机会和产生一些新问题。

二、旅游研究的属性

旅游研究具有一般研究的全部属性。但由于研究对象的特殊性，产生了旅游学自身特有的属性。这种特殊性表现在研究的综合性、复杂性、创意性上。

(一)旅游研究是综合性探索

旅游是一种综合性的活动,包含着技术与文化、自然环境与资源的综合利用、文化资源的保护与传承,这种复合型的问题不仅仅是管理学、经济学的关注对象,也是社会学、人类学的关注对象,也涉及地质地貌、水文天文、气象气候、植物动物等自然学科,关系到城乡发展、文化传承与创新等,需要多方面专家从多个学科努力探索。

(二)旅游研究是复杂性探索

旅游是一种复合型的复杂现象,包含着自然规律、社会规律、经济规律、文化规律,每一种规律的运行都遵循自身的逻辑,还可能出现规律背反现象,这就使得旅游问题的探索带有更加突出的复杂性。在旅游景区的承载量管理的实施上,旅游研究常常表现出十分明显的复杂性特征。出于对旅游景区生态环境的保护和旅游利用的可持续性考虑,甚至是为了旅游者感受上的舒适性,旅游景区需要限制旅游者的进入量。这里至少表现出生态规律和经济规律的背反现象,生态平衡需要限制旅游者人数,经营绩效则需要"旺丁旺财",需要客流保障绩效。从管理的角度来看,承载量管理涉及政府环境管理的生态效益、旅游经营者的经济效益、旅游者的满意水平、当地居民的发展机会等多方面的冲突和联系。

(三)旅游研究是创意性探索

旅游研究更多是面向未来、面向新技术革命带来的刺激,是一种积极心态的应对方案,是以创新为标识的探索。旅游研究的创意包含对旅游领域新问题的敏锐捕捉,及时准确地描述新问题的状态与规律,这是学理探究的创意表现。旅游研究的创意更多地表现为新供给的创造、及时发现潜在的需要并以时尚的方式呈现,这是新的旅游产品和业态的创意表现。

从学者的角度来看,一个不断更新发展的研究领域,存在着不断出现的新挑战,也存在不断创新的可能。同时,旅游问题带有现实性,需要面对消费者的选择,面对同行和不同行业的竞争。从旅游角度思考研究问题,更看重对未知的想象,更需要大胆的创意。旅游问题是要实现旅游者的全面满足,是满足人们对美好事物的向往,这就需要学者探索未知的美好事物、发现潜在的需要,并以合适的形式展示和体现。

本章小结

(1)知识没有绝对的对与错,它在不同时代有不同的阐述,我们要敢于质疑前人的知识体系,知识是不断被丰富、拓展,甚至修正、更改的;要善于运用思辨法和科学法发现新的知识。

(2)科学方法的过程是对自然或社会现象做出系统性的、可控的、实证的和批判的调查。这一过程要求研究者首先观察现实世界的事实,然后归纳出关于事实间关系的说明,根据归纳出的关系再演绎推理出关于现实世界的预测,最后用事实来检验预测的正确性。

（3）科学研究有具体的步骤，一般包括确定选题、文献回顾、设定假设、实证分析、建立理论、论文撰写。

（4）目前旅游学处于一种多学科向跨学科转化的阶段，研究概念、研究范式和研究理论相对缺乏，并没有独有的语言体系。

（5）旅游业具有十分突出的延展性，很容易与其他产业相互融合发展，其中关注的重点在"旅游＋""＋旅游"两种模式上。

（6）要关注旅游业的实时动态，数字化旅游、全域旅游、共享旅游模式、"学、养"旅游要素、新冠肺炎疫情影响下的旅游行业动态等都是当前关注的焦点。

（1）科学研究是一个严谨的过程，一般科学方法的过程包含哪几个方面？每一个方面应如何具体操作？

（2）科学研究的基本步骤包括哪些？

（3）论文是科学研究的最终表现形式之一，你认为论文撰写最重要的是什么？为什么？

（4）试阐述国内外旅游研究的发展历程。

（5）旅游学是一门跨学科领域的研究，试列举不同学科在旅游学中的应用。

（6）试列举六本国内外高水平旅游期刊。

第一章自测习题

第二章
科学研究的过程、类型与范式

学习目标

1. 了解科学研究的整个过程。
2. 了解并掌握科学研究的类型以及每种类型的特点。
3. 了解科学研究的范式类型并掌握实证研究范式。
4. 了解科学研究理论的框架并掌握旅游学研究的基础理论。

知识体系

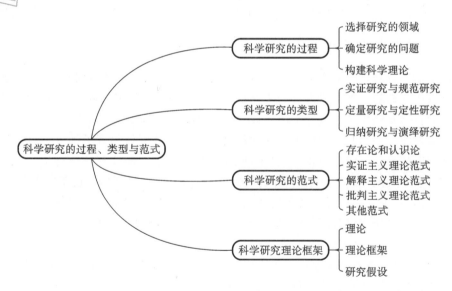

第一节 科学研究的过程

科学研究作为人类的一种社会实践活动,已经逐渐形成了自身的独特品质,并且在科学共同体内部构筑起了社会普遍认同的总体行动目标,建立起了为科学家所共同依循的独特的规范和原则,也已经积累起了大量的方法和策略。就这点而言,经过培根、笛卡儿、牛顿等人的努力，尤其是到了孔德的时代，科学已经不再是以往那种与神学有瓜葛、与哲学分不开的知识领域，它已经有了自己以经验事实作为知识生产的根据的科学哲学。因此，当我们总结科学研究的过程或程序时，不难发现，人们已经在技术层面归纳出科学研究工作流程的一些基本环节和阶段，并能够明确各个环节的具体工作目标和策略。有了此类共识，科学共同体就会达成一个可以相互理解的科学规范，科学家们可以通过彼此能够领会的语言，沟通交流其科学发现，推动科学研究活动的持续发展。

尽管每一次具体的科学研究实践过程的细节可能千差万别，但科学研究工作的整个过程可以概括为选择研究的领域、确定研究的问题、构建科学理论等环节。

一、选择研究的领域

选择研究的领域，既可以是针对一次具体的科学研究活动而言的，也可以是指一位科学工作者毕生的科研领域选择。在这里，我们不妨将二者结合起来讨论。

一次或一个人的研究领域的确定，可能取决于各种复杂的因素。这当中，研究者本人的内在因素与其所面对的外在因素往往共同发挥作用。内在因素包括个人兴趣、价值判断及知识路径依赖等方面；外在因素则主要包括职业或专业约束、社会潮流影响和功利性社会导向等方面。内外因素错综复杂交织在一起，从而使科学研究人员在确定其研究领域时往往会有不同的策略。因此，在确定研究领域时，应该认真考虑，不宜草率从事。大体来说，建议处理好以下几种关系。

（一）本位与他位的关系

这里的本位是指研究人员为自己所确立的研究领域，他位是指相对于研究人员的本位领域而存在的其他科研人员的研究领域。在整个科学研究领域，笼统地说，存在一个宽泛的科学共同体及科学家共同体，此类共同体的形成，是知识探索的必然结果。但实际上知识的积累引起的知识类型的分化已经使科学共同体出现了细分，相伴而生的科学家共同体也在走向专门化、专职化，形成了自然科学共同体和社会科学共同体，进而形成管理学共同体、地理学共同体、经济学共同体、社会学共同体、心理学共同体及物理学共同体，等等。上述分化其实还并未终止。比如，在管理学这个知识门类当中，人们又进一步按照研究对象、研究方法等区分出不同的问题域以从事更为专门化的研究，由此形成了市场营销、工商管理、会计学、人力资源管理、物流管理、财务管理等分支学科（各种专门化的知识共同体），围绕或依据这些不同的学科，便产生了相应各有分工的分支学科科学共同体及相应的科学家共同体。

这些共同体的每一个成员能否在各自领域内立足，最基本的条件来自该科学家(the scientist)对该科学共同体(the scientific community)的知识贡献程度和水平。在这句话当中，结合当下旅游研究的现状，笔者要特别强调其中的"该"(the)字，它的深意在于提醒人们，在选择自己的研究领域时，应坚守本分，立足本位，服务于自己所在的知识领域，而不能在别人的地块上跑马，或种了别人的田，荒了自己的地。旅游现象自身的复杂性、表面上的复合性，常常使人们意识不到这种坚守本位的必要性和必然性，从而导致旅游学科共同体在其发展过程中呈现出杂乱无章的景象，既影响了为社会服务的科学研究使命的达成，也制约了旅游专业人才培养质量的提升。

当然，事物没有绝对的，身份也绝非是单一的，科学探索也绝不可能单纯靠积累某一种专门化知识就完全可以解决所要探讨的问题。科学是一种知识创新活动，其对科研人员素养的要求必定是复杂和复合的。但这不意味着容许某一具体科学研究领域的科研人员的研究成果毫无约束地游离于本位所在的领域之外。

（二）体与用的关系

体与用的关系，一直是中国学术思想中一个备受关注的话题。体与用的关系是科学研究工作者选择其研究领域时应该予以考虑的问题，其出发点便是人们对于理论研究与应用关系的认识。科学研究的使命，不外乎探索事物的理、性、规律，这便是理论研究，是知识创新过程。而这种探索的最终效果，有可能帮助人类社会去解决社会生活、生产实践所面临的问题，也就是我们所说的理论的应用。

但是，有一点必须明确，理论知识的这种"惠及"，并不必然地存在于一次科学研究的初始目的当中，更不能拿这种"有用"作为判别具体的一次科学研究的价值。尽管科学研究所得的理论价值可能表现为最终的应用，不能应用的理论不仅没有价值，甚至可以说不能称其为理论，但有些理论的应用却可能发生在一个阶段的漫长的历史时期之后。如果拿理论当下能否被应用来评判其科学价值，那很可能会低估其价值；如果此种评价标准流行于世，恐怕不能产生具有长久生命力的理论。

因此，从根本上和长期的标准上说，理论的提出与应用，本是一体的、同源的，而不是分裂的、自存自在的。至于具体的研究人员所从事的工作，限于一个人生命之短暂及精力、能力之短长，其职业工作却是可以将单独从事科学（理论）研究或应用研究或对策研究作为职业生涯的。

当今的旅游学术界，有些人在质疑理论研究的同时，倡导只进行对策研究、应用研究。这不仅是在将旅游的理论研究与应用研究在体用关系上当作两回事，将理论与实践的关系割裂为二，而且在判断一项科学研究成果的价值时，仅仅观察应用价值，忽视了理论研究的本。本书认为科学研究就是理论研究，而所谓的应用或对策研究，除了可能对理论有所修补（比如借助于增减变量、调整约束值阈等进行修补）之功外，仅仅是一种知识应用，更多的是一种技术实现，而不是科学研究。

（三）当前与长远的关系

研究领域的确定，对于协调科研人员正确处理科研工作中的当前与长远、生活与工作、事业与职业等关系也至关重要。立足本位的理论研究虽可能惠及长远，却会面临当前迫切需要解决的问题的挑战；实用导向的对策研究虽然可以解决现实生活和职业功利性问题，但过度追求又可能使科学研究者丧失了科学本色。大多数研究者很难有这样的幸运，能够在这二者之间做到恰到好处的兼顾。

二、确定研究的问题

选定了研究领域，并不意味着科学研究工作已经启动，因为这只是确定了研究人员的专业或学科身份，明确了所要从事的科学研究的长期方向。科研工作的真正第一步始于发现问题。

一般来说,研究领域确定了,问题域所归属的知识领域的框架也就跟着确定了——注意,这还不是所要研究的问题。问题域不仅具有量的含义,是各种问题在数量上的集合,同时,它也有质的含义,意味着各种相同或相近类型的问题的汇聚。因此,问题域的含义便是由诸多相互关联的问题所构成的一个有待探索的未知领域。在不同的研究领域,其问题域彼此可能是截然不同的,也可能互相有所关联,例如,经济学领域的问题域,不会与心理学领域的问题域有太多的重合与重复——尽管有时会有所交叉,比如近年获得诺贝尔经济学奖的卡尼曼所做的工作;心理学领域的问题域也不会等同于旅游学领域的问题域——尽管会存在某种重叠和交叉。

当确定了研究领域,并逐步接近该领域中已经积累并凸显出来的问题域的时候,科学研究过程就开始步入紧锣密鼓的阶段了。因为,在这种情况下,科学研究人员的好奇心、求解心已然被促发,获得答案是满足科研人员求知、破疑需要的唯一途径。因此,到了这个环节,科学研究的课题已经得以确立,后续过程往往变成技术环节的逐步展开、实施了。

在逐渐接近的问题域当中,存在着不同性质、类型的问题,对它们做适当的筛选才是保证科学研究过程顺利进行的前提。可以借助价值大小和研究的可能性高低两个指标,把问题域中的问题分为有价值的问题和无价值的问题、可以研究的问题和不能研究的问题。在这种分类框架下,对研究人员有现实意义的问题是那种可以研究且有价值的问题。例如,人的大脑机能如何运作,进而如何控制旅游者的旅游体验行为,是一个很有价值的问题,值得旅游科学工作者投入精力去探索。但是,这个问题我们能否解决得了?展开相关研究是否为我们的能力所能做到?再比如,对科学家共同体及其成员间关系感兴趣的学者可能发现,根据科学研究人员相互间的成果引用情况来解析成员间的学术联结关系,也许是一个既可行又有趣——尽管不一定真有价值——的问题。正如爱因斯坦所指出的那样,提出一个问题往往比解决一个问题更重要,因为解决一个问题也许仅是一个数学上的或实验上的技能而已。而提出新的问题、新的可能性,从新的角度去看旧的问题,却需要有创造性的想象力,而且标志着科学的真正进步。

那么,这些既有价值又可以研究的问题(研究主题)从何而来?通常,有几个途径会帮助科研人员在某个问题域中逐渐厘清所要研究的具体问题,并从而确定研究主题。这些途径包括观察、阅读、讨论和思考,它们有的来自现实社会生活,有的来自个人经历和思想,有的来自相关文献。在所有这些途径中,质疑的精神是发现有价值且可以研究的问题的关键。在寻找问题这一点上,很多教科书也提供了一些常规性的建议。比如,利迪建议大量阅读文献,参加专业研讨会并向专家请教;詹宁斯则建议研究者将个人兴趣、导师的建议,或来自委托人的任务介绍书,或对某一问题的认识等列为确立研究主题的问题来源。这些建议与上述几个探寻问题的途径也都大同小异。

那些既可行又有价值的问题,还可以根据科学研究的方法路径,进一步划分为两种:要证明的问题和要发现的问题。前者导出演绎研究的路径,后者导出归纳研究的路径。对于演绎研究,可以也应该将问题命题化;而对于归纳研究,则无法将有待探寻的问题命题化。归纳研究路线在社会科学研究领域中衍生出一种系统而有特色的理论生成路径——扎根理论。这里讨论的是演绎研究路线所需要做的"将问题命题化"的工作。

所谓将问题命题化,是指用某种肯定或否定的表述形式,陈述我们已经发现但有待证明的问题,以便通过演绎逻辑来构建相关理论。此类可供检验的命题,有的来自逻辑推演,这在自然科学中十分常见,而有的来自经验判断,这在自然科学和社会科学领域都会发生。在很多情况下,逻辑推演和经验判断被结合起来,作为确定命题的技术路线。

借助经验判断来构建待检验的命题,是把一些理论概念与经验变量和指标相联系,然后在经验层次上建立工作假设。这种工作假设往往十分具体,操作性强,检验方式清晰、确切,命题链条容易建立。比如,在旅游研究领域,如果研究主题是"城市居民的收入水平与其旅游消费行为的关系研究",那么,在这个研究主题当中,所能意识到的问题(已发现的问题)可能包括:收入水平与旅游行为之间存在因果关系吗?如果存在,这种关系的细节是什么?能否通过事实证明?收入水平不同的城市居民在选择观光旅游和休闲度假旅游两种方式上存在显著偏好吗?如果不存在任何因果关系,如何能够证明呢?这些都是研究者已经发现但未经证明的问题。

将上述问题命题化,就是构建一个通则性假设,以便通过规范的科学研究过程来予以证明(包括证实或证伪)。因此,可以将上述问题转化为这样的表述:城市居民收入水平的高低,在旅游过程中会转化为明显的观光诉求压力和休闲诉求压力,从而影响其消费行为取向。这样一个通则性的假设,还需要借助于以下若干工作假设来形成待检验的具体命题:

命题1:城市居民收入水平越高,越倾向于选择休闲度假的旅游方式。
命题2:城市居民收入水平的高低与旅游体验中的文化含量需求呈正相关。
命题3:城市居民收入水平高低与旅游购物的消费水平呈正相关。

有了这样一些明确的待检验的命题之后,科学研究的技术过程就可以现实地展开了。

三、构建科学理论

构建理论是科学研究的目标、目的,理论的构建必然与范畴、命题相关。不管是提出新范畴、重新界定旧范畴,还是提出新命题、重新验证旧命题,都是在做科学研究工作、在做理论工作。理论的部件是范畴和命题,理论的特色则体现在本体论、认识论和方法论方面,有突出特色的理论遂成为一种范式。那么,在一次科学研究实践中,应如何构建理论?

尽管分别采取演绎路径和归纳路径的科学研究在构建理论的具体程序上会有所不同,但二者在基本目标和策略上都是一样的:通过抽象实现对事物本质和规律的概括性解释。由此可见,构建理论的手段是抽象,理论的形式则是解释性模型。

就科学研究的特点而言,理论抽象的过程必基于具体的经验事实,而其成败则还取决于研究人员的想象力、创造力和概括力。迪尔凯姆在研究自杀现象时,充分展示了他在理论抽象方面所具有的能力。一方面,他通过考察自杀率这一经验事实在不同类别人群(如农村居民与城市居民、穷人与富人、男人与女人等)间的差异,提出了社会整合的概念;通过主观思维的运作,将自杀与犯罪、反叛、抗议等归为同一类现象,它们都是不正常的、反常规、反社会或偏离社会规范的现象,由此他又提出了"越轨行为"的概念。这都是在范畴层面的理论创新。另一方面,迪尔凯姆又将上述分别作为解释项和被解释项的两个概念结合起来,形成了一个理论命题:社会整合程度影响越轨行为;同时,他还努力拓展其命题体系,将社会整合度与心理整合度结合起来,并借助于"失范"这一概念,将相关范畴与命题共同纳入一个成体系的解释框架,从而形成了当个体同社会团体或整个社会之间的联系发生障碍或产生偏离时,便会发生自杀现象,以及自杀的4种类型的理论结论。这一解释超越了原来以个体心理学解释自杀现象的传统理论,产生了巨大而深远的影响。从迪尔凯姆有关自杀现象的理论抽象过程中可以看出,这种抽象可以概括为:列举关联因素;努力建立新的解释性概念;充分利用已有的概念——必要时要移植其他研究领域的概念;探寻背景联系和因果关系;借助于概念并以命题形式建立起概念和概念间的观点性联系。由此所构建的一个自杀的命题体系,则为理论。

随着科学研究的发展,尤其是受到物理学、数学及一些工程技术和计算机领域快速发展的影响,今天,理论的形态越来越倾向于模型化。换言之,将科学研究的理论发现以模型形式加以表述,在一定程度上已经成为潮流,而在科学家的日常交流语言中,模型构建或建模也几乎成了一句口头禅。因而,有必要在此简要地讨论一下可资利用的理论模型的一些基本类型。

在日常生活中我们可以听到实物模型、教学模型、数学模型、物理模型、图像模型、仿真模型等,但是其中一些模型并不能作为理论模型加以使用,有的则属于专门学科领域所使用的模型统称(如物理模型、经济模型、同态模型等)。在旅游研究领域,可以用作理论表述的模型主要有数理模型、流程模型、概念模型等几种。科学研究的成果——理论的表达形式并不局限于一种,尤其不局限于最为炫目的数理模型这一种。

第二节 科学研究的类型

科学研究所涉及的方法和策略,贯穿于上述整个科学研究过程的各个环节,因此其类型也多种多样。从研究问题的确立到研究对象的拟定,从文献资源的利用到经验材料的取得和分析,从实验方案的设计到研究报告的撰写,人们都可以从已有的经验中总结出一些可以共享的方法、策略或技巧,这些都属于方法的范畴。不过,本书在这里只想就人们从事科学研究时通常会面临的方法问题展开一些讨论,其焦点集中在科研人员如何根据不同的标准来对科学研究过程中的方法做出评价和抉择。

实际上,在一个科学研究过程中,单纯使用一种方法的研究已经越来越少,人们更倾向于以某一种方法为主,并辅以其他多种或一种方法,或者对各种方法给予同等重要的地位。由于人们在研究过程中所使用的主要方法不同,也习惯于以该方法来称谓该研究,于是,我们就会听到诸如定量研究、定性研究、实证研究、历时研究等表达。本书后文也依从这种习惯,将使用定量方法所展开的研究称为定量研究,余皆类推。尽管这种称谓就此处所探讨的方法的具体内容而言可能未必很严谨,但它却能在另一层面说明,一种研究方法本身,有时并不仅仅是技术层面的,同时也包含着某种本体论和认识论方面的成分。正是在这一意义上,以方法命名的各种研究,其实也不同程度地体现了本体论和认识论上的某种独特性。

下面有关各种研究类型的讨论的立足点是通过比较的逻辑,来展示采用不同方法所展开的研究的各自特点和彼此关系。因此,各种类型所讨论的均为彼此相对的特点,具有某种极端的色彩。实际上,任何一对或一组研究类型,都可能并非是截然两分的。它们融合了作为对立面的类型的某种成分或特点,并且具备相互转化的可能性。

一、实证研究与规范研究

中文中的"实证研究"这一概念,在英文中实际上有两个词组与之对应:一个是 empirical study,译为经验研究;另一个是 positive study,往往译为实证研究。前者是与逻辑思辨相对、用事实说话的研究,后者是与价值涉入相对、旨在回答事物是什么、什么样和为什么的研究,而二者均契合近代以来科学研究的本质,因此,在英文世界,科学几乎是将上述两个词组的含义统统收编,构成了现代意义上的实证研究的内涵。因此,通俗地说,实证研究就是利用经验事实回答事物是什么、什么样和为什么之类问题的一种科学研究方法。对于这种方法推崇备至的科学工作者,往往被纳入实证主义者之列,这一点在下文讨论科学研究的理论范式时再做进一步阐述。

规范研究(normative study)是与实证研究中的 positive study 相对的一种研究,旨在回答"应该怎样"的问题,因此,与相对意义上的实证研究相比,这是一种更主张价值判断的研究,因此也脱离了科学的范畴。就此而言,规范研究并非科学研究,尽管它通常会以科学研究(在此处即实证研究)作为基础。当然,这里并不存在断然否认一项科学研究最终以规范研究成果的形成为终点的可能性。

二、定量研究与定性研究

定量研究(quantitative study)与定性研究(qualitative study)之间的区别,主要体现在所采用的经验材料的类型上。简单地说,定量研究是利用数值化的经验材料所进行的研究,而定性研究(又称为质性研究或质的研究)则以非数值化的经验材料为分析的对象。因此,对科学研究的这种分类的立足点是研究过程中所使用的经验材料的类型。

上述关于定量研究和定性研究的含义的解释,看似不甚严谨,却体现了学者对两种研究的关系的理解不同于一般方法论书籍的观点。比如,詹宁斯(2007)在谈到定量研究和定性研究的定义和彼此间的关系时,曾明确指出定性研究是一种归纳法,是根据真实世界来建构事实的本质的;它的本体论观点是世界是由多重客观事实构成的;研究者与研究对象的关系是主观的,也就是说这是一种主观认识论;研究者本质上被研究对象视为局中人,等等。

再比如,陈向明(2010)在其所著的《质的研究方法与社会科学研究》一书中,如此界定"质的研究":以研究者本人作为研究工具,在自然情境下采用多种资料收集方法对社会现象进行整体性探究,使用归纳法分析资料和形成理论,通过与研究对象互动对其行为和意义建构获得解释性理解的一种活动。这个定义包含了一些相互矛盾的限定词,同时也限制了定性研究的适用空间。因此,在笔者看来,是不合适的。此类表述与定性研究的事实并不完全相符,定性研究并非完全排斥演绎法,也并非绝对多元化地看待世界的真实性，同时在认识论上也并非只有一种主观形态。当定性研究被当作一种科学方法来加以运用时，恰恰体现了它在上述方面的科学转向，而这种转向自然容许学界将定性研究纳入科学实证的研究轨道上来。就这一点而言，大多数有关质性研究的著作，都过于偏颇地强调了该种方法的主观特性，而忽视了演绎逻辑和价值中立准则在这种研究中同样适用，并越来越被强调的趋势。

就此而言，一些方法论学者对定量研究和定性研究之间关系所做的归纳性比较，虽然有一定的参考、启发价值，但实际上存在着认识上的偏差。此类偏差，在下文探讨归纳研究和演绎研究时可以进一步看出来。因为归纳法并非定性研究的专利，而演绎法也绝非只是定量研究的独门绝技。从知识的起源上看，演绎法与归纳法始终是前后相随、互为前提、相互照应，甚至彼此牵引的，不管是借助于数值化的材料来探寻真理，还是利用非数值化的材料来寻觅真实，都会采用归纳法和演绎法来一同达成目标，只是有时具体的研究会对二者各有偏重而已。

三、归纳研究与演绎研究

归纳（induction）法与演绎（deduction）法是两种古老的探索知识的方法，也是逻辑学中最基本的推理方法。被称为"逻辑学之父"的亚里士多德不仅建立了逻辑史上演绎推理的第一个公理系统——逻辑三段论系统，而且对归纳逻辑和归纳法也做了相当有价值的研究。将科学研究按照这种方法分类，主要体现的是对于知识生产的路径和方法的关注。逻辑学家把推理分为归纳（从个别到一般）和演绎（从一般到特殊，把理论运用于个案）两种。归纳是从观察到的资料中得出概化的通则，解释所观察的事项间的关系。而演绎是把普遍的法则运用到特定的事例上。

最具代表性的演绎例子就是三段论：凡人皆会死；苏格拉底是人；所以苏格拉底也会死。在这个三段论中，同时呈现了理论和操作。要证实理论，你要针对苏格拉底必死进行实证检验。这是传统科学模式最重要的特色。而归纳的时候，你要从观察苏格拉底之死开始，然后再多观察几个人。你可能会发现，所有观察的对象都会死亡，这样，你就得到一个结论：凡人皆会死。

在这个例子中，"凡人皆会死"是一个普遍命题，就像我们经常提到的"天下乌鸦一般黑"这个俗语，它显然也是一个普遍命题，在逻辑学上也被当作全称命题来看待。这样的命题作为一种知识，意味着在科学上获得了一个真理性的普遍认识，这通常就是科学工作的目标。但这个知识到底是真是假，到底能否成为真理，在上述逻辑三段论式的推理过程中，是不能直接得出结论的，因为它本来就是以大前提的形式存在的。

而这个全称命题的大前提的取得，则必依赖于观察，也就是归纳。显然，观察命题（它们构成了为普遍的科学定律提供证据的事实，也被称为单称命题）与普遍命题之间存在着不匹配的可能性，由此构成了从观察命题向普遍命题过渡之间的潜在陷阱。这正是归纳法的缺欠，也是经验观察在哲学层面的天然短板，正是这一缺欠，导致了波普尔证伪主义或否证主义的兴起，从而使以效率为导向的科学研究从归纳法转向演绎法。

第三节 科学研究的范式

一、存在论和认识论

存在论是所有研究的起点。先有存在论,然后出现了认识论和方法论。对于存在论,Blaikie给出了如下的定义:"存在论是有关世界本质、存在和组成,以及组成成分之间相互关系的假设。"简言之,存在论就是人们关于世界组成的假设。

每个人都有自己关于世界是由什么组成的,以及其中最重要的组成成分是什么的观点。存在论的观点认为"确实存在着不同",这些观点将导致不同的研究方法。当研究者对此有了清楚的理解和认识之后,才可能真正开始从事相同的研究。学术界存在着两种截然相反的存在论观点:基础主义的观点和反基础主义的观点。持有基础主义观点的人(基础主义者)认为:真正的知识必须存在于一组固定的、毫无疑问的,以及清楚明白的真理之中,人们的信仰可以从这组真理中推演出来。"世界独立地存在于人们关于它的知识之中"是基础主义者的核心观点,这也是实证主义的研究出发点。作为对立面,持有反基础主义观点的人不认为世界独立存在于人们关于它的知识之中。

术语"客观主义"和"构成主义"是对上述两种不同存在论的不同称呼。一般来说,客观主义的存在论观点认为:社会现象及其含义独立于社会参与者。而构成主义的存在论观点则认为:社会现象及其含义始终伴随着社会参与者。后者就意味着,社会现象不仅是通过社会参与者的交互产生的,同时,它们还处在不断完善的过程中。从上述两种不同的存在论观点中可以清楚地看到:不同的存在论观点势必会影响学者可能采取的研究方法。同时,持有相同存在论观点的学者势必会从相同的世界观出发开展研究,并且使用相似的术语捕捉和描述现实世界。

如果说存在论是关于人类对于世界的认识,那么认识论就是指人类认识世界的方式,认识论是一个涉及知识理论,特别是方法、验证,以及获取知识可能方式的重要哲学分支。认识论侧重知识的发现过程,同时关注知识发现过程中所使用的研究方法,主要用于描述和解释发现的理论框架的合理性。

二、实证主义理论范式

我们通常在讨论科学研究的过程时,把实证近似地等同于科学研究过程,认为实证的目标或结果就是证实或证伪;在讨论科学研究的方法时,把实证研究与规范研究相对,认为实证研究是用经验事实回答诸如是什么(关于常识的那一部分)、什么样和为什么之类问题的科学研究,而把规范研究视为与伦理研究、对策研究相近的非科学研究。通过这样的讨论,我们对实证的内容已经逐步了解,实证研究的重要性已见端倪。

伴随着实证主义理论范式的形成与发展,实证主义的内涵也发生了变化。"实证"是孔德实证哲学的核心术语。1844年孔德在其《论实证精神》中阐述了他对"实证"的解释：第一，"实证"是现实的而不是幻想的；第二，是有用的而不是无用的；第三，是可靠的而不是可疑的；第四，是确切的而不是含糊的；第五，是肯定的而不是否定的。如果说孔德的论述还带有浓厚的哲学意味的话，那么涂尔干则鲜明地指出社会科学研究首要和最基本的规则：把社会事实当作物。孔德和涂尔干的观点代表实证主义发展的经典阶段。其基本特征可概括为：第一，社会科学的学科性质和自然科学是一致的；第二，社会科学的目的和自然科学一样，都是寻找和建立"规律"；第三，社会科学研究的对象（社会事实）是一种客观存在；第四，整体主义的方法论。

根据以上对"实证"范畴的考察，我们也大致可以归纳出实证主义理论范式最核心的理论特点：

第一，本体论上的自然主义取向。实证主义理论范式在本体论上的自然主义取向就是指追求社会事实原来的自然状态而不要过分人为地干预，实证主义者承认自然科学方法论在社会科学中的正当性，坚持统一的科学观，认为社会是在自然之中的，社会现象与自然现象之间并没有本质的差异；社会科学研究对象与自然科学研究对象一样，都是纯客观的；社会现象背后存在着必然的因果规律，在自然科学中运用的那些方法在社会科学中同样适用。因此，可以仿效自然科学将社会学建设成一门类似自然科学的精密学科，即用自然科学的方法论来研究社会现象。

第二，认识论上的经验主义取向。实证主义理论范式在认识论上的经验主义取向就是指重视经验和感性资料在社会认识中的重要作用，坚持认为社会研究的逻辑方法是假设演绎法，科学假说的陈述必须由经验事实来检验，理论仅当它得到经验证据的完备支持时才是可接受的。这些经验证据可以是个人的，也可以是群体的或他人的，借鉴他人的经验，才能获取现有的知识。因此，实证主义者主张研究结果必须由经验所证实，从而得出结论。因为实证主义者只承认感官确认的"真"的问题，作为社会学家，应该放弃对研究对象与所获得的结果的本质做任何的判断，也就是要保持"价值中立"。

第三，方法论上的整体主义取向。实证主义理论范式在方法论上的整体主义取向就是指强调只有研究社会整体的本身才能理解社会整体的部分（社会唯名论）。因此，反对在研究某个特定问题时孤立地研究这个问题，而主张将问题放到整个社会之中加以认识与理解。

三、解释主义理论范式

解释主义作为最早的反实证主义的理论范式，似乎与社会哲学有着一种天然的理论联系。它旨在挖掘富有创造性和具有启发意义并使思维变得愈发敏感的思想和观念，刺激人们不断地反思和探索，更加深刻地理解社会生活并积极地参与其中。因此它非常关注某些特定事件或过程所拥有的独特价值与意义，关注社会行动者的动机与意图。

马克斯·韦伯的重大突破在于重新提出"价值关联"的问题。韦伯继承与发展"理解"方法，创立了"理解社会学"，即社会学是一门科学，其意图在于对社会行动进行诠释性的理解，并对社会行动的过程及结果予以因果性的解释。在韦伯看来，所谓理解是关系到行动者对行动或作为手段或作为目的的选择，而且也常牵涉行动的指向，只有在这样的范畴中，才谈得上对这种对象的理解。所谓"行动"包含行动个体对其行为赋予的主观的意义——外显或内隐,不作为或容忍默认。"社会的"行动则指行动者的主观意图与他人的行为有关,而且指向其过程的这种行动。韦伯有意识地强调"意向行动"是这样的逻辑,即把行动者或其行动作为理解社会学的起点。

根据以上的探讨,可以归纳出解释主义理论范式所具有的特征:

首先,与实证主义理论范式强调"价值中立"相比较,解释主义理论范式认同"价值介入"的观点。他们认为严格的"价值中立"不仅无法实现,而且还有害。按照韦伯的观点,研究者在科学分析的过程中必须保持价值中立,但是在选择研究的问题时,研究者的价值不可避免地要作为研究的潜在基础。

其次,解释主义理论范式认为社会世界与自然界完全不同,它完全不能脱离个人的主观意识而独立存在。社会世界由充满了主观意义的无数"象征符号"所构成,而这些"象征符号"的意义正是由个人的经验或主观意识赋予的,随个人对它的理解的不同而不同。由于这种差别,社会世界不存在如自然界那样的因果必然性与规律性,因而不可能像研究自然界那样来研究社会。解释主义是表意的。表意是指解释主义提供的是一种符号式的呈现或"浓厚"的描述。一份解释研究报告读起来比较像一本小说,或是一本传记,而不是一个数学证明。解释理论正是借助于揭示日常生活中人们所使用的意义、价值、诠释框架和生活规则,让读者感受到另一个人的社会现实。或许可以这样说,解释理论犹如一张勾勒出社会世界的地图,或是一本描绘地方风俗与非正式规范的旅游指南。

最后,与实证主义理论范式的社会唯实论和方法论整体主义倾向相比,解释主义理论范式一般都倡导社会唯名论和方法论个体主义的原则。解释主义理论范式认为社会不是一个独立存在的实体,而是无数个体的总和。因此,解释主义首先把对个体行动的体验和理解引入到研究中来,将社会行动作为研究对象,认为个体才是社会行动的真正主体,只有通过把握人的行动动机才能"理解"社会现象的"主观意义",不能先撇开个体去研究所谓超越于个体之上的"社会"。社会、文化、结构、制度等都不是实体的抽象词,它们的存在及变化不能由自身得到解释,而必须由个体的行为来加以说明。要了解社会就必须先了解社会的个体。因此,对社会的研究路径不应是从宏观整体出发再下降到微观个体,而应该是从微观个体出发逐步上升到宏观整体。

四、批判主义理论范式

社会批判理论的"批判"本身隐含着双重含义:一是对方法的内在批判,即提出任何的主张、论点,必须在理论、资料收集和语言论述三者之间取得内在的逻辑一致性。二是对社会现象本质之逻辑思维的怀疑。所谓批判主义,是一种强调对社会现实的批判和否定,并且明确地以把人从压迫性的社会现实中解放出来为理论宗旨的理论范式。

批判主义的主要假设是认定事物的本质在于对现实的否定。批判理论着眼于分析现存社会的矛盾,否定现存世界的合理性。就广义上的批判理论而言,其否定的切入点或批判的视角已扩展至整个社会,如文化、语言技术、意识形态、合理化过程,等等。总的来说,批判主义具有如下几个方面的特征:

一是高举批判的旗帜,把批判视为社会理论的宗旨,认为社会理论的主要任务就是否定,而否定的主要手段就是批判。批判的对象除了文化、世界观、意识形态外,就是现存的社会制度,它对现代资本主义社会采取了势不两立的态度。不仅如此,在批判现代资本主义社会的同时,它也从不同方面试图寻找"解放"的出路,通过集体行动来达到改变社会的目的。不管所提出的各种方法的可行性如何,批判主义者至少都在努力地做这种尝试。

二是反对实证主义,认为知识不只是对于"外在"那里的"世界"的被动反映,更是种积极的建构。批判主义的社会理论家反对实证主义关于科学应该描述社会的所谓"自然法则"的观点,他们相信社会是以历史性为特征的。实证主义只能"证实"已存在的事物,而无法"证实"未来或理想。批判理论的观点认为,即使不能证实"未来"对于"现在"的激进替代的可能性,也至少认为"过去"与"现在"不可能原封不动地变成"未来"。

三是常常通过采取把日常生活与更大的社会结构相联系的方法来分析社会现象与社会行为,十分注重理论与实践的统一。批判主义认为,正是由于传统理论把理论与实践、主体与客体、价值与事实割裂,使得理论研究成为脱离社会历史实践的独立王国。因此,批判主义者主张具体的否定,而不是全盘否定。批判主义主张研究者应该帮助被研究者从错误的意识形态之中解放出来,进而寻求改革真实社会世界的可能。

总的来说,批判主义在本体论上是一种"历史现实主义",承认客观现实的存在。但是在认识论上,它认为所谓的"现实"是历史的产物,是在历史发展过程中被社会、政治、经济、文化、种族和性别等因素塑造而成的。批判主义指导下的研究主要使用辩证对话的方式,通过研究者与被研究者之间平等的交流,逐步去除被研究者的"虚假意识",达到意识上的真实。研究的目的就是要通过研究者与被研究者之间的对话和互动来超越被研究者对"现实"的误解。

五、其他范式

女性主义理论范式着眼于女权(女权主义)、妇女解放(女性解放)、女权运动、男女平等等,对社会关系进行批判,力图打破自然中占统治地位的父权制。此范式引入了解释、批判和后现代范式。因而一些学者对它是范式还是视角提出了质疑。此范式基本上使用定性方法论。研究者和被研究者都是研究的主体。

后现代主义理论范式要旨在于放弃现代性的基本前提及其规范内容,其本质是一种知性上的反理性主义、道德上的犬儒主义和感性上的快乐主义。后现代主义范式否定了宏大理论,认为世界是由多重事实构成的,没有哪一种视角优越于其他视角。后现代主义理论范式致力于解构现象的表面特征并挖掘其内在的本质。此范式使用包括定性方法在内的多种方法。

混沌理论范式认为世界是由开放的、动态的、持续变化的系统组成的,并且具有非线性本质。科学调查以描述性算法为基础。社会科学研究采用隐喻方法来运用混沌理论。该理论认为:微小变化会产生巨大的影响。作为解释世界的方法,混沌理论受到复杂理论的挑战。

第四节 科学研究理论框架

一、理论

(一) 理论的概念

Bacharach(1989)认为理论是一个由概念和变量构成的系统。在这个系统中,概念之间通过命题联系在一起,而变量之间则通过假设联系在一起。Bacharach 在抽象和操作两个层面对理论进行了界定。在抽象层面,理论由概念和命题构成。概念是对事物共性的描述,它在现实中并没有具体的对照物。如社会地位的概念,你不能直接找到某种实物来与社会地位进行对等,而只能说某种对照物反映或者归属于社会地位。在操作层面,理论则由变量和假设构成。在我们所阅读到的学术论文中,理论都是由变量和假设构成的。这是因为人们对事物的认识都是先从判定的假设开始的。只有先形成认识的假设,才有后续对假设的验证,才有可能验证理论的正确性。这个过程对判定研究的价值非常重要。

大多数实证性论文都是从验证理论的角度出发,主要关注变量的清晰界定,根据概念和命题的关系提出可以验证的假设,而对理论的抽象和操作两个方面往往没有很明显的界定。因此,尽管我们知道抽象层面和操作层面是有差异的,但是在我们对理论建构的讨论中,概念和变量以及命题和假设的含义都是相同的,不会分别予以讨论。

(二) 理论的种类

在社会科学领域,理论通常可以分为三个层面,即宏观理论、微观理论和中观理论。

1. 宏观理论

宏观理论通常是那些总结了世间万象共同特征的系统原则和规律。例如,中国道家的阴阳理论是个宏观理论,它认为可以将自然界和社会生活中的所有事情都分为相互冲突而又相互补充的阴和阳两面,任何事物的任何一种状态都可以由不同平衡点的阴和阳来组成。通常,宏观理论就像一种基础定理,代表那些广泛意义上共有的信念和看法。这些信念涉及世界的起源、本质以及运作的基本法则。它们往往是用来认识世界的最为基础的框架。每个学科都有一些理论应用于较大范围的现象和情境中。这些理论常常作为学科内研究的参照基础,旨在被应用而不是被系统地检验和改进。

2. 微观理论

微观理论被 Merton(1968)称为"工作假设"(working hypothesis),它是人们在日常生活中建立起来的常识。例如,当老师在上课的时候发现某位同学趴在桌子上睡着了,而恰巧昨晚有一场球赛,那么老师就很可能会认为这位同学是昨晚熬夜看球赛而没睡好觉,以至于在课堂上睡着了。这种上课睡觉是因为熬夜看球赛的推论就是一种微观理论。与宏观理论一样,微观理论更多地作为基本假定而不需要去检验。

3. 中观理论

中观理论是由 Merton(1968)提出的,指的是介于日常研究中宏观与微观层次之间的理论。中观理论主要是通过抽象化的学术去揭示所观察到的特定情境下现象背后的逻辑或模式。可以根据宏观理论和微观理论的全面性特征来理解中观理论。宏观理论是反映最全面现象的理论,适用于许多不同情境。微观理论则相反,它是只集中于有限情境下的与有限现象相关的概念。宏观理论最为抽象,微观理论最为具体。中观理论则介于这两个极端中间,它在全面性和抽象性上都是中等状态。所以,中观理论是有明确边界的,它只适用于某些现象而不是所有的现象。也正是这种中间状态,才使得建立中观理论成为一个现实而有实际意义的选择。

二、理论框架

(一)理论框架的概念

理论框架一般由相关变量、有关变量间关系的假设,以及说明理论应用边界的边界条件组成。它是研究的概念化框架,是解释某种理论的手段。理论框架将变量间的关系明确化而不是具体化,只是抽象、概括地表示理论的含义和特征。理论框架一般只表示某个单独的理论,因此其结构应该是简洁明了的、能清晰展现各变量之间的理论关系和相关方向性。

在管理学领域,理论框架的表现形式主要是框图和数学模型,学者通过这两种方式将抽象的理论具象化。在建立理论框架或者研究他人的理论框架时,应该着重注意理论应用的边界问题。把握理论应用的边界能使理论更精准地服务于实践,并使实践在理论上也更具逻辑性,这也是科学精神的重要体现。

(二)理论框架的组成

1. 变量

变量是指在质或量上可以变化的概念或属性,是随条件变化而变化的因素或因个体不同而有差异的因素。变量是相对于常量而言的。常量是指不因主观、时间、地理位置等因素变化的概念,一个概念只具有一个对应值。例如,"中国的地理位置"就是一个常量,是指亚洲东方的一个位置,不同的人对它的认识是相同的。变量在一个研究中面对不同的个体可能具有不同的状态或特征,一个概念对不同的个体来说具有不同的值。例如,不同的人对"价值"这个概念的理解是有差异的,尽管用的是同一个词。消费者对"价值"的理解,商家对"价值"的理解,厂家对"价值"的理解都是不一样的。

研究变量则是研究者感兴趣的、所要研究与测量的、随条件变化而变化的因素。简单地说,变量就是会变化的、有差异的因素。

2. 命题和假设

在选定建立理论所需要的变量之后,如何构建变量之间的关系使之形成一个完整的理论系统是设计和开展研究的关键。命题和假设就承担着解释变量间关系的任务。命题和假设是一个问题的两个层面,命题是概念层面的关系表达,而假设是操作层面的关系表达。

命题是对两个或两个以上关于概念之间关系的陈述。它的形式是一个非真即伪的陈述句,不存在疑问句、命令句或感叹句等形式。陈述句能做出肯定或否定的判断,而一个疑问句、命令句或感叹句无法确切地表达肯定或否定意义,也无法判断其真伪。假设(hypothesis)则是操作层面对研究变量之间关系的暂时性猜测,它主要描述两个变量之间的某种单一关系。

命题和假设之间的主要区别在于,命题涉及抽象概念之间的关系;而假设则将命题涉及的广泛关系以更为具体、可操作的方式表达出来了。由于命题的抽象性,对其进行观察和测量都不容易。所以构建理论时必须在更为具体的层面上通过可测量和验证的假设来使研究问题具体化。

3. 边界条件

边界条件是中观理论的本质属性,也是提升理论质量的重要途径。因此,在中观理论层面构建新的理论,需要考虑有限条件的情境适用性。如果用中观理论来解释边界条件之外的现象很容易导致错误的结论。在开展一项研究或陈述一个研究报告时,要坚持科学严谨的态度,将边界条件考虑进去。

研究者可以通过明确三种情景限制来定义一个理论的边界条件,即对象、地点和时间。不论理论构建的目的是指导管理实践还是丰富理论体系,特定情境都是理论构建的必备属性。例如,基于单案例研究构建的理论应当在多情境中进行检验。虽然中观理论常常是在单案例研究中建立起来的,但它的效用不能仅限于该研究情境。只有在多情境下的研究中积累了充分的证据,我们才能认为一个理论是正确而有效的。

(三) 理论框架的模型

理论框架是一个概念化的工具,它是抽象而不可见的。一般可以用框图和数学模型两种方式来具象地表现抽象的理论框架。

1. 框图

在管理学的学术论文中,我们经常可以看到作者用框图来表达理论的变量关系。这个框图一般可由方框、线条、箭头和文字组成。方框表示变量,文字表示具体的变量名称,而箭头则表示概念或变量之间的关系。有时候线条的粗细代表关系的强弱。一个完整的框图就能将理论框架或者理论模型的大致脉络结构表达出来。但是,框图不是理论本身,它只是理论的表达形式,而不具备理论的内涵。

一个好的框图能清晰明了地表述理论的逻辑关系,呈现清晰的研究思路和内容。因此,绘制框图被视为构建变量关系的手段,它服务于理论模型的建立和理论内涵的表达两个目的。由于理论的复杂程度不同,框图表示理论模型的形态也有所不同。

2. 数学模型

变量与变量之间的关系不仅能用框图来表达,还能用数学公式表达。若自变量变化到一定程度,因变量也随之变化到相应的程度,则说明两个变量间的关系可以用数学公式表达,其基本表达形式为 $y=f(x)$。并不是所有的管理学研究模型都能用数学公式表达,管理科学中历史性、思辨性以及价值判断的部分是无法进行数学计算的。框图和数学公式是两种不错的理论表达框架,更为高级的是解释模型。

三、研究假设

(一)研究假设的概念与特征

1. 研究假设的概念

研究假设是研究者根据经验事实和科学理论对所研究的问题的规律或原因作出的一种推测性论断和假定性解释,即研究者对变量间关系的暂时判定,是在进行研究之前预先设想的、暂定的理论。一个或者几个研究假设最终如果通过验证,则表示假设成立,那么这些被验证成立的假设就构成了最终要得到的理论。

2. 研究假设的特征

研究假设不仅仅是一个简单的句子,它应该包含以下特征:

(1) 有一定的科学依据。

研究假设应该是根据已有理论、研究者已知或者公认的知识经验和一定的事实提出的。因此,研究假设既不同于毫无根据的迷信或者臆测,也不同于纯粹的猜测或幻想。

(2) 有一定的推测性质。

虽然假设的提出有一定的依据,但在其未被确定的研究数据证实之前,它仍只是一种暂时的猜测性判断,是对所研究问题的答案做出的推断和猜测,其正确性仍有待研究结果来确认。

(3) 必须可被证伪。

假设是通过理论和经验途径主观推断出来的,并不一定是正确的。如果无法判定它的正确性,那么所做出的假设将是毫无科学意义的。需要被验证又决定了假设必须可以操作化。在实践过程中,操作化就要求假设必须是简单和单一的。也就是说,一个假设只能描述单个自变量和因变量在某种条件下的单一关系,这样它才具有可操作性,可被证伪。

(二)研究问题与研究假设

研究问题与研究假设通常是联系在一起的。研究假设因研究问题而存在,研究问题又要通过研究假设得到答案。

1. 研究问题是研究假设的基础

提出研究假设的目的就是解决研究问题。如果研究问题不存在,也就不存在研究假设。两者在时间顺序上,应该是先有研究问题,再有研究假设。研究假设应该围绕研究问题展开。在研究问题的基础上提出研究假设的方法主要有以下三种:

(1) 经验。

因为研究假设并不是最后的结果,只是具有一定推测性质的结论猜测,因此可以根据一定的经验提出。我们的经验是依靠自己的或者他人的实际经验所总结的,具有一定的合理性,且比较有可能被证明成立,因此可作为假设提出的方法。根据经验提出研究假设时,应注意经验应是较多人的共识,而不是个人的特殊感受。个人特殊的经验容易导致假设最后被证明不成立。

(2) 预先探索。

在确立研究问题之后,可以进行一些预先探索,以实验或者问卷调查等方式小范围地收集数据,对研究问题中各变量的关系进行推测。这种方式适用于探索性的研究主题,当对研究问题中各变量关系没有任何的可判定依据时,可以根据预先探索的数据对变量关系做出初步判断,然后形成研究假设。

(3) 已有理论。

对于已有一定研究基础的研究主题,当我们无法推测变量间的关系以形成研究假设时,可以从现有的研究成果入手,通过分析已有理论和研究问题之间的关系,以逻辑推导的方式形成研究假设。通过理论得到的研究假设至少在理论上有合理性,从而增加了研究假设被证明为真的可能性。

2. 研究假设是解答研究问题的必要环节

研究假设是解决研究问题的组成部分。研究问题提出之后,如何将研究问题的内在结构明确化,是进一步解答研究问题的基础。研究假设在这个过程中的作用主要有:

(1) 具体化研究问题。

一般来说研究问题并不是单维度地存在的,它往往需要明确许多更具体的变量之间的关系。研究假设使研究目的更加明确、研究范围更为确定、研究问题更加具体。把研究数据的收集工作限定在一个更为确定的方面和范围内,可以起到纲领性作用。

(2) 固定研究方向。

虽然研究问题已经相对具象化,但仍然存在更细化的阐述。为了使一个研究中所有更细化的研究都能指向同一研究问题,需要通过研究假设对这些研究关系进行确定,这样才能保证研究的方向不偏离研究问题。

(3) 确定研究方法。

研究假设的提出使研究者能够根据假设内容的性质和需要收集的数据特征来设计研究方案和选择检验方法。例如,因果性的研究假设要求采用严密的实验法加以检验。

(三) 假设的类型与结构

1. 研究假设的类型

(1) 零假设与备择假设。

零假设,又称原假设,指进行统计检验时预先建立的假设。与零假设相反的是备择假设,也即研究假设。零假设的内容一般是希望证明其错误的假设。备择假设的内容则是不希望看到的另一种可能。例如,当我们假设两个事物之间有关系时,零假设的意思就是两个事物之间没有关系。在相关性检验中,一般把"两者之间没有关联"作为零假设,而在独立性检验中,一般把"两者之间有关联"作为零假设。

零假设仍然是一种假设,而不是对规律的客观描述。它是在尚未确定研究假设成立的情形下所能做出的最保守的假设。当零假设成立时,有关统计量应服从已知的某种概率分布。当统计量的计算值落入否定域时,可知发生了小概率事件。小概率事件在一次试验中几乎是不可能发生的。所谓的小概率事件一旦发生,则可以认定数据落在拒绝域并非小概率事件,零假设为真的前提可以被推翻。由此可判断,作为零假设对立面的备择假设(研究假设)为真的结论在统计学上则不能被否定。

这种保守的证伪逻辑是因为社会科学的复杂性让我们很难判断实量之间的关系绝对为真,而只能证明所要的结果不为假,以此来不断接近客观事实。

(2) 其他类型的研究假设。

除了零假设与备择假设外,我们还可以从其他方面对假设进行分类。

从研究假设的内容性质分析,我们可以把研究假设分为:预测性假设,即对客观事物存在的某些情况,特别是差异情况,做出推测判断。相关性假设,即对客观事物相互联系的性质方向、密切程度做出推测判断。这里必须注意的是,相关性假设强调了变量间的"性质方向和密切程度",而不仅是相关关系。因果性假设,即对客观事物之间因果联系的推测判断。

根据研究假设陈述的概括性程度,我们可以把研究假设分为:一般假设,即对客观事物的状况、性质、相互联系的本质和运动变化规律具有普遍适用性的假设;特定假设,指针对某一特定事物的特定状态、性质和联系提出的假设,它预测的是事物间的特定关系。

2. 研究假设的结构

研究假设的结构主要有以下三种。

(1) 条件式结构。

如果 A,则 B;或只要有 A,就会有 B。在这种结构中,A 表示先决条件,B 表示后果。这类陈述也称为充分条件陈述。它说明,A 是 B 产生的充分条件。

(2) 差异式结构。

判断 A 与 B 条件下的变量 X 对应的变量 Y 上有(或无)显著差异(A 与 B 表示变量 X 的不同类别或不同的组)。差异式陈述主要说明 X 与 Y 两个变量之间有(或没有)相关关系,因为 A 与 B 是表示变量 X 的不同变动状态。如果 A 与 B 条件下的变量 X 对应的变量 Y 有显著差异,那就说明变量 X 与变量 Y 有相关关系,即 X 的变化也伴随着 Y 的变化。如果 A 与 B 条件下的变量 X 对应的变量 Y 没有显著差异,则说明 X 与 Y 之间没有相关关系。

(3) 函数式结构。

假设两个变量之间存在因果共变关系,用数学公式表达,则为 $Y = f(X)$。X 表示原因,Y 表示结果,公式表示 Y 随 X 的变化而变化。函数式的陈述在管理学研究上比较少见,因为研究假设用数学公式表示意味着精确性很高,但管理学研究往往是很难精确量化结果的。

(四)假设的评价标准

研究假设提出后,就需要对其进行评价,即检验提出的假设对于研究来说是否达标。一个合格的研究假设应该具备一定的标准规范。

1. 有客观的假设对象

研究假设的提出应有一定的依据,即以一定的理论或一定的经验和观察事实为前提,具有一定的科学性和探讨价值,而不能是毫无根据的臆测和猜想。例如,假设"神"是存在的,那么中国的"神"和外国的"神"是不一样的。这里所说的"神"无现实经验和观察数据,因此假设没有客观存在的对象,因此并没有探讨价值。

2. 有明确简洁的关系陈述

研究假设一般应对两个以上的变量间的关系做出明确的推测。研究假设应以陈述句的形式清楚地加以表述,而不能以问句形式或模棱两可的陈述句形式出现。简洁性就要求尽量只使用一个简单陈述句来表述变量之间的关系。简洁性包括:描述的简洁性,即强调术语和文句的表达简洁有效,只需要客观地陈述关系而不需要修饰性的词汇存在;归纳简洁性,即在面对抽象复杂的现象时,要用直切要害的本质概念归纳现象,而不要用多个缺乏概括性的概念进行描述。

3. 具有可检验性

研究假设应当是可以检验的,即可被研究人员用一定的方法收集数据和事实加以佐证。虽然假设是通过主观手段得出的,但是其目的是通过客观的证据验证其为正确。这就要求假设中的术语具有操作性定义。

需要指出的是,有的假设理论上讲是可以检验的,但由于研究技术和手段的缺乏,目前在实际中可能还无法被检验。例如,如果一个有机体的神经细胞 RNA 分子和 DNA 分子有一个结构被改变,那么这个有机体就会有记忆;如果一个人患了精神分裂症,那么其中枢神经系统的化学成分就已经发生了改变。但是,如果研究技术已达到所要求的水平,则上述两个假设以及其他类似假设都是可检验的。

本章小结

(1) 科学研究工作的整个过程可以概括为选择研究的领域、确定研究的问题、展开实证研究、构建科学理论四个环节。

(2) 科研工作人员选择研究领域时,研究者本人的内在因素与其所面对的外在因素往往共同发挥作用。内在因素包括个人兴趣、价值判断及知识路径依赖等;外在因素则主要包括职业或专业约束、社会潮流影响和功利性社会导向等。

(3) 作为科研人员,要处理好本位与他位、体与用、当前与长远的关系,并且科研人员对于研究方法的使用不应该局限于一两种或者本学科范围,任何能够解决当前研究问题的研究方法都应该被采纳。

(4) 科学研究的范式主要包括:存在论与认识论、实证主义、解释主义、批判主义等范示。

(5) 研究假设是研究者根据经验事实和科学理论对所研究的问题的规律或原因做出的一种推测性论断和假定性解释,即研究者对变量间关系的暂时判定,是在进行研究之前预先设想的、暂定的理论。

(6) 研究假设的结构主要包括:条件式结构、差异式结构、函数式结构。

章节练习

(1) 科研工作的过程一般分为哪四个环节?

(2) 在科研工作中,你更倾向于使用哪种研究方法?属于定性研究还是定量研究?为什么?

（3）科学研究主要有哪几种类型？

（4）科学研究的范式主要有哪几种？

（5）你见过哪些旅游学领域的研究理论？试列举并阐述其基本概念。常见的旅游学研究变量包括哪些？

第二章自测习题

SECTION

2

第二部分　研究基础

第二部分　研究论文

第三章 确定主题与研究问题

学习目标

1. 了解科学研究主题的来源、选定与评价。
2. 了解并掌握研究问题的界定、提出和解决。
3. 了解并掌握文献的搜索、阅读、分析和提取。
4. 了解并掌握研究计划书的概念、要领、作用和内容。

知识体系

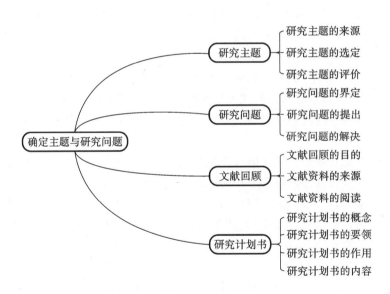

第一节 研究主题

一、研究主题的来源

研究主题的发掘是一个充满好奇性和创造性的过程。虽然研究主题的发现并不存在有效的成规,但我们仍然可以从前人的经验中找到一些发掘研究主题的途径。这些途径包括对日常生活进行观察、与他人进行经验交流等。

(一)来源于经验

1. 自身经验

经验来源于对生活的细致观察和不断思考,即来源于我们每个人都在经历的日常生活。许多研究主题都是个人对社会现象或者管理现象观察与思考的结果。这些现象本身的发现并不需要我们费太大力气,因为都是发生在我们身边的平常事。例如,商场中同质化门店很多,但有的店门庭若市而有的店却门可罗雀。我们可以通过体验在不同门店的购物过程,抽象出服务差异化的概念,研究服务差异化对店铺销售业绩的影响。

又如,人们在社会生活和工作生活中的许多决定是由各种委员会做出的。在企业中,许多决策也是由各种形式的团体做出的。那么,使用团队决策的缘由何在呢?是否所有的事情都适用团队决策呢?团队决策是如何进行的呢?Davis(1989)曾经担任过许多委员会的主席或成员,他能观察到团队决策中的许多有趣的现象。他认为,团队成员的数量会影响决策的结果。由此,他认为团队成员数量应该是影响决策的一个变量。同时,他还发现,团队决策的原则也会影响决策的过程和决策的结果。少数服从多数与全体表决通过,这两种决策原则在决策时间和决策结果的表现上各有不同。在这些观察的基础上,Davis(1993)不断地提出问题并解决问题,形成了著名的社会决策模式理论(theory of social decision scheme)。

所以,在日常生活中,我们应该对管理实践现象有一定的敏感性。当观察到这些现象的时候,我们应该自主思考这些现象出现的内在原因以及是否已存在合理的解释,相关解释是否正确等。通过这些思考与训练,自然会有很好的研究课题出现在头脑中。

2. 他人经验

个人的经验是有限的。如果能够获取他人的经验,就能有效地扩大研究主题的获取途径。要获取他人的经验,就必须与他人进行有效的沟通。这里的他人可以是自己的老师、同学、家人,也可以是企业管理者、工作者和学术界的同行。他们都是很好的经验交流对象。对一般研究者来说,尤其要注意和自己的老师或者高水平学者进行沟通。他们有丰富的研究经验,能在沟通过程中将经验传授给自己,帮助自己发现研究主题。此外,与企业家或者相关从业者的沟通也是非常有益的。他们是企业的实际管理者,具有丰富的实践经验。研究者可以在交流中获得启发,了解到企业关注的实际问题。

(二)来源于研究方法

1. 创新研究方法

研究者不断思考现有研究在研究设计、数据收集和处理方法等方面存在的缺陷,然后提出更科学的方法,即偏重寻求技术手段的创新。例如,Podsakoff(2003)及其同事对数据中存在的同源误差(common method error)问题的确认、分析和提出应对措施就是一个比较典型的例子。Ewards对差异数据(different score)分析与非差异数据分析使用相同的方法时存在的问题和解决方案的讨论也是一个典型的例子。他们都是从研究手段的改革入手,实现创新。

2. 用新方法去发掘新主题

研究者运用最新的研究方法或者相对新颖的研究方法去研究管理现象。这里的相对新颖是指在这个研究领域尚未使用过(或刚刚兴起)的研究方法,但是在其他领域可能经常使用。这种方式不同于从生活现象入手,它的出彩不在于现象本身而是方法,特别追求用所熟知的、新的或者相对新的研究方法来探究现象背后的秘密。

例如,对创业者激情与他们能否获得风投以及公司的发展这个问题感兴趣,可以使用一些别人没有用过的或者新潮的方法进行研究。在这个过程中,首先要界定"创业者激情"这个概念的内涵和外延,然后用定性研究的方法(如访谈、问卷)开发这个概念的测量工具,并据此实证研究的方法去检验它与风投之间的关系。为此,可以用实验室研究的方法,请两个演员来扮演创业者,其中一个以饱满的热情来发表自己的创业项目介绍,而另一个以相对平淡的态度来介绍自己的项目,然后观察投资者对这两个创业项目的兴趣。这两种方法在之前都不曾被用在讨论创业者激情这个概念上,因此在方法上具有新颖性。此外,也可以用断点回归的方法,以最贴近随机试验的研究方法作为亮点进行研究。

(三) 来源于文献

1. 从结论中寻求未来研究的启示

一般文献的结尾都有对文章不足之处的讨论与研究展望的相关内容。思考如何改进论文的不足就可以启发新的研究主题。例如,可以通过改进对方的研究来提高研究结果的可信度,甚至得出新的、更好的解释。研究展望是作者立足于自己的研究领域做出的一些有价值的思考。研究者可以吸收这些思考来发掘自己的研究主题。

2. 从文献的边界条件获得启示

研究者可以通过阅读文献,从自变量影响因变量的边界条件进行研究,即从文献中寻找那些有意义的、还没有被文献讨论过的调节变量。例如,对于顾客导向与企业绩效的关系,许多研究已经发现了企业采用顾客导向战略能够提升企业绩效。但通过文献研究也发现,顾客导向战略能够通过顾客信任与顾客承诺两条中介路径影响企业绩效。但是,顾客导向战略对企业绩效的影响,以及顾客导向战略对顾客信任和顾客承诺的影响,在所有的情况下都是一样的吗?对于这个问题,还没有文献进行深入的讨论。于是,有研究者从制度理论和社会网络理论出发,讨论了制度网络对于顾客导向与企业绩效关系的调节作用,最终得以发表。

3. 从文献的研究主题获得启示

第一,发现还未研究的主题。通过调查他人发表过的文献,可以清楚地知道领域内还有哪些主题未被研究。未被研究过的主题更具新颖性,容易获得关注。第二,发现研究的热点主题。被讨论得多的问题更容易获得对话的机会。如果能在该研究主题的众多研究中独辟蹊径,从不一样的角度切入问题并进行更完美的解释,当然会获得更强烈的支持。

(四) 来源于既有理论

1. 在特定情境中对既有理论进行验证

一般理论都是有特定的适用边界的,但是这些边界大多时候都不是非常清晰的,解释的范围可以是领域内,但也可能跨到更大领域,也就是说没有理论可以穷举哪种情况可以被解释而哪种不可以。因此,在一些具有特殊特征的情境下,被解释的可能性变得非常模糊,我们可以对这些现象进行尝试性理论验证。如果可解释,那么可以针对拥有这种特征的情境为什么可以被解释进行研究。如果不能被解释,则可以讨论不能被解释的原因,并进一步开展解释这种现象的研究。

2. 从既有的理论体系导出新的研究主题

既有的理论体系只是一种框架,它描述的是这个主题领域的知识结构,并不一定有着完整和充实的研究内容。因此,面对这样的理论体系,可以从整体体系到具体问题的路径出发,探析更具体的、深层次的关系。例如,制度理论体系中,制度理论本身是一个比较完整的概念,我们要继续研究它本身是比较难的。但是,我们发现制度如何影响受制度控制的人这一问题似乎没有人提及。通过逻辑推导发现,中间还有制度的合理性使人们愿意接受这种制度的规范,这就导出了合理性这个新的研究主题。

二、研究主题的选定

在确定研究问题之前,我们应该先从研究主题的确定入手,层层递进,逐渐找到值得并且具备研究可能的问题。科学研究主题有很多,我们不可能每一个主题都有精力和能力涉足。因此,在选定研究主题时可以注意一些要领。

(一)兴趣相关

研究者在选定研究主题时,要选择感兴趣的主题。对于一个有质量的研究过程而言,其持续的时间是很长的,并且要专心投入。如果对这个领域提不起兴趣而只是为了获得荣誉或者完成任务,那么这个过程将会很磨人且难有好的结果。

(二)经验相关

对研究主题有相对多的经验意味着对该主题关注较多,也有较多的相关知识储备。研究者对研究主题有更多的了解就能够给研究带来更顺畅的思路。一个有质量的研究必然会涉及该主题的深层次知识。如果对研究主题不熟悉,在理论上可能会导致研究脱离甚至背离根本理论,造成重大失误。在操作上,如果对研究主题的特性不了解,很有可能选择错误的研究方法或者数据收集方法,导致研究过程极不顺利甚至得出错误的结果。

(三)新奇有趣

选择与兴趣相关的主题是为了研究者在进行研究时有动力进行下去,选择新奇有趣的主题则是为了使读者在研读的时候感觉有兴趣并有动力继续读下去。新奇有趣指研究主题相对新颖,并且有趣味性。新奇有趣主要表现在以下三点。

1. 研究对象的新奇有趣

研究不一定就是针对一些老生常谈的问题进行探索。面对不断出现在生活中的各种新潮热点,也可以尝试用学术知识去解读,如"网红""微博热搜"等。这些研究对象能很自然地吸引到很多注意力,让人觉得有趣。

2. 研究方法的新奇有趣

研究方法是达成研究目的的手段。只要方法科学有效,就不会对研究产生破坏。因此,我们可以投入精力在研究方法上出新意。例如,将自然科学的一些实验方法运用到社会科学的研究中来,或者运用一些领域内比较少见的方法来解释问题。

3. 研究内容的新奇有趣

将一些看起来毫不相关的事物以某种关系联系在一起,进行关系检验,可以突破习以为常的认知。生活中很多习以为常的现象可以有不同寻常的解释。例如,探究视觉和听觉之间的联系、探索视觉的感受是否会影响听觉的感受。声音和颜色本来在大众意识里是完全独立的两个概念。但是,如果能将它们放在一起进行合理的关系验证,那自然就很有趣了。

(四)前沿相关

研究主题要紧跟国际先进步伐,跟随领域内权威专家的研究方向走。他们的研究方向往往代表着当前这个领域内的热点问题,是亟待解决的问题。相关的研究结果会更容易受到关注,发表的可能性也更大。对权威专家发表在期刊上的论文,研究者应该重点关注。对各个期刊上相关领域的论文进行文献收集、总结,再精选少数几篇经典论文进行精读,仔细分析。在这个基础上探寻自己想进入的研究主题。

(五)理论相关

在研究论证的过程中,有一个很重要的过程就是进行理论论证,以证明研究的合理性。因此,就必须有相关理论背景作为研究合理性成立的判断依据。研究者的研究目的是获得经过科学论证的成果。如果该研究主题在理论上就有问题,不符合逻辑推断,那么进行具体操作时肯定不能得到理想的结果。因此,研究者需要用相关的理论证明研究主题在理论上具有合理性和后续研究的可能性。所谓的相关理论一定要有可信度,即被相关的高水平期刊发表或者已获公认。在一项研究中,一般最多只能有两个主要依靠理论(一个为最佳),否则容易导致理论逻辑关系的错乱,给研究带来不必要的麻烦。

三、研究主题的评价

(一)选题有意义

有意义的研究主题才可能使研究成果有价值,并得到期刊与社会的认可。选题的意义主要表现在以下方面:

第一,研究问题具有重要性,即研究主题的解决能带来巨大的效益、对理论的发展或者实际问题的解决产生重要作用,主要体现为两点:第一,研究问题是目前亟待解决且广泛被关注的问题。第二,该问题的解决能为很多其他问题的解决提供重要的前提条件。

第二,研究结果具有有用性,即研究获得的成果能为实际的管理生产活动提供切实有效的指导,而不是脱离实际地只能存在于文字上。

第三,研究成果有运用的可能性。如果研究的成果只能在某些特殊情况下成立,而在实际生活中并不存在满足这种成果成立的条件,也就会因没有运用的可能而失去实用价值。

第四,研究具有理论关联性。研究与现有理论有关联,才能在理论上做出一定的贡献,为推进现有理论知识做出贡献。

第五,存在关注的对象,即所要研究的主题在客观上应该是管理者所关注的。如果我们去研究"迷信"等并不存在的东西,在管理学上是没有任何意义的。

第六,研究主题具有独创性,即这方面的主题或研究问题鲜有其他研究者聚焦。如果选题已有很多人做过或正在做,而你并不能得出比他人更有价值的结论,那你的研究将是毫无意义的重复。

(二)研究有可能

研究有可能意味着进行具体操作前须进行可行性评价。这种可行性评价将决定是否能继续该主题的研究进程。一般而言,对研究的可行性评价主要关注以下两点。

1. 伦理道德上的可能性

研究不是闭门造车,必然会与外界社会相接触,无论是研究内容的选择还是具体的研究过程,在操作时都需要考虑在伦理道德上的合理性。如不符合社会道德伦理,就不能进行研究操作。

2. 研究变量的操作可能性

变量是需要被操控的。要对相对抽象的变量进行具象操作,一般要求:第一,变量能被精确地定义,即用精准的概念来表示变量。如果无法进行精准定义,那么所研究的对象就不具备唯一性,在具体操作的时候也就没有确定的依据。第二,研究变量可测量,即能通过一定的研究方法对变量进行量化操作。如果无法测量也就无法获取变量的变化情况,研究将无法进行。

(三)实施有条件

在对研究问题进行评价时,具体的实施条件也需要被考虑。

1. 时间和费用

许多研究项目都有一定的时间限制,超期会导致研究成果不被接受。所以,期限较长的研究在评价时就不应作为主要选择对象。研究经费也是影响研究的一个重要条件。经费预算大于可接受范围的研究选题也要谨慎考虑。

2. 研究对象的确定可能性

具体的操作需要有对应的具体研究对象。如果研究对象不能被确定,那么就无法进行数据收集、数据分析等工作。

3. 协助者的协助可能性

一个研究除了有主要研究者外,还要有协助者协助开展研究工作。协助者充分发挥作用有助于研究者更好地完成任务。协助者对研究的协助可能性表现在两个方面:第一,协助者专业知识的可靠性。研究是一项需要专业技能的活动。即使是协助者,也需要有一定的专业知识才能帮助研究并提高效率,否则容易发生"帮倒忙"的情况。第二,协助者行动执行的可靠性。协助者需要保证能分配一定的时间和精力在研究中,否则容易拖慢研究进度,甚至破坏研究。

4. 设施和工具保障

虽然管理学研究不像自然科学研究那样对研究设施和工具有非常严苛的要求,但是一些必要的设施和工具还是要保证具备。例如,做实证研究,如果没有专业的统计分析软件,那研究的数据就无法处理,也就无法得到研究结果。

第二节　研　究　问　题

一、研究问题的界定

提出一个好的研究问题,是一项研究成功的关键所在。它也决定了研究的方向。方向是战略层面的指标,它直接决定了最后的结果是什么。研究问题的界定主要考虑以下两方面。

(一)研究问题的存在缘由

研究问题有客观存在的缘由,才能说明其有可研究性。如果研究的问题没有存在的基础,也就没有研究的必要。研究问题存在的缘由主要有三个。

1. 既有的知识不完善

已有的理论知识还存在空缺导致一些现象无法解释。理论不是独立存在的,它应该与其他相关理论一起构成一个知识体系,对相关问题做出全面、深刻的解释。如果知识体系缺乏完整性也就意味着其中还有事物没有被认知,还需要被探索,这也就有了研究的必要。

2. 研究结果相冲突

当不同的研究者针对相关研究问题有不同意见,而且都有看似能支持自己观点的科学依据时,就说明相关理论观点或结论还没有得出让所有人信服的解释,也说明研究本身还存在一定的争议或问题,这就需要继续围绕相关问题进一步去研究以接近事物的本质。

3. 新现象的出现

新的现象自有新的特征,而这些特征可能还没有被现有研究涉及,所以依据现有理论有可能不能对其进行透彻的解释。那么,新的研究就可以从中发掘研究的问题来对这些新现象的本质进行探究,相关研究问题也就有了存在的缘由。

(二)研究问题的价值

一个好的研究问题当然要满足价值诉求。研究问题是不是有价值主要看以下两个方面。

1. 知识的贡献度

宏观上说，理论知识是人类文明的推进器，只有不断地发现知识才能推动社会的进步。管理学研究的最终目的就是在管理领域中不断地探究管理现象内在的本质和规律，以促进社会发展。要达成这个目的，就需要不断丰富和深化理论认识。在解决问题过程中获得的结论性知识应当对知识体系有所补充或者更新，才能称为有理论贡献和理论价值。所以我们可以通过判断研究的知识成果具有的理论贡献来界定其价值。

2. 实践的有用性

实践的有用性即研究的成果能令工作实践发挥更高的效能或创造更多的利益价值。理论最终要通过指导实践转化为实际效益，这样才能达到推动世界发展的目的。这个转化的前提是研究问题与实践的联系紧密。这就要求一个好的研究问题的出发点应该是关注工作实践。例如，如何吸引消费者购买，如何修复出现丑闻的品牌等。在界定一个问题是否具有实践的有用性时，可以看其研究问题的提出是否关联了客观事实，是否阐述了研究问题的具体关注对象。

二、研究问题的提出

在论文撰写过程中，如何对研究问题进行陈述是非常关键的部分。一个好的研究问题应该兼具重要性、新颖性、理论相关性和实践相关性。那么，这里的问题陈述其实就是要将研究问题中能体现这些特性的内容提炼出来供人判断。

（一）研究背景

应在研究背景中阐述理论或者生活背景中的矛盾性。正面的现象体现正面的意义，反面的现象则反映存在的矛盾性。研究问题的提出并不是陈述几个句子这么简单。研究者需要在问题的提出过程中突出强调研究问题的现实意义和理论价值，这些需要通过阐述研究的背景达到。具体阐述的方法主要有以下两种。

1. 确立正面的事例现象

可以通过一些与研究问题相关的正面事例的价值强调来展现研究对现实实践活动的价值。例如，在讲述区域品牌化的研究背景时，可以列举诸如"中国瓷都景德镇""中国义乌小商品市场"，还有"钟表王国瑞士""葡萄酒之乡法国""生态之城卡伦堡"以及"影视名城好莱坞"等享誉世界的区域品牌实例来展现区域品牌具有的显著经济效应和市场特色优势。现实中的这些区域品牌都为区域的发展带来了巨大的推动力。阐述这些区域品牌的潜在意思是，通过对区域品牌化的规律的探索分析，有助于建立区域品牌化的有效机制，从而为地区发展实践做出贡献，这也是该研究的实践价值所在。

2. 突出矛盾问题

可以通过阐述研究对所涉现象中矛盾问题的解决来体现实践意义和理论价值。这些矛盾可通过两个方面来表现：

第一，现实与理论的矛盾对立，即现实中的某些现象与理论相悖，或者某些现象找不到合理的理论来解释。问题的陈述部分要通过列举一些事实来体现这一点，然后强调研究问题的解决能促进实践活动和能够为理论做出贡献，具有实践和理论重要性。再次以区域品牌化研究为例，为了阐述区域品牌化存在的矛盾现象，可以通过列举

2010年"丰田召回"事件、2013年欧洲"挂牛头卖马肉"等现实生活中出现的负面现象导致企业失信并动摇消费者对事发区域品牌的信心来阐述其中的矛盾现象。这些企业品牌出现的问题对相关地区或国家的经济和品牌形象造成负面冲击。也就是说,本来区域品牌化是对地区发展有利的,但是现实却发现个别企业品牌的危机往往会导致地区品牌形象受损。那么造成这种矛盾现象的原因是什么呢?该研究提出,研究旨在对这种原因机制进行科学的探究从而揭示区域品牌化的内在规律,这对区域品牌化实践以及相关理论的发展显然是具有重要意义的。

第二,理论与理论的矛盾对立。科学不是一成不变的。我们总是走在探寻真理的路途中。真理无终极,因而对真理的追求是无止境的。人们只能在探寻真理的过程中不断去深化对真理的认识。如果我们发现关注的研究主题存在相冲突的理论,或者旧有理论有缺陷,而我们对该主题的理论研究也有一定的见解,那我们就可以在问题陈述时强调这些理论的脉络及其相互间的冲突,分析这些矛盾产生的原因和不同理论之间的异同,并据此提出自己的见解。通过强调理论之间的冲突,可以提高自身研究在理论体系中的重要地位,进而展现研究的价值。

(二)文献考察

在问题的陈述阶段,文献状况的考察也是不可或缺的部分。主要逻辑是围绕研究背景陈述的矛盾现象,梳理相关领域的文献做了哪些研究,形成了哪些观点,存在哪些局限性,并展现所要开展的研究对现有研究的局限性具有怎样的补充或推进作用,从而体现所要开展的研究的理论贡献。文献考察要围绕其作用进行有条理的陈述。

1. 作为陈述研究的理论背景而引用

为了陈述一项研究及其研究问题的重要性,除了对实践现象进行阐述外,还需要对现有理论在相关主题领域已取得的成果积累进行考察,对前人或他人的有关研究成果及其学术价值或社会意义做出简略的梳理和介绍,以便清楚陈述所要开展研究的理论背景。从而强调所要开展的在现有理论基础上的新贡献,体现进一步开展相关研究的意义和价值。

2. 作为突出研究的相对优势而引用

文献考察的目的在于指出前人或他人的现有研究成果在所要开展研究的主题或问题方面还存在哪些问题或不足,或提出质疑,进而提出所要研究的观点及研究思路或方法,以明确所要开展的研究与前人研究的不同点和优化的地方,从而突出所要开展的新研究的相对优势。

3. 作为借鉴和启发而引用

研究的观点、思路或研究方法往往是借鉴已有概念、理论、原理或方法,或者受其启发而形成的,因而需要引用最新的参考文献。这样既可以体现研究的新颖性和超越性,也能体现其学术道德和对他人研究成果的尊重,以及表明科学研究的相关性和延续性。

4. 作为研究的论证依据而引用

在进行研究的理论论证时,引用他人的相关理论,尤其是经典的或权威性文献作为论证其研究的原理、理论或方法以及事实的依据,可以体现所要研究的理论或事实依据的科学性、客观性和可靠性。

(三) 问题陈述

研究问题陈述,旨在基于现有现象和现有研究的不足提出所要开展的研究要具体研究的问题。问题陈述的核心是对研究问题进行准确的描述。首先是问题陈述的语句要准确精练,句子结构应尽量简单。对于一些使用范围不是很广的概念,在进行问题陈述时也一定要解释清楚,核心词汇的运用一定要精确把握,不能模棱两可。在对研究问题的核心议题进行陈述时,应该包含六项内容:概念、变量、变量间关系、研究对象、研究方法和资料分析方法。虽然这些内容有很多,但在问题陈述部分不必全部展开,而只需用精简语句加以明确。

三、研究问题的解决

在计划开展研究之时,我们就需要预判这个研究问题被解决的可能性。不能被解决的问题提出来也没有意义,因为不能被解决意味着不能产生任何结果。主要从以下几个方面判断研究问题的解决可能性。

(一) 结构的明确性

1. 概念

概念是对现象的抽象,它反映特定的事物或现象同其他事物或现象区别开来的本质特性。只有准确而全面的定义才能够确保概念所描述的事物或现象能够被准确地在现实世界中识别出来。在确定研究问题时,所用概念一定要精准地反映所要反映的研究内容。概念的表述应该尽量沿用规范且常用的词汇,而不应当自己去创造。

2. 关系

研究问题所面对的是如何解释概念中的关系。如果这种关系不能被清楚地描述,那就意味着研究问题并没有真正形成,也就不存在解决的可能。

3. 确定的目标

对于研究问题的结构而言,每个概念都应该对应着一个具体的目标。这个目标是具象的,是可以被确定的。有确定的目标,开展研究才有确定的资料数据来源,才能对现象进行分析,研究问题才有可能被解决。

(二) 用语的明确性

只有明确的、有清晰定义的用语才能准确地定义研究问题,才能使研究问题具备操作的可能。用文字来表述研究问题本来就是抽象的。抽象性意味着不能被操作。无法操作就意味着我们无法清晰地观察概念之间的关系变化情况,具体的研究就无法进行,研究问题自然也无法解决。

(三) 范围的适度性

选定的问题一定要具体化,界限要清楚,范围宜精小,不能太笼统。那种大而空、笼统模糊、针对性不强的课题往往科学性差,而且无法解决。例如,研究某国的企业管理问题,国家虽有大小,但是再小的国家其内部也是复杂的。国家中所有企业面临的管理问题也是不一样的。因此,一个研究不可能解决所有企业面临的管理问题。即使有研究结论,那也只能是空泛的结论,对于企业的实践活动没有指导作用。我们应该聚焦的是"小问题",然后用"大文章"去诠释它。研究问题的内在机制和根本关系能够被深挖,才是研究问题能被根本解决的判定标准。

第三节 文献回顾

在研究问题的发掘与确定过程中,我们多次提到文献的作用。通过阅读文献,可以发现新的研究方向,可以为研究问题寻找理论支撑,可以检验研究问题的重要性等。文献的作用不仅存在于研究问题的讨论部分,还贯穿于论文的其他方面,其重要性可见一斑。

一、文献回顾的目的

(一)新想法的发现

通过回顾相关领域内已有的文献,整合对比各个研究的相同点和不同点,可以生发新想法。

1. 先行研究的逻辑性、理论上、方法论上问题点的发现

通过分析他人的具体研究,梳理文献中的逻辑、成果和方法,并对比同一主题的文献在这些逻辑点上的不同表现,可以促使自己有不一样的思考。分析已有文献在理论、方法上的缺陷并进行改良就是创新点所在。

2. 先行研究的一般化可能性研判

已有研究在适用性上肯定存在一定的边界,即可能不能解释领域内的所有现象。考察先行研究的一般化可能性或者程度,可以发现他们不能解决的问题。这就可以引发新的思考:为什么这种现象不能被这个理论解释,这种现象又该如何解释等。

3. 跨领域结合,发现特定问题的新解释

不同的研究领域之间虽然有一定的界限,但并不是完全对立的,而是存在一定程度上的联系。当我们发现无法运用领域内的知识对现象进行解释时,可以尝试通过考察其他临近领域的文献,探查是否存在可以利用的理论。这种跨领域的理论知识的结合只要符合科学的理论逻辑,就能够成立,并且是一种很好的创新。

(二)对已有知识的再确认

如果我们要做的研究被别人做过了,而自己不知道,最后发现成果不能在他的基础上创新,那这个研究就只是一种重复,将毫无意义。要知道前人是否在这个问题上有所研究,就要进行充分的文献检索。利用互联网和在线数据库进行文献检索是获取文献的有效手段。只要数据库覆盖面合理且我们使用得当,就能在较短的时间内较全面地掌握研究主题的现有研究状况。如果在数据库中我们找到了本想要做的,那么我们只能换角度或者研究方法去思考了。

(三) 与主题相关领域理论体系框架的探明

研究主题存在于更大范围的研究领域之中,而领域之中的所有相关理论就构成了一个理论体系。我们需要清楚地知道这个体系的框架是怎样的,并确认好自己在这个体系中的地位。这样才能完整地融入这一体系中去,以体现自身研究的价值,同时这也是检验理论相关性的一个标准。要想搞清楚这个问题,就必须解答这样几个问题。首先是前人研究的对象或问题是什么、前人是如何阐述研究问题的以及为什么这样阐述;其次整合前人观点,发现它们的异同点;这些观点是否可以分类、如何分类;观点之间的前后时间关系和逻辑关系是什么,等等。

(四) 研究框架和方法论知识的获得

在别人的观点之上逐渐探索,结合自己的研究主题和思路,可以推导出研究问题的理论框架。在文献综述时不仅要总结前人的核心观点,还要综述前人在研究中的研究方法。研究方法的发展和进步会在很多方面改变已有的观点。例如,产业组织理论中博弈论方法的引入就改变了SCP框架下的很多观点。随着数据获取途径的增多和获取技术的改进,针对某一研究对象所使用的研究方法会越来越多。因此,当我们发现相关文献主要以使用某一种或某几种研究方法,而对其他研究方法应用较少时,就可以考虑通过研究方法的创新来寻找研究问题,同时还可以在撰写论文时强调前人与自己方法的差异,突出自己的创新点。

(五) 研究可能性的评价

通过文献考察,我们可以发现自己预先设定的研究问题和研究问题的方法是否与同类主题的研究相悖,而这种相悖是否是自己的错误。如果是,则及时调整自己的研究,减少试错的成本。在这里主要关注两点。

1. 研究范围

通过对比同类主题的研究,我们可以知道该研究的研究范围是过大还是过小。范围过大可能导致研究复杂化、研究成果空洞化。范围过小又容易产生功效太小、没有价值等不良后果。参照已有文献能够比较好地解决这个问题。

2. 研究主题

某些研究主题如果已经没有多少研究的空间或者以现有水平无法处理时,就不具备继续研究的可能。文献的考察可以很好地帮助判断相关主题的开发情况。

实际上,如果能在文献综述过程中处理好以上问题,就可以基本确定所要做的研究或所要撰写的论文的创新点、主要思路和拟采用的方法。

二、文献资料的来源

既然要研读文献,首先面对的问题就是怎么获取文献。在网络发达的现今,通过在线数据库获得文献资料是非常有效而便捷的手段。这里的在线数据库有CNKI、Science Direct、Ebsco、Emerald等,各个数据库所收录的文献类型大有不同。在进行文献检索的时候应该多数据库查找,以求对文献进行全面掌握。建议首先重点收集和阅读领域内有代表性的文献,特别是对相关研究产生重大影响的种子论文(seminal paper),然后再收集和阅读次要一些的文献。当然,网络数据库只是一种手段,不是文献的唯一来源。其他文献资料的来源还有学术期刊、教科书等。

(一)学术期刊

可以从学科领域的一流期刊中找相关文献。每个学科都有自己的刊物分级和排名,我们平常所说的 A 刊、B 刊,或者 CSSCI 核心刊物就是几个选择的标准。我们可以重点查阅排名靠前的刊物所刊载的文献。

(二)专业教科书和学术论文集

有些理论并不一定能从期刊中获得,教科书涉及的知识面更广,也有助于拓宽理论来源。此外,经典教科书中所提及的文献也是非常重要的。查看以"Handbook"为名的论文集也是获得文献的一个途径,如 Handbook of Econometrics、The Blackwell Handbook of Strategic Management、Handbook of Industrial Organization 等,这些都是业内专家编著的综合体现学科发展状况的、工具书性质的论文集。这些论文集中的论文大多以综述本学科某一时间段内某个研究领域的学术进展为主要目的,作者都是相关研究领域的权威。阅读此类手册内收录的论文可以迅速掌握相关领域最重要的学术进展状况。

(三)网络数据库

网络资源的获取相对容易,而且快捷。我们可以利用"百度学术"或者"谷歌学术"查找相关的文献。百度学术是百度旗下提供海量中英文文献检索的学术资源搜索平台,涵盖了各类学术期刊、会议论文。百度学术搜索可检索到收费或免费的学术论文,并通过时间、标题、关键字、摘要、作者、出版物、文献类型、被引用次数等细化指标筛选论文,提高检索的精准性。谷歌学术也是一个同类的搜索引擎,在目前,相对来说能比百度学术搜索引擎找到更多的论文。在实践中,我们可以多使用几个网络数据库寻找文献,增加找到可用文献的概率。但是,网络上找不到并不代表线下的纸质资料中也找不到。纸质资料相对于网络来说应该更丰富,我们应该尽可能多地收集研究资料,而不能完全依赖网络。

三、文献资料的阅读

面对海量的文献和资料,我们需要有选择地阅读。要选读好文献,主要应该处理好以下几个方面的关系。

(一)宽和窄及泛和精的关系

在进行研究时,我们总是力求将所有与研究主题相关的文献收集齐全。但什么才是和研究主题相关?这里并没有确切的标准可以用来判断,只能依靠经验来进行是否"相关"的判断。通常研读文献的主要方式有以下三种。

1. 浏览

只阅读论文的摘要、理论框架和结论部分,几分钟之内就可以对研究内容和质量进行判断。这种阅读论文的方式,能对其产生一个大概的印象,从而直接快速地排除一些不相关的文献。

2. 泛读

浏览后可以选择一部分进行泛读。泛读比浏览要更细致一些,但也只是对论文的部分把握,不需全面解读。泛读可以拓展思维,掌握更多相关理论。

3. 精读

在研究中需要精读的论文一般有五篇左右即可。精读的文献需要全文研读,反复琢磨,这些文献是研究创新点的主要出处。

从研究问题来看,如果是热点或者成熟的研究问题,研究已比较深入,文献综述的面可以窄一点。如果是新的或者研究成果较少的研究课题,文献综述的面就应该更宽一些。我们还可以参考一些评论性文章来决定应该阅读的文献的宽窄范围和阅读方式,因为评论性的文章大都会对已有文献做总结并进行一些评析,借助其观点可有效节省时间。

文献综览大多都是由宽到窄、由远到近、由泛读到精读的过程。当然,也可以在窄和精读的基础上扩展阅读的范围,根据精选文章所参考的文献,采取滚雪球的方式,查阅更多的相关文献。

(二) 学术期刊和教科书、一般杂志之间的关系

对于学术论文,参考文献来源必须以学术期刊为主。学术期刊中的论文反映了本领域目前的研究前沿和热点。教科书一般只能提供成熟的、但不够前沿的知识。我们所做的研究成果最终也是要发表在学术期刊上,所以学术期刊上的内容更具参考、效仿价值。当然,教科书通常能帮助研究者补充某些领域的知识,同时提供一些论证理论、工具和技术的知识。一般杂志等资料可以为论文提供背景材料,但其中的观点缺乏学术论证,因此难以作为可信的论据加以引用。

(三) 文献原文和笔记的关系

阅读文献之后,不能只让阅读成果存在脑子里,必须做好必要的笔记。做读书笔记时,应记录文献中的重要结论、研究方法和启示,还包括批判性或建设性的评价,为后面进行理论调查和文献撰写奠定基础。在阅读文献时,需要考虑哪些是该文献没有回答的问题,研究可能存在哪些方法上的问题,对未来研究的建议是什么。思考不同文献之间如何构成一个有机整体,特别是它们与所要研究的主题之间的联系,并用连贯性思维和逻辑顺序表述文献综述。阅读文献的目的是从阅读中找出难题、提出论点和寻找论点的论据。

第四节 研究计划书

一、研究计划书的概念

研究计划书(proposal)是将自己的研究设计和研究计划以恰当的文字和方式传达

给评审专家的文本。对于学位论文而言,研究计划书叫"开题报告";对于研究课题而言,又被称为"课题申请书"。研究计划书一般必须回答以下问题:打算完成什么,为什么要做这件事,打算怎样去完成。此外,研究计划书应该有足够的信息来向评审专家显示研究者有意义重大的研究想法,对相关文献和主要问题有很好的把握,同时研究方法是切实可行的。

二、研究计划书的要领

撰写研究计划书,要有的放矢地对内容进行精准把握和重点表达,以最清晰的方式传达研究的价值。

(一)准确表达研究目的

研究计划书最终是为研究服务的。研究计划书应明确研究目的,使评审者能够清晰地界定研究,理解研究价值所在。研究目的的准确表达需要做到以下三点。

1. 准确地界定研究对象

研究的一般目的是要检验几个对象之间的某种关系。这就需要用概念清楚地说明这几个对象是什么,与其他的对象应该有清晰的边界,然后利用研究假设描述它们之间存在的推论关系。

2. 准确地使用关键词

关键词能鲜明而直观地表述文献论述或表达的主题,使评审者在未看其他内容之前便能一目了然地知道论文论述的主题。这是评审者对研究所属领域进行准确定位的参考指标。

3. 使用精简而准确的题目

研究题目是研究目的的精准浓缩,所以这里最需要注意字数要求。标题题目忌过长,两三行的文字很容易使评审者对计划书失去继续阅读的耐心。但是,题目文字也不能太短,以正好完全精练地表达自己的研究目的为宜。

(二)突出研究的创新点

研究的创新点是评审者最关注的部分,也是研究价值的最主要表现。因此我们在进行计划书撰写时,要突出研究的创新点。这些创新可以是理论创新或方法创新。

理论创新指研究在理论知识上对已有知识的贡献。这种贡献可以是完善了知识体系、更新了理论或者合理地推翻了前人的理论。

方法创新可以是研究对研究方法本身进行了完善,或是运用新颖的方法对研究问题进行了更新,并因此发现了与已有研究不同的结果。

(三)展现研究的可能

有一个好的研究问题,再加上一个可以实行的研究操作,才能让评审者相信这个研究能有所贡献。因此研究计划书应简洁明了地呈现研究方案和预实验(若有)的内容。

第一,研究计划书要将一个严密的、完整的研究方案展示出来,并展示其符合此研究类型的特性,从而显示出足够的信度和效度。

第二，预实验是正式实验的先行者。展示预实验的操作过程和结果能在一定程度上预示正式研究的进行情况，并使研究可能性可视化，让评审者信服。

三、研究计划书的作用

研究计划书不但要准确地说明研究对象的性质，还要详细说明将要使用的研究方法。另外，研究计划书还要有足够的材料来支持说明选题的重要性和所使用的研究方法的恰当性。研究计划书的具体作用主要有以下几种。

（一）沟通作用

研究计划书旨在把研究者的研究计划传达给能够提供咨询、授予许可或者研究资金的人。对于研究生来说，论文和学位论文委员会就是研究计划书的投递对象。研究生需要通过研究计划书来与委员会进行学术沟通，传达研究的意义及计划，以获得委员会的指导或者实施研究的许可。对于科研人员而言，计划书的投递对象是各研究基金委员会或其他学术组织，用以获取基金会或政府的资助。通过研究计划书与评委会沟通，可以向他们传递研究者所做研究的价值。资助的性质、费用和资助的可能性都直接取决于计划书是否清晰和完整。

（二）计划作用

研究计划书本质上是在描述一项研究的行动计划。这个计划的作用表现在以下两方面。

1. 向他人展示研究的完成可能性

一个研究只有被完成才有最终结果，才能实现最大价值。所以在研究未进行之前，要以研究计划书为证据让他人相信本研究能如期完成。因此，研究计划书应该尽可能地描述清楚研究方案和研究进程安排，对研究过程中可能出现的阻碍进行预警并提供预案。好的研究计划书的特点是研究设计细致而周全，能够让其他研究者重复该项研究。也就是说，他人按照研究计划书实施同样的观察和操作，所获结果和该研究者的应该没有太大差别。

2. 为自己的研究提供导向

研究是一个长期工作，需要有一个纲领性的安排表来排列研究工作，以使研究能够按期进行并以科学的方案导出研究结果。

（三）合约作用

一份通过委员会审议并签字确认的完整研究计划书是研究者与管理者之间的契约书。一份同意资助计划书标志着研究者（以及大学）和资助方之间签订了一份合约。获准实施的研究计划书表明，如果具备研究能力并完全实施了研究，那么研究就应该能够提供一个符合目前标准的报告。此外，一旦签订了协议就不可以变动，除非做些小修改，但也只能在有证据表明必须修改或强烈希望修改时才可以这样做。

四、研究计划书的内容

研究计划书的撰写要简洁和精确，这可以反映研究者对研究问题的思考的清晰程度。复杂的事情只有通过简洁的形式才能更好地沟通。研究计划书最直接的作用就是快速准确地把研究设计传达给评审者。

研究设计因不同的研究而有所不同,所以研究计划书也就没有普遍使用和唯一正确的内容格式。每一份研究计划书都要求完成沟通任务。因此,研究计划书中包含的内容都可能会有所不同。研究计划书一般包含以下内容。

(一)研究的介绍

研究计划书要向评审者呈现研究的关注点,告知评审者研究者想要做什么,不仅要激发其兴趣,还要让他们能够真正理解。在这部分,应避免冗长乏味的语言和过于繁杂的技术细节或抽象论证。最简洁地介绍研究计划,找出界定研究的核心概念即可。

概念就是为可观察的表征或现象提供的抽象符号。因此,所有的研究都要使用概念。当评审者问"该研究打算研究什么"时,最好的答案是给出核心概念并说明在研究中如何呈现它们。对于这些概念,如果它们有特定的意义,或其中可能含有明显的假设,那么对这些概念之间的关系就要有一个简单的说明。

指出研究对理论或实践的重要性也许能够吸引评审者的兴趣,但在导论部分不必说明研究的所有意义。应首先呈现一些基本要素,然后把全部的细节留到一个更适当的地方再讨论。

最好在研究计划书的开头就明确说明研究的目的。在说明研究的目的时,不必把所有的想法全都列出来。开门见山、简单明了地具体说明研究以此为目的的原因。简单的回答能够让评审者继续关注后面的陈述。

(二)理论基础

对于学术研究而言,任何研究都应该有理论基础。理论基础存在的目的是论证研究的理论合理性。论证通常既涉及推理逻辑证据,又涉及理论证据,让评审者相信该研究具备理论上的正确性,而且研究问题已经有了准确的界定。在为研究进行论证时,应该把注意力放在界定研究问题和研究意义等基本问题上,以证明整体框架的合理性,这样才能让评审者相信研究有得出正确结论的可能。

(三)研究问题或假设

所有的计划书都要正式提出自己的研究问题或假设,但需要谨慎地使用概念性的书面语言进行陈述。每个变量都要用明确的术语具体说明。当没有足够的证据用以预判变量的关系而无法提出假设时,可以采用提问的方式进行陈述。一般来说,多个简短的、易验证的假设比一个冗长的、难以操作的假设好。当为探讨交互效应的影响或研究中存在多个变量而需要很多假设时,应首先陈述主要假设,以突出研究的主要意图。

(四)研究背景

研究背景一般是对当前社会中实际情况的归纳总结。这种实际情况的存在将是研究此项问题重要性的支撑。此外,文献综述也是研究的理论背景的构成部分。研究问题不仅立足于实践,还需要与理论有所联系,需要知道在学界,其他人关于这个问题都有一些什么样的看法。因此,在文献综述中,研究者要指出该领域其他研究者主要的研究方向、方法论,以及他们提出的解释。

(五) 预期成果及价值

预期成果及价值一般指在理论上按照研究计划实施后能得到的结果和此结果对于研究情境之外的价值。根据研究的具体情况,研究人员应该对研究结果是否具有这些方面的含义做出说明。一项好的研究所追求的目标是填补理论体系中的空缺,提高人们对问题的认识水平。如果是这样的研究,研究人员应该对这些方面的意义进行具体说明。在陈述研究的预期结果和意义时,研究人员不要有意渲染、夸大研究结果的重要性,也不要把那些未经论证的结论视为自己的贡献。

(六) 工作计划时刻表

为了表示研究工作能够在既定的时间内科学地完成,研究人员应该制订较详细的工作时刻表并予以展示。在制订工作计划时,一般需要做好以下两件事。

1. 分解研究过程

对整个研究过程进行分解,形成若干目标及任务,而后分步实施。在分解目标及任务时,需要考虑不同目标及任务之间是否存在依赖关系,即某一目标及任务的完成是否依赖于另一目标及任务的完成。根据这种依赖关系,研究人员可以将所分解出的目标及任务,按时间先后顺序排列。

2. 估算时间

大致估算出完成每一项目标及任务所需要的时间。

把以上两个方面的信息综合起来,研究人员便可以制订出自己的工作计划时刻表。

(七) 边界条件和不足

任何研究都有适用边界条件和不足。但是,到底是用专门的一部分来讲还是只在出现的地方进行讨论,这取决于研究者个人。如果这些问题较少,而且很明显,后一种方式也许更好。但无论运用何种形式,研究者都有责任阐明这些限制性,并让评审者知道他们在提出研究的过程中已经考虑了这些问题。

(八) 研究方法和程序

所有实验研究的计划书都必须有一个严密而详细的研究观察计划。讨论方法时,一定要包括资料来源、资料收集以及资料分析。方法论部分要与研究目的相一致。研究计划书要为研究实施提供一个可以一步一步操作的说明。大多数研究计划书都需要说明以下问题:选择并说明样本来源和所用的抽样方法,说明研究工具和测量方法,说明资料收集方法,说明收集资料和处理资料的过程。

(九) 补充材料

为使表达更清晰,有些内容可以放到附录中作为主要文本的参考资料。这样评审者就可以根据需要选择材料阅读。以下内容一般可以放在研究计划书的附录中:设备说明、研究对象的简要介绍、被试知情同意书、预研究中的原始数据或其他材料、结构化访谈的问题、相关证明材料、研究设计的模型示意图、统计分析的模型示意图等。

本章小结

（1）研究主题的发掘是一个充满好奇性和创造性的过程，发掘途径主要包括对日常生活进行观察与他人进行经验交流等。

（2）研究主题的选定应与兴趣、经验、新奇有趣程度、前沿方向、可信的理论相结合。

（3）研究的主题要有意义与可操作性。

（4）研究问题要具有客观存在的缘由和研究价值，在论文撰写过程中，研究问题的陈述是非常关键的部分。

（5）通过阅读文献，可以发现新的研究方向，可以为研究问题寻找理论支撑，可以检验研究问题的重要性等。文献的作用不仅存在于研究问题的讨论部分，还贯穿于论文的其他方面，其重要性可见一斑。

（6）研究计划书包括：研究的介绍、理论基础、研究问题或假设、研究背景、预期成果及价值、工作计划时刻表、边界条件与不足、研究方法和程序、补充材料。

章节练习

（1）研究主题的来源主要包括哪四个方面？

（2）研究主题的选定受很多因素影响，其中你认为最重要的因素是什么？为什么？

（3）你对旅游学研究中的哪类问题比较关注？请具体阐述你关注的内容。

（4）文献阅读是科研中的重要一环，请和同学们讨论一个行之有效的文献阅读路径。

第三章自测习题

第四章 研究设计

学习目标
1. 了解研究设计的概念、目标和意义。
2. 了解并掌握研究设计的类型。
3. 了解并掌握研究设计的战略类型。

知识体系

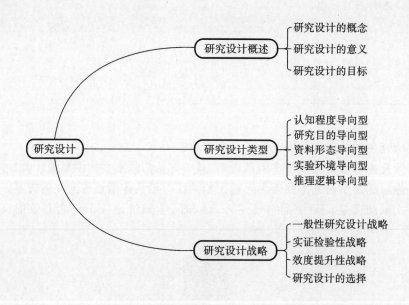

第一节 研究设计概述

一、研究设计的概念

在正式开展研究之前是否设计研究方案是区分传统学术研究和现代学术研究的标志。因此,研究设计(research design)在现代管理学研究中是一个不可或缺的阶段。凤笑天(2018)在《社会学研究方法》中指出,研究设计是指对整个研究工作进行规划,制定出探索特定社会现象或事物的具体策略,确定研究的最佳途径,选择恰当的研究方法,同时还包括制定详细的操作步骤及研究方案等方面的内容。概括来说,研究设计就是研究者根据自己所拥有的研究手段、方法、能力、时间和财力等条件因素,为满足自己的研究目的而进行的一个初步战略规划。它以简要的方式集中提炼出研究的具体思路、步骤和实施方案。

二、研究设计的意义

研究是复杂的,需要做的选择也是多样的,各种选择之间往往充斥着各种矛盾。为了使研究顺利进行,我们就需要通过研究设计来控制这些矛盾并化解它们。研究设计的意义在于预先处理研究可能面对的一般问题,使阻碍研究的问题预先得到解决或者预备好解决方案,以此提高研究的质量。

(一)使研究方法具有可行性

在学术研究中,可供选择的研究方法有很多,但并不是每一个都适合。只有当研究方法满足合理的、可靠的和经济的这几个条件时才可行。

1. 研究方法是合理的

研究方法是合理的是指针对特定的研究假设或研究内容,采用的方式方法能够满足检验、论证和解释研究内容所需要的功能和标准。

2. 研究方法是可靠的

研究方法是可靠的是指研究所采用的方式方法是可以信赖的、可以重复的,即使换了他人来做这个研究也能得到基本相同的结果。

3. 研究方法是经济的

研究方法是经济的是指对经费、人力、物力、时间等资源的整体投入要经济实惠。既要力所能及地保证研究的严谨性,又要以较少的投入争取最大效益。

(二)使研究具备科学性

科学的研究体现在,充分构思实现研究目的的操作程序和控制方案,以保证研究是有效的、客观的和显著的。

1. 保证研究是有效的

首先,研究变量之间的关系必须是客观真实的推断。这种关系可能是因果关系,也可能是相关关系。这种关系的推理和构思源于理论的支持、实践的启发以及灵感的萌动;对关系中的变量要进行适当的操作化定义,以实现有效的控制和检验。

其次,在数据的统计处理上,采用的数学统计工具适宜性和数据的质量达到需要的标准,以及样本容量应符合科学要求。

2. 保证研究是客观的

研究的程序和控制必须要保证研究变量之间的影响是因真实关系产生的,而不是虚构的或随心所欲的;收集的数据来源于客观实在,而不是主观生造的。

3. 保证研究是显著的

研究设计要能够使研究所反映的关系以比较突出和显著的形式表现出来；同时研究结果不能含糊不清或似是而非，而应该用明确无误的、有说服力的、可靠的数据或材料表述出来。

三、研究设计的目标

一个好的研究设计要体现三个基本目标：

一是能简洁有效地回答研究问题。研究设计就是对研究具体进程的预先安排，且所有的安排都指向一个目标——为研究问题的解决提供数据性的或者方法性的帮助。具体而言，就是采取各种科学方法对研究假设进行检验，从而判断假设是否能够得到数据和客观事实的支持。是与否都是对研究问题的回答。

二是满足研究的效度要求。一个好的研究设计要合理地安排研究过程，提高研究的质量。通过严谨的研究设计，可以在操作过程中避免一些纰漏，确保对概念测量的质量，可以根据数据的类型来选择正确的统计分析方法和合理的样本，以保证研究结果的可靠性。

三是控制研究中的各种变异。通过严谨的研究设计，可以根据研究类型和数据类型选择合适的研究方法，有效地控制那些可能影响自变量变化的各种变异量，如系统变异、外生变异和误差变异，从而提高研究的可信度。

（一）提高内部效度

内部效度（internal validity）是指测量变量间因果关系推论的可信度。其评价的是各种变量之间是否真的存在因果关系，而不是变量测量结果之间的统计关系。也就是说，内部效度与研究结果解释的唯一性有关。如果研究结果有且只有一种解释，那么该研究的内部效度就高。如果研究结果不止一种解释，该研究的内部效度就低。我们如果发现自变量的变化能给因变量带来显著的变化，在判定它们之间存在确切的因果关系之前，还需考虑这种因变量的变化是否排除了其他替代变量的解释效应。如果不能排除这种可能性，则在判定自变量与因变量关系时会产生偏差。例如，在霍桑实验中，研究者通过改变监管方式、增加互动时间，发现参加实验的员工绩效提高了15%，从而认定人际关系的改善是员工绩效提高的主要解释。Carey（1967）针对这一结论提出了自己的观点，他认为由于外部经济形势的好转和雇佣关系的改善，霍桑工厂5500名工人的平均绩效在实验期间也提高了7%。因此，在控制了外部经济因素对员工绩效的影响后，人际关系因素能够在多大程度上提高员工绩效是一个疑问。由此可见，如果对所研究的管理现象以及相关文献缺乏足够的了解，我们的研究设计方案极有可能忽略与替代解释相关的概念，最终导致变量之间的关系模糊不清，难以清晰解释，影响研究的内部效度。

（二）提高外部效度

外部效度（external validity）指在脱离研究情境后，研究结果还能成立的程度。每一项研究都是在特定的时间和地点进行的，有特定的被试、指导语、测量技术和实验程序。尽管研究本身具有特异性,但研究者通常期望研究结果不是高度特异的,而是可以推广到研究情境之外的。如果研究者使用的研究样本、测量手段有较大的特殊性,研究结果很有可能无法在其他情境下得到重复。例如,如果研究只以大学生为研究对象,这个研究的结果就很可能不适用于已经有多年工作经验的人群。外部效度在一定程度上决定了研究结果对现实的有效指导的程度。当在样本中找到显著的因果关系时,需要思考这些结论是否只在这些人、这样的环境和时间内有效。假如是,那么研究结论的外部效度就较低,也就会削弱其实际的指导意义。

(三) 控制变量

科学的本质在于控制,我们前面所说的内部效度和外部效度的提高,一般都需要通过控制各种因素来达成。控制的总的原则就是,最大变异原则(MAXMIN-CON principle of variance)。其中,MAX 意即最大化系统变异,MIN 意即最小化误差变异,CON 意即控制外生变异。

1. 最大化系统变异

系统变异是指由自变量变化而引起的因变量变化。在研究设计时,我们希望选择的自变量能够对因变量产生显著性影响,所以需要采取措施放大这种显著性,以方便观察和检测。系统变异在因变量的变异中占的比重越大,说明自变量在整个研究系统中的作用越强,进而说明研究的方向是正确的。系统变异需要在研究设计阶段充分考虑假设检验所需要的样本以及对自变量的操作和测量方式。例如,在研究消费者的收入水平对消费者的购买意愿的影响的时候,如果选择样本的收入水平本身差不多,或者最后发现他们的消费意愿并无明显变化,那么研究假设将很难获得支持。

由于变量性质的不同,在研究设计中操纵变异量的方法也是不同的。自变量分为刺激变量和机体变量。在对变异量进行操控时,刺激变量可以随研究者的控制而变化,但是机体变量由于其不可变属性,我们无法进行人为操控。例如,如果我们要研究消费者的消费观念对消费行为的影响机制,显然我们是无法操控改变消费者的消费观念的。但是,我们可以通过选择两组或多组拥有完全不同的消费观念的消费者作为研究样本来实现差异化比对。通过样本的选择分组,两组研究变量(消费观念)会具备显著的异质性,从而有利于在研究中观察不同消费观念下消费行为的不同,进而找出消费观念对消费行为的影响机制。因此,在研究设计阶段,应考虑如何根据变量的性质,从不同的背景中抽取研究样本,以强化研究的系统变异。

2. 最小化误差变异

误差变异是指由自变量以外的其他随机因素导致的因变量变异。最典型的误差变异是测量误差,或研究者控制不了的未知因素。误差最小化旨在尽可能扩大系统变异。通常,误差变异和外生变量的影响是无法区分的,这两部分产生的因变量变异之和就是统计分析所称的剩余部分,即自变量无法解释的变异部分。在进行 F 检验时,可以将因变量的总变异分为两部分:一部分是由自变量造成的组间差异,另一部分就是外生变量和误差共同造成的剩余部分。如果能够尽量减少测量误差,就可以提高统计检验的 F 值,增加获得显著性结果的可能性。

由于误差变异是随机因素造成的差异,它的处理方法主要有减少个体差异和测量误差两个方面：

首先，弱化被试的个体差异。在保证最大化系统变异的同时，尽量减少因为测量对象的个体差异而对因变量产生的影响。

其次，减少测量操作上的误差。一方面可以通过改良测量方法和测量工具来减少测量误差，如在使用一些电子设备或者其他工具时，尽量标准化这些设备的各个参数，不能在不同的使用组别或者使用时间有明显的差异出现；另一方面则是需要有效地控制测量情境。由于管理学研究对象具有很强的主观性和社会性，情境因素对其影响很大。同一对象在不同的情境中的测量结果可能不同。

3. 控制外生变异

外生变量是研究中存在的，却是研究中不需要且极力消除的干扰变量。它既可能影响因变量，同时也有可能影响自变量。它存在于整个研究过程，却与研究目的无关。干扰变量不是具体的变量，而是相对的变量。也就是说，在某个研究中产生外生变异的变量，在其他的研究中可能是需要的变量。但在现有研究中，它的存在只会对判断产生干扰，所以需要对这类可能对因变量造成影响的干扰变量实施有效的控制，使其效应最小化，将其与自变量的效应进行隔离。只有通过一定的控制手段排除无关变量对因变量的影响，才能清晰地判断并解释自变量对因变量的影响。如果不能实现对外生变异的有效控制，在发现了显著性关系后，就无法判断这一关系究竟是因为自变量对因变量的影响还是未加控制的外生变异的影响，也就无法达到研究目的。

研究设计是一个整体研究的蓝图。它是一个不断循环、不断重复的动态过程，而不是一成不变、一劳永逸的静态过程。研究设计只是具体操作前的理论设想，随着实际操作的推进，还会发现当初理论上有很多设想不够全面或者不正确的部分，因此需要不断地根据实际情况进行调整。

第二节　研究设计类型

研究设计最终是为研究服务的。不同类型的研究有不同的研究目的和研究对象，所需要的研究方法也不一样。因此，研究设计的关键在于与研究要匹配，要根据不同的研究特质、研究目的和所需数据的特质来确定不同的研究设计。根据不同的标准，可以把研究设计划分为以下多种类型。

一、认知程度导向型

（一）探索性研究设计

如果一项研究对目前的情况所知有限，或者说根本没有任何可以借鉴参考的资料以帮助了解研究问题，那么这种研究就叫作探索性研究。顾名思义，探索本就意味着所要探索的对象没有现有资料，所以要进行发掘式探究。这种研究的目的是对所研究的问题提出看法和见解,是为了更加了解某个在过去可能很少有人讨论的问题。因为很少有甚至没有人讨论,所以在研究设计时,所需的数据多源于一手调查。例如,需要进行大量的人物访谈,从人物访谈中得到原始资料后才能进行下一步的研究。即使已经知晓了某个研究问题的一些事实,但当其非常有限时,也可以通过探索性研究来进行完善。

为了达成探索的目的而进行的研究设计就是探索性研究设计。它的任务主要包括:收集必要的背景材料,熟悉和澄清所要研究的问题及背景,准确界定问题、提出假设或澄清有关概念,寻找解决问题的初步方案和线索,确定进一步研究的重点,确定数据收集方法和研究方法。探索性研究设计适用的方法一般有文献分析法、专家访谈法、二手数据分析法、定性研究法等。

(二)验证性研究设计

对目前的研究已有成熟的掌握,但是对于相关理论还存在质疑,为了验证其正确性而进行的研究就是验证性研究。针对验证目的所涉及的研究方案设计就是验证性研究设计。验证性研究设计可分为理论验证和实验验证两种。

1. 理论验证

对于某个研究理论,如果认为其存在一定的不合理性,就可以先运用理论进行检验,以确定这个陈述是否与已进行过验证的原理、定理或其推论所得到的陈述相容。如果是相容的,则可视为陈述被验证了;如果不相容,则否定该陈述。但是,这种理论验证是有局限性的。可能出现的两个情况是:①某个结论性陈述,部分人认为理论上无法证明,部分人认为理论上已经证明。此时,理论无法给予更深层次的证明。②当陈述的内涵或外延超出当前理论的有效范畴,验证性研究无法给出可靠的判断。

2. 实验验证

在通过理论验证无法得出结果时,需要使用实验来对理论进行检验。实验验证是根据理论内容,设计实验收集数据,对数据分析处理后做出对原来理论的判定。设计验证性实验时需要注意:①如果在当前理论的有效性范畴内的实验结果与现有理论是不矛盾的,在这层意义上,它是重复性实验,也就没有意义。②超出当前理论有效性范畴的那部分实验结果才真正构成了验证性实验的本质。③验证性实验的本质部分必须是可由其他研究者做重复性实验来检验的。如果不可重复,也就不能构成验证性实验。

在进行验证性研究设计时,应该首先判定所要验证的对象是什么,它有什么特征,这些特征要求进行理论验证还是实验验证。验证性研究设计一般选用的方法是文献分析法、实验法。

二、研究目的导向型

(一)描述性研究设计

为把握有关现象或者整体特征的分布、发生频度等特性而进行的研究就是描述性研究。描述性研究设计旨在确定或者描述研究现象的特征或结果的轮廓。例如,描述企业员工的年龄分布、性别比例、婚姻状况、受教育程度、籍贯等人口统计特征;描述企业的战略运营状况、市场的特征或功能等。典型的描述性研究都是以有代表性的大样本(一般在 600 人以上)为基础的。描述性研究可以进一步划分为横截面研究和纵向研究两种类型,两种研究类型对应着不同的研究方法,在进行研究设计时应给予关注。

1. 横截面研究设计

横截面研究(cross-sectional study)是常用的描述性研究,指的是对一次性从特定的样本总体中收集的信息进行的研究。横截面研究设计包括一次性横截面研究设计和多次横截面研究设计。一次性横截面研究设计强调的是一次性,在目标总体中只抽取一个调查对象样本,对这个样本只收集一次信息。多次横截面研究设计有两个或两个以上的调查对象样本,从每个样本中收集一次信息。但不同的样本信息通常在间隔较长的不同时间点收集。每次的样本彼此是相对独立的。多次横截面研究设计可以反映不同时期状态的变化。

队列分析(cohort analysis)是以队列作为基本分析单位,分析多次横截面调查数据的一种方法。一个队列是在相同时期经历同一大事件的一群人。例如,出生队列是指同一时期内出生的一群人。如"90后""00后"就是指分别在 20 世纪 90 年代和 2000 年至 2010 年出生的人。这些队列由于某些原因在某些方面具有相似特征,导致队列内成员某些特征比较相似,但队列与队列之间却存在某些明显差异。

与后面要介绍的固定样本组数据不同,虽然队列分析是以队列为分析单位,但每个时点抽取的样本是相互独立的。在时期 A 抽中的队列成员,在时期 B 并不一定能被抽中,即使抽中也很难与时期 A 的信息相链接。因此,队列分析属于横截面研究设计,而不是纵向研究设计。

2. 纵向研究设计

纵向研究(longitudinal study)是在一段时期内对目标总体一个固定的样本进行重复调查,按相对固定的程序和要求收集信息。固定样本组(panel)一般是以家庭作为调查对象。他们同意长期按要求提供研究所需的信息。因为需要在较长的时间段内保持这个样本的存在,课题组一般都没有时间和资源来维持这种长时间的关系,所以基本都由专业的市场咨询公司来提供此类调查对象。这些固定样本组一般也会得到一定的薪金酬劳或者是其他物质性的奖励。固定样本组调查又分为单固定样本组调查和多目标固定样本组调查,前者不仅样本是固定的,每次调查的内容也是相同的;而后者可以根据研究的具体需要增减调查内容。

单固定样本组不仅能够提供长期的关于购买量或市场份额等真正的时间序列数据,还能提供消费者购买行为和品牌转换的动态信息,而后者是无法从重复的横截面研究获得的。单固定样本组的缺点主要表现为,调查对象缺乏代表性。调查对象拒绝合作、固定样本组成员的退出等原因都会造成缺乏代表性的结果。

3. 横截面研究和纵向研究的比较

横截面研究是在某一特定的时间点收集信息的,反映的是被试在这个时间点的静态状况。纵向研究则是通过追踪一个固定样本来收集能反映动态变化的数据。两者主要是静态数据和动态数据的区别,没有本质上的绝对优劣。

(二)预测性研究设计

通过对现象的研讨,探究现象的内在本质规律,从而对此类现象将来的表现做出预测的研究就是预测性研究。针对预测研究的预测性特征所做的方案设计就是预测性研究设计。科学研究的一个重要目的就是进行预测。对于还未发生的事,如果能进行前瞻性预测,就能提前准备,使得有利因素放大而不利因素减少或消除,最终使利益最大化。预测不是盲目猜测,而是建立在科学研究基础上的对未来发生的事的预判。正因如此,预测研究还是需要解决相关的问题,通过解决研究问题,弄清楚问题产生的内在原因。事物本质的核心在可预见的时间内是不易改变的,因此可以根据这种稳定的联系推论到还未发生的事情上,以达成预测的目的。预测性研究的目的有定性预测和定量预测两种,目的的类型不同,在进行研究设计时应有所区别。

1. 定性预测

定性预测是指研究者依靠熟悉的业务知识、丰富经验和综合分析能力,根据已掌握的历史资料和直观材料,对事物的未来发展做出性质和程度上的判断和预想。定性预测一般适用于以下情况:预测对象的数据资料(包括历史的和现实的)掌握不充分;影响因素复杂;难以用数字描述或需要对主要影响因素进行定量分析等。定性预测的特点主要有:第一,主要凭借人的经验及分析能力对事物发展的性质进行预测;第二,着重对事物发展的趋势、方向和重大转折点进行预测。定性预测的方法主要有德尔菲法、主观概率法、领先指标法等。

2. 定量预测

定量预测是根据已掌握的比较完备的历史统计数据,运用一定的数学方法进行科学的加工整理,揭示有关变量之间的规律性联系,以预测或推测未来发展变化情况的方法。定量预测方法也称统计预测法,其主要特点是利用统计资料和数学模型来进行预测。然而,这并不意味着定量方法完全排除主观因素;相反,主观判断在定量方法中仍起着重要的作用。但与定性方法相比,各种主观因素在定量预测中所起的作用更小。定量预测一般分为两类:时序预测法和因果分析法。时序预测法把未来作为过去历史的延伸,通过对变量本身在一段时期内的历史数据分析去寻找其演变规律。时序预测法包括平均平滑法、趋势外推法、季节变动预测法和马尔可夫链预测法。因果分析法包括一元回归法、多元回归法和投入产出法。回归预测法是因果分析法中重要的方法之一。它从一个变量与其他具有未来可预见性的变量的历史变化和现实变化的相互关系中探索它们之间的规律性联系,以这种联系来预测目标变量的未来趋势。

(三)控制性研究设计

为认识和把握观察变量的变化情况而采取措施而人为控制变量变动的研究,就是控制性研究。对控制性研究的本质进行把握后所产生的研究方案就是控制性研究设计。能控制变量才能在实践中把握事物发展规律。控制性研究旨在通过操控变量来观察另一变量的变化情况。这就意味着变量之间应该存在明确方向性的因果关系。所以,控制性研究的本质是因果研究(causal research),旨在获得有关因果关系的证据,确定因果关系,解释存在因果关系的现象、行为或者变化产生的原因。

控制性研究的作用主要有:第一,认识哪些变量是现象的原因(自变量),哪些变量是现象的结果(因变量)。第二,确定原因变量和预测结果之间关系的性质。

需要特别注意的是，因果关系和相关关系之间存在着根本的区别。其中，因果关系变量必然首先应具备相关关系，但是相关关系变量并不必然具备因果关系。因果关系的确立一般需要满足以下条件：

第一，确定变量之间具备相关关系，即作为原因的变量和作为结果的变量之间是相关的，而不是独立的、互不相关的。

第二，确定事件发生的时间顺序，即作为原因的变量变化在先，结果变量的变化在后。

第三，排除其他变量的影响，即变量之间的这种关系不是由所研究的变量之外的其他变量造成的。

第四，可推论性，即实验条件下所观察到的因果关系放在实验情境之外也成立。

由此，控制性研究的设计应该注意以下几点：首先，推论变量间是因果关系还是非因果关系；其次，确定变量的特征，即确定哪个变量为受控制的变量；最后，说明实验操作的可能性，即实际操作可能性和伦理道德合理性。

三、资料形态导向型

（一）定性研究设计

由于社会科学具有高度的复杂性和社会性，很多资料是不能用数字进行表示的。当研究的证据呈现形式是文字资料时，我们称其为定性研究。针对定性研究进行的研究方案设计就是定性研究设计。

定性研究设计具有以下特征：

在研究目的上，定性研究更重视对事实的释义性理解，强调研究对象的本质必须要经过研究者的主观诠释才能被发掘出来。定性研究的主要目的不是寻求普遍的共识，而是通过对复杂的、不确定的信息进行分析，来寻求新的、尚未了解的意义。

在研究情境上，定性研究更强调研究情境的自然性，重视在实际环境中进行研究而不需做预先的安排。因此，在定性设计中，研究者应该尽可能选择在自然的实况环境中与被试相处，从被试看问题的角度、方法、观点去了解他们眼中的现实，以揭示其内部世界的真相。

在具体方法上，定性研究更多地采用访谈、观察、小组讨论、材料分析等方法，主要以文字描述为主，强调研究者自身的主观能动性。

在资料分析上，定性研究多以归纳分析为主，强调一边进行研究，一边分析资料，同时根据分析的结果对研究方案加以修正。

在研究者与被试的关系上，定性研究不同于定量研究的中立原则，主张研究者应积极与被试联系并参与到被试所处的实况环境中去，认为这是研究不可缺少的部分。

（二）定量研究设计

定量研究是与定性研究相对的，定量研究的资料呈现方式是数据。定量研究认为，在人们的主观世界之外,存在一个客观且唯一的真相。研究者必须采用精确而严格的程序以保证数据收集和处理的客观性,再以客观的逻辑去判断事物之间的关系。因此,在定量研究设计中,强调数据收集、结果的处理与解释等必须具备严格的范式,结果必须具有唯一的解释性。具体表现为:

(1) 强调对事物进行量化的测量与分析。

(2) 强调对研究对象进行人为干预,创设实验条件。

(3) 主要采取假设检验的方式。由此出发,定量研究形成了包括严格的抽样技术、量化的资料收集、以数理统计为基础的分析技术在内的一套完整的方法体系。

由于定量研究的量化、客观化倾向与社会科学的发展方向相契合,自 19 世纪后期以来,定量研究很快取代了思辨研究的位置,在社会科学领域得到了广泛的应用,成为主导性的研究范式。但是,应该注意的是,定量研究与定性研究同样重要,不存在哪一个绝对更优。在一个研究中,两种研究方式也可能同时存在。

四、实验环境导向型

(一) 实验室研究设计

在进行研究时,如果研究是在实验室中进行,那么可以称之为实验室研究。实验,就是根据研究目的,运用一定的手段主动干预或控制研究对象,在典型的环境中或特定的条件下进行的一种探索活动。针对实验室研究进行的研究方案设计就是实验室研究设计。实验室研究设计主要有以下三个特征:

第一,研究者可主动控制某些条件。在实验室中,研究者可根据研究要求主动控制住某些变量的变化,以观察其他相关变量的反应。

第二,实验室研究的重点在于检验因果关系。实验室研究最大的特点在于能对研究变量进行控制。通过这种控制可以将变量间复杂的交叉关系隔离,从而在实验中保留所要研究的变量,以观察变量间的关系方向,判断因果关系。

第三,实验室研究具有可重复性。因为所进行的操作都是有意识的人为行为,除因研究需求选择随机性外,随机性将基本不存在于实验室研究中。因此,按照设计的实验步骤进行,就能重复该实验过程。

(二) 非实验室研究设计

非实验室研究即指不是在实验室中进行的研究,这种研究一般是在自然、现实的情境中进行的,以视觉等感官手段来观察自然状态下的对象,一般用在对所研究问题了解不多,或者所研究问题情况较复杂的情况下。针对非实验室研究的方案设计就是非实验室研究设计。在进行非实验室研究设计时,应充分考虑以下特征:

第一,非实验室研究过程无人为干预。非实验室研究不对研究对象进行人为干预只进行观察和记录,主要是对研究变量进行描述和对比,强调研究数据要来自实地现场,也因其研究情境就是实际生活,所以一般外部效度较高。

第二，非实验室研究不能解释因果关系。管理学研究对象是复杂的，其本质具有很强的不可观测性。因此，不进行人为控制的非实验室研究只能描述相关关系，而不能判断事物间的因果关系。

第三，非实验室研究是实验室研究的重要基础。非实验室研究可以判断事物间是否存在相关关系，从而可以为判定因果关系提供基础。

五、推理逻辑导向型

（一）归纳性研究设计

归纳性研究，即主要采用归纳法进行逻辑推导的研究。归纳是从个别到一般，从许多个别事实中概括出有关事物现象的一般性认识或结论的思维方法。这种利用归纳法理解和定义问题的研究就是归纳性研究。针对归纳性研究进行的研究方案设计就是归纳性研究设计。归纳性研究设计一般应用在某种现象还无相应的解释理论或者无确定的公认理论的情况下。归纳性研究过程是通过测量、样本归纳、参数估计来收集观察资料，并将其转化为实证概括的过程。在数据分析法上，归纳性研究常常使用质化分析技术。在数据收集方式上，归纳性研究往往倾向于收集定性数据，包括访谈、参与观察、非参与观察以及文献分析数据等。

（二）演绎性研究设计

演绎性研究是从一般性原理出发得出关于具体对象的个别性结论的研究方法。演绎的基础是一般性原理，结论是对个别具体事物的判断。所以，演绎是由一般引申出个别，用理论原则指导对具体事物的认识的一种极为重要的思维方法。演绎推理之所以合理，是因为一般存在于个别之中。在一类事物中，每一个个别事物都具有这类事物所共有的特性。因此，在已知该类事物的共同属性的条件下，可以推知其中的某一个别事物也具有这种属性。演绎是从归纳结束的地方开始的。演绎的一般知识来源于经验归纳的结果。演绎性方法的主要形式是三段论，即大前提、小前提和结论。大前提是一个包含一般性的原理、原则的判断。小前提是一个反映当前所思考的特殊对象的判断，从而得出结论。

针对演绎性研究进行的研究方案设计就是演绎性研究设计。它必须充分满足以下条件：

第一，前提必须真实。前提条件必须是真实客观的，不能是主观臆造的。

第二，结论具有逻辑的必然性。一个正确的演绎系统本身就是对个别、特殊普遍之间客观的、必然性的反应。演绎推理的大前提是普遍原理，它概括了个性中的共性。这种共性对于同类事物的任何个体都是必然具备的。由普遍原理推出个别结论具有必然性，才能在逻辑上验证普遍和个别之间的必然联系。

第三，结构具有严密的逻辑性。演绎在思维中是一个按照严格的逻辑规则由前提导向结论的过程，包含作为前提的判断和由此得出的作为结论的判断。如果少了其中的任何一个因素，都不能形成严谨的演绎推理。

第三节 研究设计战略

一、一般性研究设计战略

(一) 实验研究设计战略

实验研究的基本类型有三种:判断性实验、对比性实验和析因性实验。

判断性实验,即通过实验,判断现象是否存在,关系是否成立,因素是否起作用,着重探究研究对象具有怎样的性质和结构。对比性实验强调在实验中对两个不同群体、不同时间或不同条件进行差异性比较。析因性实验通过实验探讨影响事件的发生和变化过程,以及起主要作用的或决定性的因素。这种实验的特点是:结果是已知的,而造成这种结果的因素,特别是主要因素却是未知的,需要探寻。

根据实验的特征和目的,进行实验设计需要遵守以下原则。

1. 对照原则

对照即在实验对象以外另设一批对象做另一种处理,并在齐同条件下进行比较。由于对照中控制了混杂因素的影响,使得误差得到相应抵消,从而可以判断处置因素的真实效应。对照的形式主要有:空白对照,即对照对象不加任何处理;实验对照,即除了对实验所要求研究的因素操作处置外,其他因素都保持一致,并把实验结果进行比对;标准对照,即用已知有或无效应的因素处理对照对象,或称为阳性对照或阴性对照;平行对照,又叫相互对照,即无明确的对照组和实验组。在选择运用何种对照时,选择规则应注意以下几点:第一,判断研究因素有无效应,应该用前三种对照;第二,平行对照用于比较效应的强弱;第三,空白对照用于处理因素单一的对照。

2. 随机化原则

随机化是指在研究对象分组时,无主观因素的参与,按客观概率进行,使各对象分到各组的机会均等。其中还包括接受实验的顺序也随机化。随机分组的方法有:简单随机化,即进行编号、随机取数、随机数排序,最后实现分组。分层随机化,即在样本的每一层按简单随机化的方法进行抽取或分组。

3. 重复原则

重复即用多个观察对象进行实验,而非对同一对象做多次观察。实验中必须要有足够的样本含量,通过偶然性充分地反映必然性,使样本具代表性,以减少抽样误差,从而提高样本指标的可靠性和估计推断总体结论的准确性。

(二) 准实验设计战略

准实验设计是相对于真实验设计而言的,是指那种既不能直接操纵自变量,又不能对研究中的额外变量做严格控制的研究。它像实验一样一般要比较不同的组或条件,但这种设计用不可操纵的变量来确定要比较的组或条件。不可操纵的变量通常是被试变量(如性别)或时间变量(如处理前和处理后)。准实验与真实验的主要区别在于,没有运用随机化程序进行被试选择和实验处理,也不能完全主动地操纵自变量。在准实验研究设计中,不同的组或处理条件不是通过操纵自变量产生的,而是根据现成的被试变量(如性别)或时间(如处理前和处理后)来确定的。这两种分组方法产生了准实验研究设计的两种基本类型:非等控制组前测后测设计和时间序列设计。

1. 非等控制组前测后测设计

这种设计包含一个处理组和一个对照组,并且既有后测也有前测,但两组不是按随机化原则和等组法划分的。其操作程序是:两组被试在处理前都接受测量(前测),然后只对一组施加处理。施加处理后,再同时测量两个组(后测)。由于不能采用随机化的原则来形成处理组和控制组,实际上在处理之前两组就存在差异,因此称为非等控制组前测后测设计。由于实验组和对照组在前测上就有可能存在绩效差异,因此不能简单地比较两组后测的绩效来评估实验处理的效果。常用的方法有:

(1) t检验法。

t检验主要用于样本含量较小(例如$n<30$)、总体标准差α未知的正态分布资料的分析。t检验是用 1 分布理论来推论差异发生的概率,从而比较两个平均数的差异是否显著。它与 F 检验、卡方检验并列。

(2) 协方差分析法。

协方差分析法将前测结果作为协变量,后测分数作为因变量,通过控制前测结果对后测结果的影响来估计实验处理的效果。协方差分析法使得两组在后测结果之间的差异不受在前测中两组间原始差异的影响。

2. 时间序列设计

时间序列设计是指,对被试组或被试个体进行周期性的系列测量,并在这一时间序列中的某一点上呈现实验处理变量,然后观察施加实验处理之后的一系列测量是否发生了非连续性变化,从而推断实验处理是否产生效果。具体过程是,先进行一系列的观测,接着引入一个处理或者加入其他变量,然后再进行第二个系列的观测。通过比较处理前和处理后的观测值来评估干预处理或其他变量的影响。这种设计比较容易操作,适用于变量之间的单一单向关系分析。

(三) 非实验设计战略

非实验设计不能像真实验设计那样主动地研究一个或多个自变量与一个或多个因变量之间的因果关系,也不易像准实验设计那样达到部分控制的要求。但是,非实验设计可以使研究者对变量之间存在的相关关系做出因果关系的假设,并在后续的实验研究中检验这种假设。因此,非实验设计也是真实验设计的组成部分。非实验设计战略主要有以下类型。

1. 单组后测设计

在单组后测设计中只有一个实验组,没有控制组。只实行一种实验处理,并在实验处理之前不进行前测。然后通过后测得到该组的后测结果,以推测处理效果。单组后测设计是最简单而且控制最不充分的一种研究设计,问题很多,但仍然有很多应用。这是因为虽然单组后测设计的结果不能进行有关因果关系的推论,但这种设计可以为进一步的实验研究提供参考。

2. 单组前测后测设计

它是对单组后测设计的一种改进,但也没有设置相应的控制组进行比较。在引入处理之前,对实验组施行一次前测。通过前测的结果,获得有关该组的信息,并作为与实验处理的结果进行比较的标准,以此评估实验处理的效应。在单组前测后测设计中,对研究结果的统计分析,通常检验实验组前测结果的平均数和后测结果的平均数有无统计显著性差异。根据实验组人数可进行 Z 检验或 t 检验。

3. 固定组比较设计

这又称静态组比较设计,是指利用在研究之前已经形成的两个原有整组,仅对其中一组给予实验处理,然后对两组进行后测比较的研究设计。

4. 事后回溯设计

在事后回溯设计中不是由研究者事先提出处理设计,也不是由研究者主动操作自变量以获得处理结果,而是在原有的事件已经发生之后,研究者对自然发生过的处理效果进行检验,将这种已自然发生的处理或自变量与某种结果或因变量联系起来加以分析,以便从中发现可能的关系。

二、实证检验性战略

（一）实证主义

实证主义认为,现实世界是客观的,所以实证研究的宗旨在于量化。由于客观规律和事实的存在,我们对研究对象可以进行科学的测量,以此来解释、预测变量间的因果关系(Ferré,1988)。根据实证主义研究范式,科学研究多从实验或问卷调查中得到数据,然后在统计分析的基础上得出结论。所以,实证主义更多强调的是理论检验,而不是发展新理论。实证研究中当然也有定性的方法,只是它们大多是为定量分析提供补充信息。基于实证主义思想,科学研究的主要目标在于探讨变量间的因果关系。

（二）实证研究的资料收集

在实证研究中,数据的来源一般有三种:

第一,可直接观察的事件。对于可直接观察到的对象,可直接对其进行测量然后记录数据,形成研究所需数据。

第二,无法直接观察的对象。对于这种对象可借助一定的测量工具进行可视化、数字化表达。例如,"顾客忠诚度"这个概念是无法被直接观察到的,但我们可以将此概念分为多个维度,然后对维度进行问项测量,依靠测量的数据实现量化。

第三,可观察的行为。虽然行为可观察,但由于是具体的操作行动,所以还是需要借助一定的测量工具进行数据表达。需要注意的是,可直接观察的行为并不一定能被准确地描述,更难准确地用数据来描述。

因此,在进行研究设计时,一定要准确定义行为概念,明确其边界。这样,才能保证收集的数据所反映的是该行为。

(三)实证研究的测量

实证研究旨在用数量处理问题。而测量则是将概念数量化的有效手段。测量的核心用公式表示,即为 $X=T+S+R$。其中,X 是实际观测值,也就是在研究中通过各种方法实际得到的数据。T 是真值,指观测对象不受外界影响而产生的客观值,即真正需要的值。S 是系统误差,是分析过程中的一类误差,它具有重复性、单向性、可测性,即在相同的条件下,重复测定时会重复出现,并使测量结果系统地偏高或系统地偏低,其数值大小也有一定的规律。R 是随机误差,也就是非系统的、无法避免的误差。当测量完美时,$X=T$;其他情况下,真值和实际观测值是存在差异的。系统误差可以通过交换法、替代法、补偿法等方法进行修正。随机误差可采取多次测量的方式来降低。

管理学研究中经常采用的测量工具是指数和量表。指数,即用多个指标合成的分数体系,大多为等距变量。例如,定义"管理学研究的教学质量指数"以反映管理学研究课程的课堂教学质量。我们可以说指数升高或者降低,但不能说升高了一倍,因为这个倍数没有实际含义。量表,旨在确定主观的、抽象概念的定量化测量程序。对事物的特性变量可以用不同的规则分配数字,形成不同测量水平的测量量表,即测量尺度。尺度也是测量单位的类型。例如,名义尺度、顺序尺度、等距尺度、比例尺度。各尺度对应的测量方法为定类、定序、定距和定比。

常用的两种量表是李克特(Likert)量表和沙氏通(Thurstone)量表。李克特量表通常用来测量人们对事物的态度或认知程度,一般选择 5 分量表或 7 分量表。分值过少会导致不能精确反映被试的态度,分值过多则会让被试感到困惑,难以选择。沙氏通量表是根据受调查者对问题的判断来测量其态度。这个方法首先收集一系列有关所研究态度的陈述或项目,而后邀请一些评判者将这些陈述或项目按最不赞同到最赞同分为若干类。经过淘汰、筛选,形成一套约 20 条意义明确的陈述,按由最不赞同到最赞同的态度连续分布。该测量要求参加态度测量的人在这些陈述中标注所同意的陈述。所标注的陈述的平均量表值就是它在这一问题上的态度分数。

三、效度提升性战略

在所有的研究设计中,如何提高研究的内部效度和外部效度是必须要考虑的。研究方案的设计需要对影响研究内外部效度的因素加以控制。

(一)提高内部效度的战略

1. 影响内部效度的因素

影响内部效度的因素主要来自自变量之外的其他可替代解释变量。他们的存在使研究者无法就自变量与因变量之间的关系做出清晰的判断。影响研究内部效度的因素主要有:

(1)存在偶然事件。

存在偶然事件即由于事前测量和事后测量之间发生没有预想到的事件,而对因变量造成影响的情况。

(2)成熟效应。

成熟效应即由于事前测量和事后测量之间间隔了一段时间,研究对象的特性发生了变化,从而使因变量也发生了变化的情况。

(3) 测试效应。

测试效应即研究中的一个测试多次在被试身上重复进行可能会引起被试做出非实验本身导致的反应。特别是在研究的后期,被试的测试绩效可能因对测试内容更加熟悉而提高。

(4) 统计回归。

统计回归即当研究者根据前测分数分配被试时,如果测量的稳定性较差,各种随机误差的存在会使前测分值较高的被试在后测时分值降低,而前测分值低的被试在后测中有所提高。在这种情况下,将因变量的变化归结于自变量的影响则显然是不正确的。

(5) 自我选择效应。

被试是有不同特性的,每个被试都可能在某些方面有自己的突出能力。如果因为各种原因使得不能采用随机抽样方式和随机分派被试,研究者就应该再好好斟酌这个结果的可靠性。

(6) 流失效应。

如果有研究参与者在研究期间流失而不再进行后续的实验,这时所观测到的因变量变化可能是样本变化造成的。

(7) 测量工具效应。

测量工具效应即观察到的效应可能来自前后测量标准的变化。被试由于对测量内容更加熟悉而有可能改变它们的评价标准。

(8) 因果关系不明确。

我们如果发现自变量的变化能给因变量带来显著的变化,然后在判定它们之间存在确切的因果关系之前,还需考虑这种因变量的变化是否排除了其他替代变量的解释效应。如果不能排除这种可能性,会被认为因果关系不明确。即使研究者在研究设计中考虑了所有的干扰因素,剔除了各种替代解释对变量之间的因果关系的影响,也不一定能够保证研究的内部效度。

值得注意的是,这些可能造成内部效度低的因素在研究当中也许并不是独立的,它们之间可能会发生交互作用而使得变量间的关系更加模糊。例如,选择样本不当使得研究样本可能存在系统性的差异。而这种差异可能随着研究进程而逐渐被放大。研究者应该对这些因素在实证研究中的作用有所察觉,并采取相应的措施加以控制。

2. 提高内部效度的方法

针对这些可能影响内部效度的因素,在研究设计中可以从以下两方面加以预防或改善:

(1) 强化变量间的理论联系。

在概念层面,利用逻辑推理充分厘清自变量与因变量之间的因果关系。同时,对以往文献进行收集整理,确定哪些变量可能对因变量产生影响从而进行控制。

(2) 不断优化研究方法。

在操作层面,面对不同的问题,应该视其特质而不断调整研究方法,直至确定最优方案。例如,如果研究者认为某变量关系非常容易受到其他干扰变量的影响,就可以通过实验进行随机化处理,以提高研究的内部效度。如果研究者认为因果关系的方向是本研究应该着重关注的,就可以采用实验法或是纵向设计的方式厘清研究变量间关系的方向。

(二)提高外部效度的战略

1. 影响外部效度的因素

(1)研究样本。

研究样本是影响研究结论外部效度的首要因素。研究样本对外部效度的影响主要表现为:

第一,实验参与者和实验变量之间的相互作用。对于实验变量的变化,不同的实验样本可能有不同的反应。所以,得出的结果可能只具有特殊性而不能一般化。

第二,以点概面,用少部分特殊群体来代表整个研究对象。例如,在研究消费者的品牌感知对消费行为的影响时,研究者出于对被试易获得性的考虑,选定的研究样本大部分都是在校大学生。然而,在校大学生并不能代表所有消费者。在校大学生的消费特点与所有消费者的特点肯定不太一致。这就会导致最后的结果与实际情况存在偏差,呈现低外部效度的情况。

第三,参加前测的被试可能比没有参加前测的被试对测量结果更加敏感,或者具有某些特征的被试可能恰恰对实验变量相当敏感。这些都会导致研究结果与实际情况不一致,而产生较低的外在效度。

研究者应该通过丰富样本或者选择具有代表性的样本来进行研究。当样本可以较好地代表总体时,从样本得到的结论就更容易在总体内得到重复。

(2)研究环境。

研究环境本身的局限性可能造成我们得到的结果无法推论到整个目标群体。这是因为实验环境是相对固定的,而实验结论却要应用到动态环境中去。例如,在采用实验方式研究消费者的消费决策过程中,消费者在实验室中面对的是相对安静和狭小的空间。通过这种环境进行实验观察到的结果,如果运用到宽大而吵闹并且多种复杂因素同时存在的集市采购中去,很有可能是无效的。

(3)偶发事件。

在偶发事件介入的状况下出现的实验结果不能同样适用于偶发事件没有发生时的状况。所以,研究结果可能不适用于实验情境之外的情境。

(4)研究变量。

自变量和因变量不能准确代表实际要研究的概念的情况,其会影响结果在实际中的推广。

(5)霍桑效应。

当被试受到额外的关注时,由于紧张等因素,其会表现得与平时不一样,这自然就会影响结论的外部效应。以上情况主要是因为研究者在场导致被试发生心理状态上的变化。因此,必要时应该隐秘地观察被试的实验情况。

外部效度的不足对于研究结论和理论发展并不一定总是不利的。如果我们能够意识到研究结论的情境边界,则可探讨其他边界条件下该结论的表现,由此发展一系列的研究主题。

2. 提高外部效度的方法

提高外部效度的目的是使研究能够符合客观情况，适用于更大的主体。要提高研究的外部效度，必须注意在研究中消除和控制上述各种影响因素。其中。关键的方法就是做好样本选取工作。取样工作不但包括被试的取样，而且也包括代表性的研究背景（工作场所、学校、家庭、实验室）、研究工具、研究程序和时间等的选择。取样的背景与实际情景越接近，研究结果的可用性、适用性、推广性就越强。一般来说，随机取样可以提高模拟现实情景的程度。采用多种相关的研究方法，变换研究条件以寻求具有普遍意义的结论，是获得外部效度、提高研究结果可应用性的重要条件。

四、研究设计的选择

不同的研究需要不同的研究设计。研究设计没有最优的，只有相对更适合的。在进行研究设计的选择时，需要考虑两个原则，即分析层面匹配原则和总误差最小化原则。

（一）分析层面匹配原则

分析层面是指研究对象所属的组织层面。在研究设计时，必须明确研究对象是属于什么层面，然后从匹配的层面获取数据，进行数据收集和验证工作。

1. 分析层面的类型

（1）个体层面。

个体层面是管理学研究中常见的研究对象层面，如企业管理者、领导、员工、消费者等，都是管理研究关注的对象。研究者探究他们的特征和行为，以及这些特征与相关结果变量之间的关联状况。这些对象都属于个体层面。所有群体都由多个个体构成，只有以个体为分析层面才能描述和解释群体的行为和特征。研究数据分析过程要用到统计技术，借以归纳出一些描述群体的整体指标，如均值等。但数据收集必须要以个体为分析层面。

（2）群体层面。

当研究的着眼点是群体和群体间的行为差异时，研究单位为群体。但即使研究单位是群体，也只是某个群体的样本。归根结底，所有数据都来自个体层面。例如，中层管理人员、生产工人、研究开发人员等都可以作为研究单位。如群体间冲突的研究、团队的研究、群体消费习惯的研究等都属于群体层面的研究。

（3）组织层面。

组织是指具有共同目标和正式分工的群体。群体内个体有共同特质，如企业、学校、医院、商店、政府机构等各种组织内的个体。对于各类组织，都有描述其特征的一些指标。例如，企业的年纯利润额、资产总额等。对这些对象研究的着眼点都应该是组织整体，而不是个体。如果研究不同规模企业的营销战略决策方式的差异性，其分析层面便是企业，观察对象也为企业。

（4）组织间层面。

组织间层面是指研究对象是多个组织，意在探讨不同组织之间的关系。由于有些研究的布局涉及的范围特别大，所以就必须考虑组织之间的关系，也就会涉及单个组织以外的研究变量。比如战略方面的研究，一个战略的制定和实行往往需要各组织之间的配合，例如品牌联盟、战略联盟、组织间知识转移等，都属于这个范围内的研究。

(5) 跨文化层面。

跨文化研究很难说是一个具体的研究层面，因为跨文化研究可以在个体层面（如外派经理人的文化智力问题）、群体层面（中外消费者消费特性差异问题），甚至组织层面（如跨国公司母、子公司之间知识转移过程中的文化问题）进行。比如国际商务（international business）领域的研究，可以看作一个不同于上述四个层面的研究。

2. 匹配原则

在确认研究的各种层面之后，研究者需要了解层面与层面之间的匹配原则。在进行研究设计时，要严格遵循这些原则，才能保证研究在逻辑上的合理性。

(1) 分析层面与研究结果层面相匹配原则。

立足于个体层面所得到的结论不能运用到群体或其他层面去，反过来也是如此。管理学研究涉及的问题繁多，所涉及的对象层面也复杂。但不管怎样复杂的管理问题研究，都必须辨别出分析层面，这对于论证阶段的数据收集和分析尤为重要。清晰地确定分析层面可以避免出现错位的问题，防止将某种分析层面导出的结果归属另一类分析层面。例如，某品牌在年轻人比例较大的 A 群体获得的支持率比年轻人比例相对较小的 B 群体要高，不能由此得出"年轻人比中老年人更支持该品牌"的结论。这是因为分析层面是 A 群体和 B 群体，并非年轻人和中老年人。支持率高也可能是年龄结构之外的因素引起的。所以，要注重分析的层面和对象，从收集数据到推导结论过程都不可随意转换分析层面。

(2) 分析层面与数据源相匹配原则。

分析层面确定之后，便可围绕分析层面做观测和收集数据的设计，但数据并不一定直接来自该分析层面。例如，统计年鉴中虽然有各行业的规模、年销售额等数据，但这些数据并非直接来自作为分析层面的行业，而是来自行业内各企业的数据，通过统计处理才能成为行业层面的数据。

对研究对象的所属分析层面进行界定，是以要输出或讨论的结果变量作为评判标准的。如果研究所涉及的因变量是个体层面的，这个研究就是个体层面的。自变量的数据就要收集与员工个体层面相关的资料。否则，就要以一定的方法数据进行处理，以符合所属层面的要求。

（二）总误差最小化原则

总误差是指研究变量在总体中的真实平均值与研究中所得到的观测平均值之间的差异。它是最终影响研究结果的直接因素。总误差包括随机抽样误差和非抽样误差。有许多不同类型的原因导致这两种误差的产生，所以误差来源是多样的。在研究设计中，研究人员应当尽量将总误差，而不是某个特定来源的误差最小化。在实际操作过程中，有可能为了缩小某个误差而采取一定措施，但措施的采取有可能导致另一个误差的产生或者扩大。例如，扩大样本量可以减少随机抽样误差，但也可能因增加样本而导致更多的记录误差或者由受访者产生的误差。这种非抽样导致的误差可能比随机抽样误差更难以消除，因为随机抽样误差可以计算，而许多形式的非抽样误差只能估计。此外,非抽样误差往往是总误差的主要成分,而随机抽样误差影响相对较小。所以,在研究设计时,要对整体误差进行控制,力求总误差值最小化。

随机抽样误差(random sampling error)即总体的真实平均值与样本真实平均值之间的差值。因为所选择的特定样本并不能完全代表相应的总体,所以存在随机抽样误差。例如,目标总体的实际平均年收入为 76000 元,但在进行样本选择时,随机抽到的样本更多地落在较低收入水平人群中,最后测量到的平均值是 71000 元,由此便产生了误差。

非抽样误差(nonsampling error)即不由抽样活动导致的其他误差,它可以是随机的或者非随机的。非抽样误差由许多原因导致,包括概念定义、问题定义、测量尺度、问卷设计、访谈方法以及数据收集与分析等。

1. 由被试信息反馈引起的误差
(1) 拒答误差(nonresponse error)。

拒答误差即当被抽中的调查对象不予回答时产生的误差。拒答的主要原因是拒绝回答或不在现场。拒答将引起最终样本的大小或组成与初始样本不同,实际样本量可能因此偏小,从而对数据分析结果的信度和效度产生影响。

(2) 回答误差(response error)。

回答误差即当调查对象的答案不准确或者被错误地记录或分析时所产生的误差。回答误差可能是由研究人员、调查人员或者调查对象引起的。

2. 研究人员所引起的回答误差
(1) 替代信息误差(surrogate information error)。

替代信息误差即研究问题所需的信息和研究人员所收集到的信息之间的差异。例如,由于消费者态度不容易观测,研究者在研究中只收集到部分消费者态度的数据,但并未有所察觉而是将其直接当成原变量数据进行分析,结果产生误差。

(2) 测量误差(measurement error)。

测量误差即所寻求的信息与研究人员测量过程中所产生的信息之间的差异。例如,进行消费者偏好测量时,研究者用了认知测量的量表而非偏好测量量表。

(3) 总体定义误差(population definition error)。

总体定义误差即研究真正需要测定的总体与研究人员所定义的总体之间的差异。例如,如果需要统计某地区富裕人口的数量,那么对富裕人口的定义可以有很多标准。如年收入 10 万元以上或 50 万元以上可能会被定义成富裕。但是,这两种标准的定义最后产生的数据却有着很大的差别。

(4) 抽样框误差(sampling frame error)。

抽样框误差即研究人员所定义的总体与所用的抽样框(名单)代表的总体之间的差异。最常见的是,研究人员出于对被试的易获得性考虑,把样本都设定为大学生,但实际研究对象却是整个社会各式各样的人群。

(5) 数据分析误差(data analysis error)。

数据分析误差即在将问卷的原始数据转化为研究结果的过程中所产生的误差。这主要涉及统计工具的熟练运用、统计方法的匹配使用等方法性、工具性特质的实际研究操作。

3. 调查人员引起的回答误差

(1) 调查对象选择误差(respondent selection error)。

调查对象选择误差即当调查人员在实际样本选择时选择的调查对象不是事先指定的,实际样本的特质与计划样本的特质不符。例如,要找到月人均消费水平在5000元以上的100个样本,由于调查人员无法找到足够符合条件的样本而收集了部分5000元以下消费水平的样本的数据。

(2) 提问误差(questioning error)。

提问误差即在提问调查对象时或者在需要更多信息时而没有进一步追问导致的误差。例如,问卷设计时没有采用准确的用语导致问卷填写者理解错误而产生误差。

(3) 记录误差(recording error)。

记录误差即在倾听、解释和记录调查对象的答案时所产生的误差。例如,调查对象的回答表述用的是偏中立的词汇,但访谈时错误地将这些中立回答解释为消极的回答。

4. 调查对象所引起的回答误差

(1) 无能力回答误差(inability error)。

无能力回答误差即调查对象因为生理或者心理方面的非主观因素而无法对研究做出准确回答所造成的误差。例如,调查对象不能回忆起消费细节或者是囿于文化水平无法准确用文字语言表达购买决策过程等。

(2) 不情愿回答误差(unwilling error)。

不情愿回答误差即调查对象出于主观原因不愿意给出正确信息而造成的误差。调查对象可能出于自我保护而提供社会所能接受的答案,或为了取悦调查者而提供有违内心的答案,还有可能出于保护隐私的目的而有意提供不真实的答案。例如,涉及收入水平或者收入来源等隐私问题,调查对象不愿意透露真实的情况而故意给出不真实的答案而造成数据收集的误差。

(3) 欺骗误差(cheating error)。

欺骗误差即调查对象编造部分或者全部的访谈答案所导致的误差。有意欺骗通常很难识别。无意欺骗一般是因为调查对象不想拒绝调查人员的访问,但是又不愿花过多时间参与,于是胡乱填写答案造成的欺骗。调查人员可通过设置明显错误选项来进行识别和剔除。

> **本章小结**
>
> (1) 研究设计就是研究者根据自己所拥有的研究手段、方法、能力、时间和财力等条件因素,为满足自己的研究目的而进行的一个初步战略规划。它以简要的方式提炼出研究的具体思路、步骤和实施方案。
>
> (2) 研究设计的意义在于预先处理研究可能面对的一般问题,使阻碍研究的问题预先得到解决或者预备好解决方案,以此提高研究的质量。
>
> (3) 研究设计的目标是提高内部效度、外部效度和控制变量。
>
> (4) 研究设计的类型包括:认知程度导向型、研究目的导向型、资料形态导向型、实验环境导向型、推理逻辑导向型。

（5）研究设计战略一般包括：一般性研究设计战略、实证检验性战略、效度提升性战略。

（6）不同的研究需要不一样的研究设计。研究设计没有最优的，只有相对更适合的。在进行研究设计的选择时，需要考虑两个原则，即分析层面匹配原则和总误差最小化原则。

章节练习

（1）什么是研究设计？你觉得在旅游学研究中研究设计最重要的一环是什么？为什么？

（2）研究设计的目标是什么？

（3）研究设计的类型有哪些？

（4）研究设计的战略有哪些？

（5）在科学研究中，如何提升研究成果的效度？

（6）在研究设计中，一般遵循的两个原则是什么？

第四章自测习题

SECTION

3

第三部分 定量研究方式

第五章
研究的测量

学习目标

1. 了解测量的概念、作用与要素。
2. 了解概念与概念化、操作与操作化的过程。
3. 了解并掌握指标与标志、变量与变量值。
4. 了解并掌握量表类型与测量评价。
5. 了解并掌握信度、效度及影响信度和效度的因素,以及它们的相互关系。

知识体系

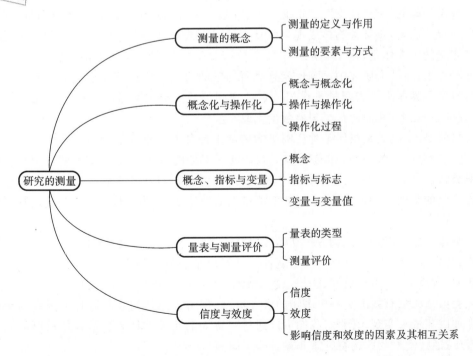

第一节　测量的概念

"测量"的行为在人们现实的社会经济生活中是经常发生的,比如冬天游乐场测量室外温度判断今天的娱乐设施设备是否能够启动;网购衣物前需要测量自己尺寸,了解穿衣的尺码;寄快递时要测量所寄物品的重量、体积等来确定收费金额等,此类现象数不胜数。在旅游研究中,测量是由定性向定量转化的关键环节。通过对变量进行科学测量,使概念数量化,是进行后续数理统计分析的基础。因此,测量是旅游调查研究中的必备过程。

一、测量的定义与作用

(一) 定义

任何一个词语都应有其概念化界定。学者 Stevens 将"测量"定义为"按照一定的规则,用数字描述研究对象所具备的特征或行为,即对事物进行量化描述的基础性研究活动"。在此基础上,我国学者对"测量"的含义进行了更全面的解释。杨国枢等认为所谓"测量"就是"根据某种法则而分配数字于物体或事件之上",也可以说,就是采用预先准备或设计好的一个"尺度"去"量度"人或事物。风笑天(2013)指出,"所谓测量,就是根据一定的法则,将某种物体或现象所具有的属性或特征用数字或符号表示出来的过程。测量的主要作用,在于确定一个特定分析单位的特定属性的类别或水平"。袁方(1993)提出,在社会研究中,"测量就是对所确定的研究内容或调查指标进行有效的观测与量度",具体来说,"测量是根据一定的规则将数字或符号分派于研究对象的特征(研究变量)之上,从而使社会现象数量化或类型化"。

也就是说,测量是按照某种法则给物体和事件分派一定的数字和符号的过程和方法,并且所分配的数字必须能够准确地反映测量对象的特征,实现所分配的数字与所测量对象特征之间的一一对应。在调查研究中,测量是在对抽象概念或理论概念概念化和操作化的基础上,通过一套指标体系测量人们的特征、行为和价值观念并使之数量化的过程。

测量对象可以是人或物等一切需要研究的事物,如消费者、公司、国家、大象、厨具、饭店、洗发水、酸奶等。测量对象的属性特征可以根据研究的需要加以确定,如激励寻找倾向、成就动力、组织效能、购物乐趣、物体长度、重量、服务质量、条件影响、口味等。研究者虽然无法直接测量一个事物的潜在特征,但可以通过对事物外在可观察的属性特征加以测量来实现。例如,我们可以通过观察人的相关体征来测量其外在形象或内在素质;通过女性的购物特征来测量其购买倾向。

(二) 作用

通过对研究对象属性特征的观测,研究者可以得到一些直观的数字。通过这些数字,研究者可以观察到非物理世界的存在,从而能够探究复杂的自然与社会现象,并通过数字间的计算得出直观且有意义的结论。测量的主要作用可以理解为以下三点:第一,测量可以使人们客观而精确地把握自然界或社会中存在的现象特征或状况,使客观的表现成为可能。第二,测量所使用的工具通常比人的感官更敏感。通过一定工具进行的测量往往比仅靠人自身感觉的测量要精确得多,从而使准确的沟通成为可能。第三,测量将抽象或具象的概念数量化,使其能够适用于各种数学的、统计的分析技术。

二、测量的要素与方式

(一)要素

测量通常包括四个必不可少的要素:测量客体、测量内容、数字或符号、测量法则。例如,我们测量张家界旅游者的体验满意程度,1—5依次代表满意程度由低到高。这次测量的客体是"张家界旅游者","1—5"为测量数字或符号,"旅游者非常不满意指派1,非常满意就指派5"则是测量法则。上述关于测量的定义中即包含了测量客体、测量内容、数字和符号、测量标准四个要素。为了更好地理解"测量"这个概念,我们有必要对这四个要素进行说明。

1. 测量客体

测量客体就是测量的对象,它是世界上客观存在的事物或现象,是我们用数字或符号进行表达、解释和说明的对象。例如,我们测量一杯水的温度时,这杯水就是我们的测量客体;我们测量一块石头的质量时,这块石头就成为我们的测量客体。在旅游研究中,最常见的测量客体是旅游者、旅游企业、旅游目的地、旅游地居民等。

2. 测量内容

事实上,虽然我们测量的是一个客体或对象,但测量的内容却不是这个客体或对象本身,而是这个客体的某一属性或特征。比如上文中,一杯水是我们的测量客体,但这杯水本身并不是我们的测量内容,只有这杯水的特征,如温度、重量、体积等,才构成测量的内容。所以说,测量内容指的是测量客体的某种属性或特征。同理,旅游研究中的旅游者、旅游企业、旅游目的地、旅游地居民等并不是测量的内容,它们的各种特征,如旅游者的社会资本、旅游企业的管理模式、旅游目的地的形象、旅游地居民的旅游发展支持态度等才是测量的内容。

但我们测量的这些内容,绝大部分是研究者虚构出来的,而且变量几乎没有完备的、清楚的定义。如"社会资本",首先,它只是研究者构建出来的名词,并出于某些目的赋予它特定的意义;其次,"社会资本"并不是一个简单的概念,它包含了许多不同方面的内容,如我们熟悉的社会信任、社团参与。因此,要测量社会资本,就必须先进行概念化和操作化,这在下一节中会涉及。

3. 数字和符号

数字和符号是用来表示测量客体属性或特征结果的工具。比如,50 ℃或122 ℉是测量一杯水的温度的结果,正极(+)、负极(-)是对电池两极的表示。在社会科学中,很多测量结果也会用数字和符号表示。比如,研究对象的出生年份、收入、消费等用数字表示;研究对象的性别(男性、女性)、民族(汉族、回族、蒙古族等)、政治面貌(共产党员、群众等)等用文字表示。需要注意的是,用文字表示的测量结果在实际统计分析过程中会转换成数字,但这些数学并没有算术中数字的含义,只作为表示类别的符号。

4. 测量标准

测量标准指的是用数字和符号表达事物各种属性或特征的操作规则,它指导研究者如何进行测量。在旅游研究中,研究者往往采取问卷的形式进行调查,问卷中各个问题对应的选择均有自己的规则。例如,测量地方认同感时,根据人们对目的地的地方认同感的强弱设计五个选项,数字 1 对应最弱的认同程度,数字 5 对应最强的认同程度。

总体来说,有些变量比较容易测量,如年龄、身高、体重;有些变量却很难测量,如人的态度、兴趣、满意度等;还有一些变量如失范、异化等不能被直接观察到,就需要分成多个维度进行测量。因此,测量标准需要根据测量内容的不同而做相应的改变,力求准确。

(二) 方式

根据内容,测量可以分为社会科学测量和自然科学测量。相比自然科学测量,对社会现象的测量的标准化和精确化程度均较低,社会测量不完全是数量化的,也可以是类别化的。旅游现象属于社会科学范畴。社会科学测量方式包括定类测量、定序测量、定距测量、定比测量四种类型,将在本章第四节进行学习。

第二节　概念化与操作化

一、概念与概念化

(一) 概念

概念(idea,notion,concept)是人类在认识过程中,将感性认识上升到理性认识,把所感知的事物的共同本质特点抽象出来,加以概括的产物,是自我认知意识的一种表达。心理学上认为,概念是人脑对客观事物本质的反映,这种反映是以词来标示和记载的。中华人民共和国国家标准 GB/T 15237.1—2000 将概念定义为对特征的独特组合而形成的知识单元。德国工业标准 2342 将概念定义为一个通过使用抽象化的方式从一群事物中提取出来的反映其共同特性的思维单位。从广义上讲,事物能够改变模型的性质称为事物的概念。

在巴比的《社会研究方法》一书中,明确区分了"观念"和"概念"两个术语。"表达印象的术语和存在于头脑中的资料标签都是所谓的观念(conception)。每份资料代表一个观念。如果没有这些观念,我们就不可能进行交流,因为头脑中的印象是不可以直接用来交流的。所以我们用每份资料的标签来交流彼此观察到的事物和代表事物的观念。和观念有关的标签使我们可以互相交流,而且使我们可以就标签的含义达成共识。达成共识的过程被称为概念化(conceptualization),达成共识的结果就是概念(concept)。"

也就是说,在概念的含义中,强调了"共识"的成分。这也可以让我们进一步理解,为什么学术界要针对一个学科大力开发概念。诸多成熟的概念,就意味着该学科的科学家共同体在很多方面已经达成了共识,形成了可以互相交流的认识基础。

(二) 概念化

在日常交流的过程中,人们在使用术语的时候并不一定能够始终做到清晰而确切。由于人们交流的情境总在持续地变化,任何人如果试图用含义固定不变的术语应付所有场合的交流,都是不可能的。人们善于在情境中"心领神会",对意义模糊的术语达成即时性的共识,并完成情境中的预期行为。然而,这种"心领神会"一定存在着某种共同的基础,否则交流根本不可能完成。科学的任务是把这种共同的基础清晰而准确地建立起来,并在一个相对较长的时间框架内将这个共同的基础稳定地运用于类似的情境中,使处于某个共同目标下的人们可以有效交流、完成科学活动。这个探寻共同基础进而达成共识的过程,就是概念化的过程。

概念化可以从两个方向理解:给予概念和解释概念。给予概念指的是在认知层面赋予事物一个名称、术语或意义符号,在这种给定的过程中,也确定了这个名称、术语或符号所包含的意义(在符号学中,这被称为确定"能指"和"所指"的关系)。在进行概念化的过程中,涉及两个相互连带的部分,可以给概念化所包含的内容和关系赋予一个数学表达式:术语+定义=概念。术语是存在于我们头脑中或交流于人们的口头的那个标签,如精神、物质、同情心、体验、偏见、畅爽,等等。它们都是人类发明的语言符号,用来代表一些具体的事物,是便于人际交流的术语。定义是针对术语所做出的解释,常常涉及内涵和外延两个方面的内容。术语与定义二者的结合构成了概念,概念化就是将概念的这两个部分适当地衔接起来。概括起来说,概念化的过程,就是利用某些指标对一个使用中的术语所涉及的方面进行维度细分以达成共识的过程。它的作用不仅在于澄清概念的含糊之处,还在于为科学研究的操作化奠定基础。

二、操作与操作化

概念化过程的结果是形成了一些表征概念的维度和指标。而操作化可以将这些维度和指标进一步转化为可以测量的变量。因此,操作化是指将抽象的概念转变为可测量的指标的过程,它能够明确地说明如何测量某个概念。概念的操作化指向经验观察,在整个社会研究过程中处于十分关键的位置。操作化主要包含两个过程:一是界定概念;二是发展指标。

三、操作化过程

(一) 界定概念:真实定义、名义定义和操作定义

概念是对一类事物的属性在人们主观上的反映的概括和抽象。关于概念的定义可以分为真实定义、名义定义和操作定义。

真实定义反映了术语的具体化。从传统逻辑来看，"真实的定义并不是刻板地判断某些事物的意义，而是概括事物的'基本特性'或实体的'基本属性'"（Hempel，1952）。然而，"基本特性"或"基本属性"过于模糊，对实际研究而言根本无法使用。在实际中，一般使用名义定义和操作定义帮助我们理解、测量概念。

名义定义是指概念被赋予的含义。这个含义无须真实，是可以被任意指定的。但一般来说，名义定义是关于如何使用某一概念的共识或者惯例。

操作定义则是指研究者使用可验证的或可测量的语言对研究课题和研究假设中的概念的特征、性质所做的一种界定，是用一些可观测的项目来说明如何测量一个概念。它明确、精确地规定了如何进行测量，因此更接近于名义定义，但比名义定义更加具体、精确、具有可操作性。例如，"青少年"是指青年和少年，或者说年轻的男女。这是名义定义，我们大致明白了"青少年"的含义，但无法对其作出精确测量。它的操作定义可界定为"12岁至30岁的男女"，这样我们就能准确地在人群中选择出"青少年"这个群体。

如何将一个含义模糊不清的术语转化成结构化科学研究中的具体测量？图5-1展示了这个过程。

图 5-1　概念的操作化

（二）发展指标

在将一个抽象的概念转化成具体、明确的操作定义之后，我们需根据这个操作定义制定一系列能够体现其内涵的经验指标，以进行现实研究中的测量。经验指标应具体包括以下四个方面。

1. 变异的范围和精确程度

对概念进行操作化时，都必须清楚知道变量的变异范围。这并不意味着在任何情况下，都要测量变量全部的变异，而是在自己的研究中，测量的内容需要涵盖所有的变异情况。

例如，在测量旅游者年收入的时候，被访者中年收入最高的可能达到几百万元，远远高于平均水平。但这些人在整体研究对象数量上可能只是极少数，而且对于研究目的来说，并没有必要划分一个这么高收入的范围。因此，在实际研究中，我们会根据研究对象的整体情况划定一个最高收入组的下限，比如 100 万元。在测量人们对某一旅游现象的看法时，也会遇到类似选择变异范围的情形。假如我们要研究目的地居民对当地举办旅游节事活动的支持态度，在初期的调查与访问中，我们可能会发现，一些居民非常支持当地举办各类旅游节事活动，认为这有利于增加就业岗位、提高就业率，促进当地经济的发展；有一些居民可能对此持无所谓的态度，因为他们并不以此谋生。但如果把居民对当地举办旅游节事活动的支持态度局限于"非常赞成"到"中立"之间，就会漏掉那些根本不赞成当地发展旅游节事的居民，因为虽然节事举办会令城市经济效益增加、城市声望提升，但白噪音的污染、环境污染、交通拥挤、物价上涨、对本土文化的入侵等负面影响也可能会随之而来，这在某种程度上影响了居民的正常生产生活，所以也有居民会发出反对的声音。

在确定变异范围的同时,还需要考量变量的精确程度。例如,在探讨婚姻对人们生活满意度的影响时,对于"婚姻"这个变量的测量,是只要知道这个被访者结婚与否,还是需要知道他是已婚、未婚、离异还是丧偶?显然,这与我们的研究目的有关,研究者需要根据文献与自己的研究假设来选择。

2. 变量的维度

许多概念会具有不同的维度,它对应着现实生活中一组复杂的现象。因此,我们在操作化的时候,要清楚概念具有哪些维度,且哪些维度对自己的研究更重要。否则,我们可能会忽略研究所需的信息,或者选择了与研究目的不符的资料。

例如,在研究旅游企业职员对企业管理政策效能感的时候,我们需要考虑的维度可能包括内在效能感和外在效能感两个维度,具体测量项目包括:

(1)"旅游企业的工作太复杂。像我这样的人很难明白";
(2)"我觉得自己有能力参与企业管理";
(3)"如果让我当企业管理层干部,我也完全能胜任";
(4)"我向企业领导/管理部门提出发展建议时,会被领导/部门采纳";
(5)"领导会重视我们对企业的态度和看法";
(6)"对于企业的建议/意见,我有办法让领导知道"。

在确定了收集数据的方法(例如问卷访谈、实地调查),决定了变异的范围、变异两极划分的精度,以及变量的确切排序之后,接着面临的就是一种数学-逻辑化的选择,即确定测量的层次。为了探讨这个问题,我们需要再看一看变量的属性及属性间的关系。

3. 界定变量和属性

变量是一系列属性的逻辑集合。例如,常见的"性别"变量包含了"男性"与"女性"两个属性。变量的属性应包含两个要素:第一,变量的属性要具有完备性;第二,变量的各个属性之间应具有互斥性。完备性是指组成一个变量的属性应当涵盖所有经验能够观察到的情况。如果在研究中把"政治面貌"这个变量的属性设计为"共产党员"和"群众",那么就忽略了一大批的共青团员和民主党派人士,这对于研究可能会造成影响。此时,还可以增加"其他"选项来达到这个变量属性的完备性。互斥性是指一个变量的多个属性之间应当是界线分明的,每一种观察结果能够对应到唯一的属性。

4. 指标选择的多样性

界定了变量及变量的属性之后,我们就需要为变量确定具体测量指标。在社会科学研究中,变量大致可分为两类。 类是具有相当明确的测量方式的变量。这类变量通常只有单一的指标,如"性别"通常只被分为"男性"和"女性"两类,一个人的出生年月只对应一个日期,一个公司正式雇员的数量也是可以得到的。

另一类变量则复杂得多。我们知道,有些抽象概念很难在具体现象中找到对应的指标,而且不同的人对相同的概念往往有不同的解释,且每一种解释都有多种指标。就一项经验研究来说,测量所得的资料是其数据分析的基础,不同的测量方式和测量指标关系着一项研究的结果。因此,我们在确定概念的操作定义并对其进行操作化的过程中需十分谨慎。

第三节 概念、指标与变量

在上一节我们提到,人们将与观念有关的标签转换为对应的语言含义进行交流,并就标签的含义达成共识。达成共识的过程被称为概念化,达成共识的结果就是概念。完全的概念化,就是要具体区分概念的不同维度和确定概念的每一个指标。因此,下文将具体阐述概念、指标与标志、变量与变量值这几个概念。

一、概念

概念是对所观测事物本质的抽象表达。作为人类思维活动的结果和产物,概念是人类认知思维体系中最基本的构筑单位。概念都有内涵和外延,即其含义和适用范围,并且随着社会历史和人类认识的发展而变化。概念是人们对现象复杂感受的抽象,它是对一类事物的属性在人们主观上的反映的概括。在日常交往中,人们都大致明白这些概念指的是什么,但又不明确它们的具体含义,此时人们往往根据自己的观察、经历来形成自己的理解。概念的抽象层次有高有低,抽象层次高的概念往往包含多个抽象层次低的概念,并且概念的抽象层次越高,其特征就越模糊,也就越难以直接观察和描述。

二、指标与标志

(一) 指标

指标是人们在交流时存在于大脑当中可以表征某种印象(在交流中,要用术语来传递这种印象)的标签,它带有资料的性质,或者说它是资料的载体。概念化的目的之一,是对指标进行搜寻并予以明确,因此才说指标是概念化过程的结果。

有的指标还呈现出维度的特征(当这些指标能周全而互斥地表征上一层术语的类属时)。例如,"吃、住、行、游、娱、购"六个项目,既是"旅游消费行为"的指标,也是它的维度;再向下一个层次,"游"的指标和维度是"游览方式、游览时间、游览项目和消费额度";其中"游览项目"还需要用"门票、活动和服务"这些指标来体现。若更换一个角度或标准,会发现有完全不同的指标和维度。例如,如果想从行为的心理来侧面观察旅游者的消费行为,也许可以考虑"知、情、意"三个方面,看看旅游者为了达到充分的心理体验,在此三方面都借助了哪些消费项目。当然,还有很多其他的角度或标准,其间取舍的标准在于最终的效率和效果。

(二) 标志

指标的上述含义(概念的标签和维度),同时也展现为一种"标志"的功能。如果把指标与分析单位联系起来,这一点就更加明确。任一种分析单位,包括个体、群体、组织或事实,都是借助指标来显示其特征的,这些特征就是我们的关注点。也就是说,标志是指统计总体单位属性或特征的名称。

在统计中,指标和标志的区别包括:

第一,指标用以说明总体的特征,而标志则用以说明总体单位(分析单位)的特征。

第二,指标只反映总体的数量特征,所有指标都要用数字来回答问题,没有用文字回答问题的指标;而标志则既有反映总体单位数量特征的,也有反映总体单位的品质特征的,只有数量标志才用数值回答问题,品质标志则用文字回答问题。

第三,指标数值是经过一定的汇总所得,而标志中的数量标志不一定经过汇总,也可直接取得。

第四,标志一般不具备时间、地点等条件,但作为一个完整的统计指标,一定要讲时间、地点、范围。

按照这种解释,在研究"城市居民社会地位与旅游消费行为关系"这一问题时,统计意义上的指标将仅限于表现总体特征的"城市总人口数""性别比例""平均工资""平均停留时间""平均住宿消费额"等,而统计意义上的标志则包括城市居民的人口统计变量(如性别、年龄、职业、受教育程度等),每个人在吃、住、行、游、娱、购各项目上的消费额,每个人在芭堤雅看表演的次数等。如果分析单位不是个体的人而是群体的人或事实或集合,这项研究所要观察的标志还会不同。另外,在统计上,随着研究目的、研究对象的变化,分析单位会随之变化,有时,还会出现分析单位与总体之间关系相互转化的情况。例如,如果以企业这种"组织"作为分析单位,那么,"平均工资""员工性别比例"等原来作为指标来使用的标签,现在就转化为企业的标志了。这也体现了指标与标志之间的可互换性。

三、变量与变量值

(一) 变量

前文在讨论指标或标志的时候,往往将它们密切地与研究目的、研究对象尤其是分析单位联系在一起。指标是依附于分析单位、用以解释与分析单位相关联的概念的标签,它不是一个完全独立的、通用的概念。变量(variables)则不然。如果说指标是为他人(概念)服务的话,"变量"这个词作为数学语言,由于脱离了情境的限制而变得更为抽象,因此给人的突出感觉是它需要别人来为它服务:变量的价值要靠变量值来予以体现。当然,归根结底,度量也是为研究目的服务的,也是依附于分析单位的。

在科学研究过程中,经过概念化之后所取得的各种指标,必须用变量来加以测量,这是概念操作化阶段的开始。变量指具有可测性(measurable)的概念和名词,其属性的幅度和强度变化程度可加以度量,如工作满意度、劳动生产率等。度量的前提是能够观测,可度量性亦视作可观测性。显然,有些概念和名词不具备可度量性,如悲伤、欢乐、幸福等。变量和属性(attributes)的概念密不可分,但属于两个层次,变量包含若干属性,属性总是依附某个变量而言。属性指客体的某种特性,例如要描述一个人的特性时,妇女、亚洲人、保守派、诚实的人、智慧者、农民等都是一种属性。变量则是包括按逻辑归类的一组属性,例如,男性和女性都是属性,而性别则是由这两种属性组成的变量。职业是个变量,由农民、教授、飞行员等属性组成。

根据变量取值性质的不同,我们可以把变量分为定类变量、定序变量、定距变量和定比变量四种类型。对应的测量层次分别称为定类层次、定序层次、定距层次和定比层次。根据变量相互之间的关系,我们还可以把变量分为自变量、因变量以及中介变量等。在一组变量中,能够影响其他变量发生变化的变量称为"自变量"(independent variable);由于其他变量的变化而自身发生变化的变量称为"因变量"(dependent variable)。在自变量与因变量的联系中处于二者之间的位置,表明自变量影响因变量的一种方式或途径的变量称为"中介变量"(intervening variable)。

(二)变量值

变量的价值要靠变量值予以实现,因此变量值是指某一变量的具体取值。变量的取值既可以是数值,也可以是表达属性的字符。成年人年龄这个变量,既可以用"老、中、青"作为变量值,也可以用具体的年龄来取值。性别则只能取男或女,没有第三个选择,可用数值来取代,但要事先约定,如用"0"表示男,用"1"表示女。在利用一些统计软件(如 SPSS)对变量进行编码时,这也是一种常见的策略。

第四节 量表与测量评价

一、量表的类型

所有的变量都由属性构成。根据变量取值性质的不同,我们可以把变量分为定类变量、定序变量、定距变量和定比变量四种类型。其中,定类变量也称为"定性变量",后三种都称为"定量变量"。

(一)定类变量

定类变量也称为定性变量、类别测量或定名变量,当变量的属性只有完备性和排他性时,该变量就是定类变量。完备性是指测量标准必须能包括研究变量的各种状态或变异。互斥性是指每一个观测对象(或分析单位)的特征和属性都能且只能以一个数字或符号来表示。定类变量的数学特征是"="或"≠",其本质上是一种分类体系,根据研究对象的不同属性或特征并对其加以区分,标以不同的符号或名称,确定其分类,如性别、民族、政治面貌、宗教信仰、职业、婚姻状况等。在社会研究中,这些变量被研究者划分成不同的类别,如"男性与女性""汉族、回族、藏族""共产党员、民主党派、群众"等。虽然组成这些变量的属性("男性"和"女性"组成"性别"变量)各自不同,但这类变量并不具备后面提到的其他特征。"定类变量"只表达特征的名称或特征标签。

试想根据属性对一群人进行分组,如根据出生地分组,出生在北京市的为一组,上海市的为另外一组,以此类推(在此,变量为"出生地";属性则为"北京市""上海市"等)。

在同一组的人,至少有一点相似,与其他组的成员也因这点相似而互相区别。至于这些小组在何处形成、彼此之间距离多远,或他们在屋子里如何排列等,都无关紧要。重要的是,任何一组的所有成员,都出生于同一个城市。在定类变量的测量中。我们唯一能判断的是两人是一样的,还是不一样的。

(二) 定序变量

定序变量又称为"等级变量"或"顺序变量",它可以根据操作定义所界定的明确特征或属性进行逻辑排列,其数学特征是">"或"<"。不同的属性,代表了变量的相对多寡程度。如社会阶级、保守态度、疏离感、歧视以及知识的成熟度等就是定序变量,根据其测量规则,我们除了可以说出两个人是否一样之外,还可以说一个比另一个更怎么样——比如,更保守、更虔诚、更富有学识,等等。

定序变量不仅能够区分事物或现象的不同类别,而且还能反映事物或现象在大小、高低、强弱等等级顺序上的差异。所以说,定序测量的测量层次要高于定类测量,所得到的信息也比定类测量更多。但同时需要注意的是,定序变量中的数字仅仅表示不同的等级顺序,并不具备数学中数字的含义和功能。这些数字不能进行运算,也不代表等级之间有相同的间隔。

(三) 定距变量

定距变量也称为"等距变量"或"区间变量"。就组成变量的属性而言,如果属性间的实际距离测量有意义,这类变量就是定距变量。它的测量层次比定序变量又高一级,其数学特征是"+"或"-"。定距变量不仅能够将社会现象或事物进行分类、排序,还能够确定不同属性之间的实际距离和数量差别,而且它要求变量相邻属性之间的距离是相等的,可以用来相加或相减。对这些变量来说,属性间的逻辑差距,可由有意义的标准间距来表达。自然科学里的一个例子,就是华氏温度。温度 80 ℉和 90 ℉的差距,与温度 40 ℉和 50 ℉的差距是一样的。但是华氏 80 ℉的温度并不是 40 ℉的两倍,因为华氏温度的零度标不是随意定下的。零度并不意味着没有温度,零下 30 度也不代表比没有温度低 30 度。克氏温度计(Kelvin scale)则是以"绝对零度"为基准,而且这一零点意味着完全没有温度。

智力测验是社会科学研究仅有的且常用的定距测量,已被研究者接受,且形成了测量的标准化。多年以来,人们接受智力测验结果的分布显示,IQ 分数 100 和 110 之间的差距,与 110 和 120 之间的差距,应被看成差别不大。但不可以说分数 150 比成绩 100 的人聪明 50%。

当我们根据定距变量比较两个人时,我们可以说,这两个人是不同的(定类),一个人比另外一个人多(定量的)。此外,我们还可以说出多的程度。

(四) 定比变量

定比变量也称为"等比变量"或"比例变量"。它的测量层次在四个测量层次中是最高的,除了包含定类变量、定序变量和定距变量的特征之外,还有很重要的一个特征,就是具有实在意义的真正零点。因此,定比变量能够进行加减乘除,其运算结果也都具有实在的意义。比如,社会科学研究中对人们的收入、年龄、在某地居住的时间、一定时期内换工作的次数、社区的人口密度等所进行的测量。

用一个定比变量来比较两个人,就允许我们得出:①他们是否相同;②其中一个是否比另一个更……;③他们的差异有多大;④其中一个是另一个的多少倍。

二、测量评价

根据定类变量、定序变量、定距变量和定比变量这四种变量的不同类型,可以形成与之对应的四种不同测量层次,即定类测量、定序测量、定距测量和定比测量。随着测量层次的提高,其包含的信息也更加丰富。

特定的定量分析手段,需要变量满足其最低测量层次的要求。通常某个研究变量,会有特定的测量层次(例如定序),因此应该有针对性地为分析技术安排测量层次。更确切地说,应该预先考虑与变量测量层次相应的研究结论。例如要确定并报告研究对象的平均年龄,研究者可以将所有人的年龄加起来后,除以总人数计算后得出。但在报告职业特征时,不可以报告研究对象职业特征的平均数,因为职业类别是定类变量,而平均数则需要定距和定比层次的数据。职业特征可以用职业类别的众数描述,这是最常见的方式。

不同的变量代表的层次不同。定比测量是最高的等级,依序而下是定距、定序,定类则是最低的测量层次。一个代表特定测量层次的变量(譬如说是定比)也可以被视为其低等级测量层次的变量(譬如说是定序)。举例而言,年龄是个定比变量,倘若只要观察年龄与某些定序变量之间的关系,如自我报告的对滑雪旅游的感兴趣程度:高、中、低。根据研究目的,你们也可以将年龄作为定序变量,可以将研究对象划分为老、中、青三个年龄段,并明确每个年龄段的范围。年龄也可以是用于某个研究目的的定类变量。人们可以用是否在20世纪30年代经济大萧条时期出生,作为分组的依据。此外,以出生日期(而不只是年龄)为基准,根据星座来分组,也是一种定类测量。

需要测量的层次,是由计划对该变量的分析决定的。不过要注意的是,有些变量会局限于特定的测量层次,但有些变量不会。如果一个变量有不同的用处,就需要不同的测量层次,设计研究时就应该取最高的测量等级。例如,如果获得研究对象的实际年龄数据,就可以用它来进行定序或定类分组。需要注意的是最高等级的测量并不是必要的。如果不需要使用定序等级以上年龄测量,就可以只调查人们的所属的年龄段(例如20—29岁、30—39岁等)。定比测量可以转化为定序测量,反之却不能,即不能将较低层次的测量转换为较高层次测量使用。

第五节 信度与效度

在测量中,精确性和准确性都十分重要,而且是必备的。因为当研究者建构和评估测量时,会十分关注两项技术性指标:信度和效度。一项科学研究经过了深入的概念化和详尽的操作化过程之后,便进入变量测量这一技术环节。如何评价这种测量的品质?科学界所形成的共识是可以从信度和效度两个方面来衡量一种测量的好坏。这两个衡量标准虽然都是针对测量误差而言的,但它们各自偏重造成测量误差的不同方面。

在进行测量时,"被测"与"能测"的结合,构成了一个完整的测量。"被测"与"能测"这两个术语分别用以指代需要借助其他指标加以说明的变量(被测)及用以充当这种测量角色的指标或资料(能测)。

一、信度

测量信度(test reliability)也叫测量的可靠性、可信性,指的是测量结果是否具有可靠性和一致性。也就是说,测量的结果是不是反映了测量对象的实际水平。例如,如果同一套测试在针对同一测试对象(受试者本身没有变化)进行的数次测试中,受试者的分数忽高忽低的话,则说明该测试缺乏信度。

测量信度的价值表现在:

第一,测量信度是确保测量效度的必要前提条件,即没有信度就没有测量效度可言。测量的信度与测量的效度有着密切的关系。一般说来,只有信度较高的测量才可能有较高的效度,但信度较高不能保证效度也一定较高。

第二,测量的信度主要涉及测量工具本身的可靠性。测量工具自身的不完全性、不完整性,会导致整个测量无效,即信度高的不一定会是好的科学调查,但是信度低的一定不是好的科学调查。

一般来说,测量所得到的最后结果受到系统误差和随机误差两部分的影响。由于系统误差总是以相同的方式影响测量值,也就不会使测量结果出现不一致,但是,随机误差是随机因素造成的非系统变异,可能导致不稳定性,从而降低信度。因此,信度反映了测量结果受随机误差影响的程度。

信度系数的计算以变异理论为基础,通常以相关系数(两个数之间的比例关系)表示。若相关系数越大,信度则越高。当系数为1.00时,说明测量的可靠性达到最高程度;而系数是0.00时,测量的可靠性降到最低程度。在一般情况下,系数不会高于1.00,也不会降到0.00,而是在两者之间。对信度指数的要求因测量类别的不同而不同,旅游学研究方面人们通常对标准化测量的信度系数要求在0.80以上,0.60—0.80为可接受性系数。

测试信度的计算方法主要有三种:

(1) 重测法(the retesting method)。对同一测量对象用相同的测量工具在不同时间内进行测量,获得两组数据,然后计算出两组分数的相关系数。当然,在两次测量中,测量对象第二次的测量成绩理应比第一次的要高,因为在第二次测量时测量对象已经有了进步而且经验也更丰富了。但是若该测量工具是比较可靠的,每个测量对象在两次测量中的排名次序应该是基本不变的。

(2) 交替形式法(the alternative method)。对同一批测量对象使用类型相同、程度相当,但内容不同的两组测量工具先后进行两次测试,然后计算出两次得分的相关系数。

(3) 对半法(the split-half method)。测试只进行一次,但将整份试卷的题目按单、双数分成两组来分别计分,算出两组分数的相关系数,然后再用 Spearman-Brown 的公式计算整份试卷的信度系数。

二、效度

测量效度(test validity)亦称测量的有效性,指一套测量对应该测量的内容所测的程度,即一套测量是否达到了它预定的目的以及是否测量了它要测量的内容。

测量效度一般可分为以下几类:

(1) 表面效度(face validity),指测量应达到的卷面标准,即一套调查问卷的问题从表面看来是否是合适的。例如,若一份问卷中包括许多被调查者没有听过的过于专业的词汇,则可认为这份问卷缺乏表面效度。例如,向参加会展节庆的游客询问调查节庆活动的满意度时,应尽量使用对普通游客来说简单易懂的词汇,而非大量专业的旅游节事词汇。表面效度是调查出被调查者正常水平的一种保证因素。

(2) 内容效度(content validity),指一份问卷是否涵盖了应该调查的内容或者说所调查的内容是否反映了调查的要求,即调查的代表性和覆盖面的大小。例如,如果调查游客对酒店服务的满意度时,问卷仅仅就酒店餐饮服务、娱乐服务进行提问,而不关注酒店住宿这个最主要的功能,那么该调查问卷的内容效度就很低。

(3) 编制效度(construct validity),指一套测试题的诸项目对编制该测试所依据的理论的各个基本方面的反映程度。例如,如果研究以结构主义语言理论为基础,认为系统的语言习惯是通过句型而获得的,那么,强调词汇和语法环境的测试题目就失去了编制效度。

三、影响信度和效度的因素及其相互关系

(一) 信度和效度的影响因素

一般来说,测量的信度和效度不仅受到调查问卷本身的影响,还受到调查双方的影响,主要表现在:

(1) 调查问卷本身的因素。调查问卷必须对整个内容具有代表性:问题设计时应尽量避免容易引起误差的题型;问题难度要适中,具有较高的区分度;问卷长度要恰当,即要维持一定测题量;问题按先易后难的顺序排列。

(2) 测验实施中的干扰因素。诸如被访者在测验时的兴趣、动机、情绪、态度、健康状态以及是否充分合作与尽力而为等,都会影响其在调查中的反应。还有调查者的专业能力、如是否按规定程序和标准提问、是否有意无意影响被访者、是否认真做笔记等,都会影响被访者在调查中的反应。

(3) 调查环境和调查时间。如场地的布置、材料的准备、调查场所有无噪声和其他干扰因素等。

(4) 样本团体。一般而言,接受调查的样本团体异质性高,会高估信度;反之,则会低估信度。

（二）信度与效度的关系

对于研究者来说，希望自己的测量兼具信度和效度，这两者也是科学的测量工具所必须满足的条件，但是信度和效度之间经常存在张力。测量的信度和效度之间存在着某种既相互联系又相互制约的关系。一方面，测量的信度很低，其效度必然也低，但高信度的测量并不意味着同时也是高效度的测量，它的效度可能很低。另一方面，低效度的测量，其信度有可能很高；而高效度的测量，其信度必然也高。信度是效度的必要条件，但不是充分条件。也就是说，一个测量工具没有信度就没有效度，但是有了信度不一定有效度。具体可见图 5-2。

信度	效度	
	低	高
低	√	×
高	√	√

图 5-2　信度和效度的关系

在实际研究中，研究者常常面临信度与效度之间的平衡问题——为了获得效度而削弱信度，或者为了增加信度而牺牲效度。例如，我们使用结构式问卷测量"生活满意度"，通过使用问卷中的问题反复询问同样的对象，这样就可以得到相对较高的测量信度。但是，这种测量方法的效度往往会比较低。因为人们对于生活满意度的感知并不局限于问卷上所列的这些项目，现实中，人们往往有更多更复杂的感受。如果我们对每个研究对象进行深入的观察、访谈，那么所得资料的效度会比较高，但是这种方法不可避免地损失了信度。

（1）测量可以根据一定的规则将数字或符号分派于研究对象的特征（研究变量）之上，从而使社会现象数量化或类型化。

（2）测量通常包括四个必不可少的要素：测量客体、测量内容、数字和符号、测量标准。

（3）概念化就是利用某些指标对一个使用中的术语所涉及的方面进行维度细分以达成共识的过程。

（4）操作化是指将抽象的概念转变为可测量的指标的过程，它能够明确地说明如何测量某个概念。

（5）指标是人们在交流时存在于大脑当中可以表征某种印象（在交流中，要用术语来传递这种印象）的标签，它带有资料的性质，或者说它是资料的载体。

（6）变量的类型有：定类变量、定序变量、定距变量、定比变量。

（7）信度是效度的必要条件，但不是充分条件。也就是说，一个测量工具没有信度就没有效度，但是有了信度不一定有效度。

章节练习

(1) 什么是测量？测量的作用是什么？
(2) 测量的四要素是什么？
(3) 如何将操作定义转化为现实研究中测量的变量？
(4) 指标和标志的概念是什么？如何区分？
(5) 测量层次包括哪几类？列举各测量层次中的变量。
(6) 信度和效度的影响因素有哪些？二者关系如何？

第五章自测习题

第六章 问卷编制

学习目标

1. 了解并掌握问卷的结构与问卷问题的类型。
2. 了解并掌握问卷编制原则。
3. 了解并掌握问卷设计的基本步骤。

知识体系

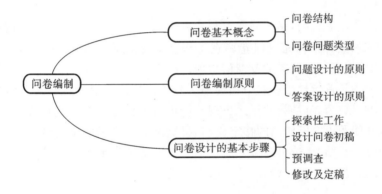

第一节 问卷基本概念

在定量研究当中,概念化、操作化的最终体现形式是设计一个可以填写调查数据的问卷(questionnaire)。问卷是数据的物质载体,也是研究者的一个基本调查工具。

问卷是社会学者在研究中用来收集资料的常用工具,美国社会学家艾尔·巴比(2020)将问卷喻为"社会调查的支柱",问卷是一种高度结构化的数据收集技术。通常是根据研究设计的问题,以文字发问的形式,向被调查者征集来自日常生活的第一手资料,然后通过数据处理和分析,了解人们的行为、态度和社会特征,探索社会生活的客观规律。研究者在编制问卷的过程中,必然将自己的主观预测体现在各问卷项目中。因此,理论、操作化、问卷设计技巧和方法是构成问卷设计的三大要素。在前面章节中我们已经详细讲述了研究问题的操作化与社会测量,本章将重点放在对问卷结构、问卷问题类型以及问卷编制原则等方面的探讨上。

一、问卷结构

（一）问卷的基本结构

通常来说，一份完整的问卷应该包括封面信、指导语、问题和答案、编码及其他材料等内容。

1. 封面信

封面信是一封简短的写给被调查者并谋求其合作的说明性文字。在这段文字中，一般要说明调查的组织单位或研究者个人身份、调查的主要目的、大致内容和范围、解释被调查者的选取方法、说明调查可能对被调查者产生的意义及对调查结果的保密措施等。此外，还应该把填答问卷的方法、要求、回收问卷的方式和时间等具体事项写进封面信中。在信的结尾处一定要真诚地对被调查者表示感谢。整个封面信的语言要简明、亲切、务实。

封面信要能够让被调查者尽快了解问卷的情况，这在很大程度上决定了调查者能否获取被调查者的信任从而接受问卷调查。由此可见，封面信十分关键。

2. 指导语

指导语也称填表说明，是对问卷填写的方法、要求、注意事项等的简要说明，用来指导被调查者或调查者正确完成问卷调查工作。填表说明应明确、具体、有针对性。通常，填表说明要根据试点调查的反馈信息加以组织。

指导语分为卷首指导语和卷中指导语。卷首指导语一般设置在封面信之后、正式调查问题之前，以"填表说明"的形式出现。卷中指导语是针对某些较特殊的调查问题的填答方式和问题内容所作出的特定说明，排除问卷中有可能成为被调查者填答问卷的障碍的地方。比如"请选出最符合的三个答案""请按照重要程度排序"；"若不是，请跳过第5—8题，从第9题开始答起"，"家人指的是与被访者在同一个户口本上的所有人"等。

3. 问题和答案

问题和答案是一份调查问卷中最核心的部分。从形式上来看，问题可以分为封闭式问题（closed questions）和开放式问题（open-ended questions）两大类。在旅游研究的调查问卷中，封闭式问题一般包括样本的统计学分布特征问题和用作研究的旅游专业问题。样本的统计学分布特征问题大致针对被调查者的个人基本情况，包括性别、年龄、教育水平、经济收入、婚姻状况、职业状况等，旅游专业问题涉及被调查者对某一旅游活动、旅游现象等的个人主观认知与感受，比如旅游动机、旅游情感、旅游态度、旅游行为倾向等内容。封闭式问题通常用于收集大量数据来定量验证假设。在由封闭式问题构成的问卷中，其末尾往往包含一两个开放式问题，用来收集那些未能列入问卷的情况。开放式问题部分也属于针对专业问题所设定的项目，不提供具体答案选项，要求被调查者用自己的语言把观点、态度和特征表达出来。设计此类问题的目的在于获得开放式文本材料，以便充分利用被调查者对相关问题的态度和观点。对此类材料的加工处理，将采用定性方法。

封闭式问题的优点在于填答方便,省时省力,会降低研究者在这些基本项目决策上犹豫不决的可能性,资料便于整理和进行统计分析,因此封闭式问题适用于大样本的调研。封闭式问题的最大缺点是无法获得生动、丰富的资料,因为给定的若干个选择答案往往会把复杂的问题简单化,无法反映出被调查者之间的细微差别。开放式问题与封闭式问题的优缺点截然相反。开放式回答的优点是,每个被调查者可以根据自己的情况进行填答,不受具体答案的限制,因而能够获得更真实、丰富的资料。但是,开放式问题的缺点是难以对收集的资料进行编码和统计分析,可能对于被调查者的文字表达能力有一定的要求,填答所花费的时间和精力较多。开放式问题常用于探索性调查问卷中,不要求对答案作统计分析,只要求对问题有初步了解。

开放式问题和封闭式问题的选择取决于许多因素,比如问题的内容、被调查者的类型、编码技术等,对于一些关键变量,可以综合使用开放式问题和封闭式问题来测量。

4. 编码及其他材料

为了把被调查者的回答转换成数字以便输入计算机进行处理和统计分析,往往需要对问卷里的问题和答案进行编码,赋予每一个问题及其答案一个数字作为它的代码。编码既可以在问卷设计的同时就设计好,也可以在问卷填写完成后再进行设计。前者称为"事前编码",后者称为"事后编码"。

除了编码之外,问卷中还需要在问卷首页印上问卷标题、问卷编号、问卷发放及回收日期、调查员编号或姓名、审核员编号或姓名、调查地点等通用项目。

(二) 问卷的基本类型

调查研究中所用的问卷,按照获得问卷的方法的差异,通常可分为两种主要的类型:自填调查问卷和访谈调查问卷。

1. 自填调查问卷

自填调查问卷是由被调查者自己独立填答的问卷,依据发送到被调查者手中的方式的不同,可分为邮寄问卷、发送问卷与网络调查问卷。邮寄问卷是指通过邮政系统寄给被调查者的调查问卷,由被调查者根据要求填写后再寄回;发送问卷是指由调查员直接送到被调查者手中的问卷,等被调查者完成后再由调查者收回;新技术为社会研究者提供了更多的机会和选择,网络调查问卷正是利用互联网技术,由被调查者通过访问问卷调查网站的方式获取问卷,进行填答的。邮寄问卷的调查面广,涉及的工作人员通常较少,但回收率和回答率普遍较低。网络调查问卷的成本较低,回收快速,不过其重要的缺点在于在线回答的人很难代表一般性的总体。相比之下,采用发送问卷的调查者往往能够在场"监督"被调查者独立填写问卷,这样可以提高回答率和回收率。

2. 访谈调查问卷

访谈调查问卷则是由调查者与被调查者直接接触,根据被调查者的回答填写的问卷,这种方法不是让被调查者亲自阅读并填答问卷,而是由调查者口头问,记录被调查者的回答。访谈调查问卷的特点是不完全依赖被调查者而可以发挥调查者的主动性。典型的访谈调查问卷通常是以面对面访问或电话(含电脑辅助电话技术)访问的方式进行。面对面访问时调查者不但能问问题,还能够通过观察被调查者获取一些额外的资料,如观察和记录被调查者的居住条件、穿着打扮、言行举止、回答问卷时的反应、自己与被调查者的互动等。电话访问比面对面访问更为便捷、安全,通过电话沟通可以减轻面对面交流给被调查者带来的压力,降低访问员影响被调查者的程度,但这种方法的拒访率也较高,问卷结果的有效性较低。

自填调查问卷和访谈调查问卷使得大样本的调查具有可行性。二者虽然都是社会调查研究中收集资料的工具,但也存在区别。自填调查问卷的优点在于经济、迅速;不会因访问员而产生较大偏差,因为较具匿名性与非公开化,可促使被调查者更为诚实地回答敏感问题。但其缺点表现在,问卷的回答率和回收率较低,特别是邮寄问卷和网络调查问卷无法控制填答过程,难以保证和检验调查结果的信度和效度。相较之下,访谈调查问卷的优势在于能对一些容易混淆的问卷项目提供指导,减少调查中的遗漏,提高问卷调查的质量,适合用来调查较为复杂的问题。但其缺点在于:一方面,调查者在一定的时间内只能访问数量有限的被调查者,样本越大,收集资料的成本越高;另一方面,调查者的一切表现都可能会影响被调查者的回答,因此对调查者的要求较高。

因此,研究者必须衡量不同问卷类型的区别和优缺点,根据调查目的、调查者和被调查者的数量、调查的经费和时间,选择适合自己研究的问卷类型。

(三)问卷编制应注意的问题

尽管问卷的编制并无一定之规,但了解人们在这方面所积累的经验,对改进编制问卷的质量还是有帮助的。对此,本书从问题取舍、问题措辞和问题形式设计三个方面加以阐述。

1. 问题取舍

在设计问卷时,应该包含哪些问题、多少问题,事关测量的效率和效果,因此需要慎重对待,适当取舍。就项目的多少而言,问题过多,虽然可以达到全面、系统的测量目标,但在实际操作中会遇到困难,产生登记性和系统性误差的可能性很大,因此并非问题越多越好;问题过少的效果与此恰好相反。就问题的选择和取舍而言,那些与研究主题相关度不高,或者因涉及隐私(如灰色收入、结婚或离婚次数等)、年代久远需要回忆、需要做复杂推算、需要查询或寻找而难以获得答案的问题,都不应列入调查问卷。一些不得不列入而又难以获得答案的问题,则必须通过关联设计、交叉验证的方式以防止获得虚假答案,并佐以其他调查方式加以补充。

2. 问题措辞

作为一种严格而目标清晰的科学交流形式,必然要求问卷中用于交流的问题,在文字措辞上能够达到交流的严格要求。在这方面,有几点需要注意:首先,要使用能够为被调查者所理解的语言。比如,做家计调查时要了解家庭收入,用"家庭所得几何"设问,就显得十分古怪。一些专业术语常常难以为被调查者所理解,应该谨慎使用。其次,要避免使用误导性、诱导性或含有预设前提的语言提问。类似于"你认为提高教学质量有必要吗""你不认为保护旅游生态环境很重要吗""作案前的心理状态如何"之类的问题,均属此类。再次,要以明晰、简洁、确切的语言提问,而不应容忍一些模棱两可、含混不清的话语进入调查问卷,切记不要在一个提问中包含多项相互分裂或重叠的信息。最后,也应该避免用否定选项提问,这是从人们的心理认知规律和反应倾向方面总结的一条经验,否定性提问(如"下列哪些人应禁止在大学里教书""你认为旅游者不应该自由购物吗"等)很容易产生误差——被调查者直接将"不"字跳过或略过而奔向正面答案的可能性很大。

3. 问题形式设计

问卷也是一种视觉对象,是拿来给被调查者看的。因此,问卷的设计者应该注重问卷的形式美感,以便提高问卷填写者的心理愉悦度,从而提高问卷调查的效率和效果。但是,实际情况并非总是如此。笔者见过不少设计不到位的问卷,它们的共同特征是内容单一且冗长、形式单调、杂乱无章、节奏错乱,完全缺乏专业品质,没有体现设计者对被调查者的心理关怀和有关概念化与操作化的知识。这样的问卷形式设计是应该避免的。

如果想通过了解其他人所设计的问卷来提高自己的问卷设计水平,除了加强专业修养之外,也可通过一些大众性问卷设计平台来增长见识,像"问卷星""问卷网"等,都可以提供一些参考。

二、问卷问题类型

问卷中所包含的问题以什么形式提问,答案以什么形式回答,均属于问卷设计中的技术性问题。从形式上看,问题与答案都是问卷的主体部分,它们通常采取的形式有开放式与封闭式两种。开放式问题不需要为被调查者提供备选答案,可以由被调查者自由回答,因此可能提供意想不到的有价值的观点,富有启发性。相反,封闭式问题是在提出问题的同时给出若干可能的答案,因此这种问题形式比较容易回答,也便于进一步的统计处理。由于开放式问题不需要提供答案,也就不存在答案的形式设计问题;而封闭式问题的答案设计却是一件富有技术性和挑战性的工作。下面对问卷中常见的封闭式问题的形式及其特点、作用等逐一加以介绍。

1. *两项式或是否式*

问题的答案只有"是"和"不是"两种(或肯定形式和否定形式)。适合特征或属性简单的问题。被调查者根据自己的情况选择其一。

例如:在过去的半年里您曾外出旅游过吗? 是□ 否□

2. *多项选择式*

给出的答案至少两个,回答者在其中选择一个或多个自己认可的答案。这是问卷中采取最多的一种提问形式。

例如:请问您参与社群旅游的原因是:(多选 * 必答)
□喜欢和志同道合的人一起旅游,交流旅游心得
□想要提高交际能力 □可以自由选择想要参加的旅游活动
□喜欢集体结伴出游 □喜欢社群分享互动的形式
□社群旅游能给我带来更欢快的旅游体验 □单纯同学/亲友推荐
其他_____

3. *填空式*

这种形式常用于那些对回答者来说既容易回答又便于填写的问题。

例如:您的性别是(   )。您的年龄是(   )岁。您家有(   )口人。

4. 顺序填答式

这种方式是列出多种答案,要求被调查者按照一定的标准对选择的若干答案或全部答案进行重新排列。

例如:请问您参与社群旅游的原因是?(请按照严重程度给下列问题编号排序,最重要的为1,最不重要的为9)

喜欢和志同道合的人一起旅游,交流旅游心得(　　)　　想要提高交际能力(　　)
可以自由选择想要参加的旅游活动(　　)　　喜欢社群分享互动的形式(　　)
社群旅游能给我带来更欢快的旅游体验(　　)　　喜欢集体结伴出游(　　)
单纯同学/亲友推荐(　　)　　其他_____

5. 主观评分式

这种方式是根据问题的陈述,设定一个评分范围,要求被调查者根据自己的主观看法,在评分范围内进行打分,通过评分的差异区分不同程度或等级。例如:

您认为您是资深旅游人士吗?"10"分代表最高等级,"1"分代表最低等级。
您认为您自己目前在哪个等级上? _____分
您认为您10年前在哪个等级上? _____分
您认为您10年后将在哪个等级上? _____分

6. 矩阵式、表格式

将同一种回答类型的若干问题集中在一起,可采用矩阵式或表格式的问题设置方式。表格式是矩阵式的变体,其形式与矩阵式相似。矩阵式或表格式不仅能节省问卷的篇幅,而且也能节省阅读和填答的时间。此外,这种格式还能提高回答之间的可比较性,被调查者可以通过比较他们在两个问题之间的态度的强度来决定他们的答案。例如:

(1)矩阵式。

在有关疫情常态化阶段外出旅游的动机中,对以下因素,您在多大程度上表示赞同?

	非常不赞同→非常赞同				
1. 我好奇疫情暂控期当地旅游业恢复的情况	□	□	□	□	□
2. 我好奇疫情暂控期当地景区变成什么样了	□	□	□	□	□
3. 我对当地旅游遭到新冠肺炎疫情的打击感到难过	□	□	□	□	□
4. 我想帮助当地旅游业恢复发展	□	□	□	□	□
5. 我想放松一下心情	□	□	□	□	□

(2)表格式。

在有关疫情常态化阶段外出旅游的动机中,对以下因素,您在多大程度上表示赞同?

	非常不赞同→非常赞同				
1. 我好奇疫情暂控期当地旅游业恢复的情况	1	2	3	4	5
2. 我好奇疫情暂控期当地景区变成什么样了	1	2	3	4	5

续表

	非常不赞同→非常赞同				
3. 我对当地旅游遭到新冠肺炎疫情的打击感到难过	1	2	3	4	5
4. 我想帮助当地旅游业恢复发展	1	2	3	4	5
5. 我想放松一下心情	1	2	3	4	5

前文所讨论的李克特量表、语义差异量表等，都属于矩阵式问题。

7. 关联式

有时，在问卷中所包含的某些问题，仅适用于一部分受访者，也就是说，某些问题只与某些特定的分析单位相关联，而与另外一些分析单位无关。这时，问卷就遇到了如何区别对待这些不同的受访者或分析单位的问题。在这种情况下，可以将问卷做关联式设计，受访者是按次序连续回答问卷中的问题，还是需要跳过一些问题而直接进入另一个问题模块，要视受访者起初所做的回答而定。例如，在调查人们是否会使用微博、抖音等新传媒查找旅游资讯时，问题可以这样设计：

您平时会使用微博、抖音等 App 查找旅游资讯吗？

（1）使用

（2）从不使用→

在上面的例子中，只有那些回答"从不使用"的被调查者才需要回答关联问题，而其他被调查者跳过这个问题即可。

除了封闭式问题外，有时还会有开放式问题。开放式问题的形式很简单，在设计问题的时候，需要在问题的下方留出适当的空白作为填答的位置。要留出多大的空白，需根据问题的内容、被调查者的文化程度、研究者的提问意图等因素进行综合考虑。若是填答空白太小，将会限制被调查者的回答内容，导致填答不完整或简单应付。若是填答空白太大，将会增加整份问卷的篇幅。

第二节　问卷编制原则

一、问题设计的原则

问卷调查遵循的是概率与统计原理，具有较强的科学性，同时也便于操作。影响其调查结果的因素，除了样本选择、调查者素质、统计手段等外，还有问卷设计水平。问卷由问题组合而成，问卷设计是否有效、精良，与提问方式密切相关。一些基本的提问原则和逻辑能够帮助研究者建构问题，避免收集到无用甚至会误导被调查者的信息。一份好的问卷设计时应该遵循以下七个原则：

（一）合理性原则

问卷必须紧扣调查主题。问卷要体现调查主题根本上就是要在问卷上开发出准确表达调查主题的问项。这是问卷设计的前提条件。违背了这一前提，再精美的问卷都是无益的。问卷设计要根据调查主题，从实际出发设置问项，做到问项语句明确，重点突出，没有可有可无的问项。

（二）一般性原则

问项的设置应具有普遍意义，这是问卷设计的基本要求。如果问卷出现常识性的错误，不仅不利于调查成果的整理分析，而且会使调查对象轻视调查。

（三）逻辑性原则

问卷设计的问项之间要具有逻辑性和整体感。独立的问项本身也不能出现逻辑上的谬误。问项的排列应有一定的逻辑顺序，符合应答者的思维程序。一般是先易后难、先简后繁、先具体后抽象。

（四）明确性原则

明确性原则即问项设置的规范性。这一原则要求问卷的命题准确、提问清晰明确。问卷要使应答者一目了然，能够作出明确回答，并愿意如实回答。问卷中语气要亲切，符合应答者的理解能力和认识能力，避免使用专业术语。

（五）非诱导性原则

问项要设置在中性位置、不带有提示性或主观臆断性。要尊重调查对象的独立性与客观性。对敏感性问题要采取一定的技巧使问项具有合理性和可答性，避免主观性和暗示性，以免应答失真。

（六）控制问卷长度原则

回答问卷的时间一般控制在 30 分钟以内。问卷中既不浪费一个问项，也不遗漏一个问项。

（七）便于整理分析原则

成功的问卷设计除了考虑到紧扣调查主题和方便收集外，还要考虑到问卷在调查后的整理与分析工作。这就要求调查问项是能够累加和便于累加的，能够通过数据清楚明了地说明所要调查的问项。只有这样，调查工作才能收到预期的效果。

二、答案设计的原则

（一）封闭式问题答案的要求

封闭式问题的答案设计应该遵循两项结构要求：

首先，答案的分类应该穷尽所有的可能性，也就是应该包括所有可能的回答。研究者常常通过增加诸如"其他（请注明：_____）"一项来保证穷尽。值得注意的是，如果一项问卷调查的结果中，选择"其他"一栏的被调查者人数相当多，那么就说明有一些比较重要的答案类别没有单独列出。

其次，答案的分类必须是互斥的。互斥性指的是答案互相之间不能交叉重叠或相互包含，对于每个回答者来说，最多只有一个答案符合他的情况。

（二）答案的格式

在最为常见的问卷中，被调查者要从一系列答案中选择一个。通常研究者都会选择盒式，为填答留足空间。研究者可以在问题后设置□、[ ]等让被调查者填答，这样使得问卷更专业也更清晰。

除了盒式选择之外，研究者还可以在每个回答旁边给出一个数字，让被调查者在所选答案的数字上画圈或打钩。采用这种方法，需要为被调查者提供清楚明了的说明。

第三节　问卷设计的基本步骤

问卷设计主要包含四个步骤：探索性工作、设计问卷初稿、预调查、修改及定稿。

一、探索性工作

要设计出一份调查问卷，首先要围绕研究问题开展一定的探索性工作。作为问卷设计的第一步，探索性工作有助于研究者熟悉、了解一些基本的情况，为研究者设计合适的问题和答案奠定基础。

一般而言，探索性工作最常见的方式是文献查阅和实地考察。学术性的社会调查并不仅仅是为了反映实情，它还是研究者建构和验证理论的资料来源。调查问卷是理论与实践中介的工具，在对其进行设计的过程中需要高度重视研究问题的理论性与本土化。为了实现研究理论与本土关怀，前期的探索性工作不容忽视。

一方面，可以通过文献查阅把握前人的相关研究成果和理论观点。这有助于将观点操作化，提出具有效度和信度的测量指标。

另一方面，实地考察，即研究者围绕着所调查的问题，以自然、融洽的方式对各种类型的回答进行非结构式访问，并观察被调查者的特征、行为和态度。透过观察可以对研究对象或研究问题形成初步的了解，从中获得关于设置问题和答案的第一手资料，这有助于掌握研究问题的本土语境。通过实地考察，尽可能避免在设计问卷中出现含糊不清、不符合客观实际的提法和回答。

在问卷调查中，预设是大量存在的。例如："您认为旅游安全事件对旅游地及其周边旅游地形象的影响程度是怎样的？"这个问题实际上是以两个预设为前提，即旅游安全事件对旅游地及其周边旅游地有影响；被调查者了解旅游安全事件对旅游地及其周边旅游地形象的影响效果。该问题能否达到研究者预期的调查效果与预设的满足程度相关。一般来说。一个有经验的研究者会站在被调查者的角度设计问卷,尽可能采取大众化的方式设计问题和答案,降低研究者与被调查者之间的知识语境的不对称。

从问卷中问题的设置来看,在实地考察中,一旦研究者提出的问题过于含糊、抽象或者不符合实际,被调查者要么会提出疑问,要么会做出文不对题的回答。透过对被调查者的回答和行为的判断,研究者才能发现问题预设中的不合理之处,不断改进问题的提法。从问卷中答案的设置来看,实地考察对于研究者把自由回答的开放式问题转变成多项选择的封闭式问题有着十分重要的作用。研究者通过与被调查者进行交谈,了解他们对某一问题所给予的具体回答,这样在后续的问卷设计中便可以将主要的回答内容作为问卷中可供选择的答案。

二、设计问卷初稿

问卷设计的艺术包括了研究者对研究问题、研究概念的含义、数据分析的思考,从中反映出研究者对理论思考和数据分析的理解。在问卷设计过程中,研究者需要提前思考和预测哪些资料对研究至关重要,特别是要设置好研究的因变量、自变量、预测变量和个人背景资料变量。

以下方法可以帮助研究者设计所需的问题:第一,思考所关注的研究问题将涉及哪些概念。第二,思考设置的测量指标对回应研究问题起到怎样的作用。第三,探索变量之间是如何联系的,为了解释变量之间的关系,需要纳入哪些关键问题。第四,确定数据分析方法。数据分析方法影响了资料的收集形式,如果收集到无法分析的资料将是令人沮丧的。第五,确定问卷调查的开展形式。问卷调查的开展形式会影响到问卷内容的设计。如果是经过训练的调查者来进行访谈调查,那么就可以设置复杂的问题,因为可以对调查者进行澄清、解释。如果是自填问卷,那么问题就要设计得清晰、简单。

经过探索性工作,研究者脑海中已经明确了研究所涉及的主要问题和答案的初步设想,那么,就可以着手把这些零散的问题和答案组合成一份问卷。在实际设计过程中,研究者常常采用卡片法与框图法来辅助问卷初稿的设计。

卡片法的第一步是根据探索性工作所得到的认识,把每个问题及答案单独写在一张卡片上;第二步是按照卡片上的问题的主题内容,把相同主题的卡片放在一起,这样便将卡片分成了若干堆;第三步是在每一堆中,按合适的询问顺序将卡片前后排序;第四步是根据问卷的逻辑结构排出各堆的前后顺序,使全部卡片组合成一份完整的问卷;第五步是从被调查者阅读和填答的角度,反复检查问题的前后连贯性和逻辑性,对不当之处逐一调整和补充;第六步把调整好的问题依次整理好,形成问卷初稿。

框图法和卡片法的思路截然相反。框图法的第一步是根据研究问题,研究假设的逻辑结构,画好问卷的各大组成部分及前后顺序的框图;第二步是具体地写出每一个部分中的问题及答案,并安排好问题的顺序;第三步是从被调查者阅读和填答的角度,对全部问题的形式、内容、顺序等方面从总体上进行修订和调整,形成问卷初稿。

卡片法和框图法的差别在于,前者是从具体问题着手,从部分到整体;而后者是从整体结构设计,再到各部分的排序,最后是具体问题的设计。在实际的问卷设计中,研究者可以综合使用这两种方法。首先,根据研究问题和研究假设,列出问卷各部分的内容,并排好前后顺序。其次,针对每个部分的内容,在卡片上逐一列出相关问题,并调整每个部分问题间的顺序。最后,从总体上对各部分卡片内容进行反复检查和调整,并附上封面信、指导语及其他资料。形成问卷初稿。

三、预调查

问卷的初稿设计好之后,还不能直接用于大型的正式调查中,需要进行预调查以对问卷初稿进行试用和修改。通过预调查,研究者可以发现问卷初稿中的缺陷和遗漏,以便在正式调查前及时修改,由此可见,预调查是问卷设计中不可缺少的阶段。预调查有客观检验法和主观评价法两种方法。

1. 客观检验法

客观检验法是将问卷初稿打印若干份,采用非随机抽样的方式选取一个小样本来进行预调查。最后回收预调查问卷,并认真检查和分析问卷初稿的问题和缺陷。需要重点检查和分析的方面有:

第一,回收率。回收率可以视为对问卷设计者的总体评价,如果问卷回收率低于70%。说明问卷的设计有较大的问题,必须作出较大的修改。

第二,有效回收率。有效回收率指的是扣除各种不符合要求、完成度较低的废卷后的回收率,它比回收率更能反映问卷本身的质量。因为回收的废卷越多,说明问卷设计中的问题越多,导致被调查者无法顺利填写。

第三,填答错误。填答错误可以分为填答内容的错误和填答方式的错误。填答内容错误即答非所问,这一方面可能是由于被调查者不知道问题所涉及的事实造成的,另一方面可能是由于被调查者对问题含义不理解或者误解造成的,因此一定要检查问题的文本用语是否准确、具体、清晰,是否符合被调查者的认知能力,是否符合客观事实。填答方式错误主要是问题形式过于复杂、缺乏指示语或者指示语不明确等所致,因此要改进填答的方式。

第四,填答不完整。填答不完整是问卷调查中最常见的现象,这会对问卷的有效回收率和统计分析产生影响,因此要对问卷填答不完整的情形做具体分析。填答不完整的情形主要分为两类:一是问卷中某几个问题未作回答;二是从某个问题开始后面的问题都未作答。对于前者,需要仔细研究这几个空白的问题,分析出被调查者未作答的原因;对于后者,要排除个人因素,找出导致填答中断的普遍原因。

2. 主观评价法

主观评价法的做法是将问卷初稿打印出若干份,分别送给该研究领域的专家、研究人员及典型的被调查者,请他们直接阅读和分析,并根据他们自己的经验和认识对问卷进行评价,从不同的角度指出问卷的缺陷和不足,发表各自的意见。

四、修改及定稿

通过上述预调查找到问卷初稿中所存在的问题后,就要逐一对问题进行分析和修改,形成问卷定稿。在对问卷进行印刷前,要反复检查问卷版面、文字和符号,避免错误。

本章小结

(1) 在定量研究当中,概念化、操作化的最终体现形式是设计一个可以填写调查数据的问卷。问卷是数据的物质载体,也是研究者的一个基本调查工具。

(2) 在编制问卷时,要考虑项目取舍、问题措辞和形式设计等方面的问题。

(3) 问卷问题的设计原则包括:合理性、一般性、逻辑性、明确性、非诱导性、控制问卷长度、便于整理分析。

(4) 问卷设计主要包含四个步骤:探索性工作、设计问卷初稿、预调查、修改及定稿。

(5) 要设计出一份调查问卷,首先要围绕研究问题开展一定的探索性工作。一般而言,探索性工作最常见的方式是文献查阅和实地考察。

(6) 问卷的初稿设计好之后,还不能直接用于大型的正式调查中,需要预调查以对问卷初稿进行试用和修改。通过预调查,研究者可以发现问卷初稿中的缺陷和遗漏,以便在正式调查前及时修改。预调查是问卷设计中不可缺少的阶段。

章节练习

(1) 调查研究中所使用的问卷,通常分为哪两类?
(2) 设计问卷时,要考虑哪些问题?为什么?
(3) 在设计问卷之前,需要做什么准备工作?
(4) 什么是预调查?预调查的作用是什么?
(5) 旅游体验是旅游学的重要研究领域,请设计出一份与旅游体验有关的研究问卷。
(注:需要包含人口统计学特征调查)

第六章自测习题

第七章 数据收集

1. 了解研究资料来源的含义。
2. 熟悉并掌握一手资料的来源途径。
3. 熟悉并掌握研究资料收集方法。

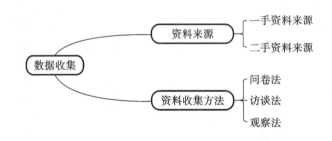

第一节 资料来源

资料来源分为一手资料来源和二手资料来源。所谓一手资料(primary data)是指研究者依据其研究目的,针对感兴趣的变量所收集的第一手信息。二手资料(secondary data)则是研究者从已存在的资料库或其他资料来源中撷取的资料,如文献综述。个人、焦点组、座谈小组(由研究者专门发起,不时针对特定议题寻求他们的见解),或是非介入性测量,都是一手资料的来源。当问卷可在网络上填答时,网络也可视为一手资料的来源。从二手来源也可获得资料。例如,企业的记录或档案,政府出版物,由媒体、网页、网络所提供的产业分析等。此外,环境或者一些特殊的背景或事件也是资料的来源之一,如厂房布置的研究。

一、一手资料来源

一手资料的四个主要来源为个人、焦点组、座谈小组,以及非介入性测量。

(一) 个人

在访谈、填答问卷或是观察中提供信息的个体都是一手资料的来源。

(二) 焦点组

焦点组(focus group)由 8—10 名成员和 1 名主持人组成。由主持人带领小组所有人针对一个项目、观念或是产品进行大约 2 个小时的讨论。挑选的成员通常是有研究议题相关专业知识的人。例如,挑选计算机专家来讨论计算机或算法问题。或是由母亲和小孩组成焦点来谈论组织如何帮助职业妇女在事业与家庭之间取得平衡。

当成员谈论有关事件、观念、产品或服务时,焦点组可以获得被试者的感想、解释及意见。主持人扮演掌控讨论的角色,目的是引出所需的信息,并使成员不偏离议题。

焦点组在一个特定地方、特定时间讨论某一特定主题,使成员们可以弹性地、自由地讨论。这种非结构、自然发生的反应能反映出成员对主题最真实的意见、想法及感受。这种方法的成本较低,而且能在短时间内贡献相当可靠的资料。

第一,主持人的角色。主持人的选择及其所扮演的角色非常重要。他不能成为讨论中的一分子,却要掌控小组的讨论以获得所有相关信息,并带领成员化解讨论中可能出现的僵局。主持人还要确保所有成员的参与,且在讨论中不让任何一个成员具有领导地位。研究团队的其他成员也可以通过观察室的单面镜具体观察整个讨论过程。这样不仅可以听取讨论内容,还可以注意到成员们所表现出的肢体语言。

第二,使用焦点组获得资料的性质。值得注意的是,通过这种同质的团体成员获得资料的方法在各种资料收集方法中花费最少且能用于快速分析,但是它只能提供定性信息,无法提供量化信息。而且,因为这些成员不是用科学方法挑选出来代表总体意见的,因此其意见并不具有真正的代表性。然而,如果把收集到的探索性信息作为未来进行科学研究的基础,那么焦点组就具有重要作用。举例来说,焦点组在探究"知识产权"这个概念时,由于每位团体成员的思考模式都略有不同,因此在进行热烈讨论时,可能会产生一些新的想法。这有助于研究者获得有价值的见解,叫作滚雪球效应。焦点组方式适用于:第一,探索性研究;第二,将所得信息作为推论基础;第三,进行样本调查。此外,焦点组在一些议题上能够启发研究者。比如,为何某类产品销售不佳,为何某些广告策略是有效的,为何特定的管理技术没有作用等。

第三,视讯会议。假设被试的回答有地区性的差异,那么我们必须采用几个焦点组,其中包括在不同区域受过训练的主持人。如果该过程可通过视讯会议进行将会变得更简单。我们可以通过画面的放大功能,实时捕捉到某个成员在叙述时的非语言暗示及姿势,这也可以代替通过观察室的单面镜的观察。

随着科技的进步与实时通信技术的帮助,利用视讯会议来收集各地群体的信息具有非常好的应用前景。目前,在线焦点组日益普及,E-mail、网页、网络聊天室也可使焦点组的举行更为便利。

(三) 座谈小组

与焦点组类似,座谈小组也是一手资料的重要来源。焦点组只举行一次群体会议,而座谈小组的会议则可以不止一次。倘若要研究在一段时期内有哪些介入或变化因素,座谈小组是相当有用的方式。例如,若想马上评估出某种品牌咖啡的影响力,我们可将广告展示给座谈小组,并且评估其成员对该品牌的购买意愿,这可作为现实中消费者看到该广告的反应。几个月之后,若产品经理想要推出在口味上有所变化的相同产品,并在座谈小组中调查其影响,则这一群持续参与的"专家"就成为样本基础或是测试委员会。这种通过专家成员组成座谈小组所进行的研究就是座谈小组研究(panel study)。

例如,尼尔森电视指数(Nielsen television index)就是一个基于电视收视率的座谈小组的成果。这个指数的设计旨在估计各个电视节目的观众数目及性质,它通过在近1200个合作住户的电视机上装上收视计数器装置来收集资料。这个收视计数器连接一台中央计算机。它会记录每个住户何时开电视以及观看哪个节目。根据这类资料,即可估计某一节目在所有合作住户中收看的次数与比率。

其他应用于市场营销研究的座谈小组还包括:国家采购日记座谈小组(national purchase diary panel)、美国家庭民意座谈小组(national family opinion panel)、消费者邮寄座谈小组(consumer mail panel)。

1. 静态与动态的座谈小组

座谈小组可以是静态的(static)(座谈小组成员是固定的)或是动态的(dynamic)(在不同的研究阶段座谈小组成员有变动)。静态座谈小组的优点是,能为调查中两个时点间的改变提供一个好的、具备敏感性的测量。这比起用两个不同群体在不同的时间来测量更为适合。其缺点是座谈小组成员对于变化不能变得较为敏感,以致在连串的访谈中,其意见不能再代表总体中其他人的意见。成员可能会因为各种理由而退出座谈小组。因此,偏差的增加也可能导致研究失败。动态座谈小组的优缺点与上述的静态座谈小组刚好相反。座谈小组是直接信息的来源。它可能是静态的也可能是动态的,而且通常运用于对对象的多方面研究。

2. 德尔菲法

德尔菲法(Delphi technique)是依据系统的程序,审慎地选择一组专家来进行预测的方式。这期间需要多次对专家进行问卷调查。在第一轮问卷调查中,专家就未来事情的可能性回答系列问题。然后,研究人员对第一轮的答案进行收集和分析,再将结果分发给各位专家做第二次问卷调查。专家在看完第一次问卷的结果和其他专家的意见之后,对同样的事情再次做出评估。这个过程将会续几次,直至几轮反馈后专家的意见逐渐趋同。

参与问卷的专家采用匿名的方式,即便研究报告写成之后,也不会暴露专家身份。这么做的好处是,避免有些专家影响其他专家的看法,以便让大家毫无保留地表达自己的想法;同时也有利于专家及时承认自己的失误并修正自己的判断。德尔菲法被广泛地应用于长期商业预测。

(四)非介入性测量

非介入性测量(unobtrusive measures)又被称为追踪测量(trace measures),这是一种不涉及人的一手资料来源。例如,大学图书馆中馆藏期刊的耗损暗示着期刊受欢迎的程度、使用的频率。在垃圾袋中发现不同品牌的饮料罐数量也能作为其消费情况的测量依据。将支票上的签名暴露在紫外线之下能确定伪造的可能性。要收集一个社区居民的出生日期、婚姻状况、死亡情况，保险记录也是一个不错的来源。公司的记录还包括许多员工的个人资料、企业的效率水平或其他资料等。因此，这些非介入性测量对研究而言还是重要的。

二、二手资料来源

二手资料对大部分的组织研究而言是不可缺少的。二手资料（secondary data）是指以前的研究者所整理的信息。二手资料来源包括：书籍与期刊、经济指标的政府出版物、普查资料、统计摘要、资料库、媒体、企业年报等。案例研究以及一些档案记录等二手资料，为研究问题的解决提供了许多信息，这些资料在本质上大部分是定性的。此外，二手资料的来源还包括组织中重要人物的行程、管理人员的履历，以及演讲者的演讲内容。二手资料按照资料是否公开可以分为内部资料和外部资料。

（一）内部资料

内部资料主要是由所调查企业或组织的各经营环节、各管理部门产生并发出的，主要包括三个方面：

第一，企业职能管理部门提供的资料，如会计、统计、计划部门的统计数字、报表、原始凭证、会计账目、分析总结报告等。

第二，企业经营机构提供的资料，如进货统计、销售报告、库存动态记录、合同签订执行情况、广告宣传效果、消费者意见反馈等。

第三，其他各类记录，如来自企业领导决策层的各种规划方案、企业总部做的专门审计报告，以及以前的市场调查报告等。

这些内部资料大部分是私有的，而且无法完全取得。

（二）外部资料来源

外部资料多指来自被调查企业或组织以外的信息资料，主要包括以下五方面：

第一，政府机构及经济管理部门的有关方针、政策、法令、经济公报、统计公报等。

第二，行业协会已经发布和保存的有关行业销售情况、经营特点、发展趋势等的信息资料。

第三，各种信息机构，如国家信息中心、国家统计局所提供的各类统计资料。随着计算机技术应用的普及，信息机构提供数据库互联网服务已经成为一种必然趋势。市场调查人员可以通过已有的计算机数据库系统进行查询。

第四，其他各种大众传播媒介，如电视、广播、报纸、杂志及文献资料等，也包含丰富的经济信息和技术情报。

第五，图书馆是各种文献资料集中的地方。市场调查人员可以充分利用图书馆获得特定调查主题的信息资料。

使用二手资料的优点是可以节省获得资料的时间与成本。然而，把二手资料当作信息的单一来源往往会有过时的问题，而且也可能会不符合特定情境或环境的需求。因此，资料来源是否能提供目前最新的信息是很重要的。

第二节 资料收集方法

资料收集方法是研究设计不可或缺的部分。资料收集方法有很多种,每一种方法都有其优缺点。只有采用适当的方法来研究问题才能够大幅提高研究价值。资料可以在不同环境下(如田野或实验室),从不同来源用各种方法进行收集。资料收集的方法包括:访谈——面对面访谈、电话访谈、计算机辅助访谈,以及电子媒体访谈;发放问卷——通过人工发放、邮寄或以电子化方式实行;观察——观察个体或事件,可选择是否录像或录音;各种动机技术,例如投射测验。

在研究调查中,访谈、发放问卷、观察是资料收集的三种主要的方法。投射测验与其他动机技术有时也会被用来测量变量。在使用这种技术时,主试通常会要求被试写下一个故事、完整的句子,或是给予其模糊的暗示(如墨渍或未标示图片),以观察他们的反应。这时被试会将他们自己的思想、感觉、态度及期望等投射到反应上,受过训练的心理学家就可以对其加以解释。访谈的优点是具有调整、选择和改变问题的灵活性。问卷的优点则是可让研究者更有效地获得资料。非介入方法(如从公司记录得到资料)具有准确性的优点。例如,比起从被试处收集有关员工旷工的资料,在出勤记录中将可能得到更真实、更可靠的信息。投射测验通常由受过执行训练的研究者来执行并解释结果。

现代科技在发展资料收集方法上扮演着日益重要的角色。计算机辅助调查的使用越来越频繁,它有助于访谈以及电子问卷的准备与实施。此外,计算机辅助电话访问系统(computer-assisted telephone interviewing,CATT)、交耳式电子电话调查(interactive electronic telephonic survey),以及电子问卷的实行(通过电子邮件),现在都可用来协助资料的收集。另外,有些软件也可用于问卷设计、问卷资料输入、资料分析以及网页和 E-mail 调查,如 SQ 调查软件、Professional Quest 和 Perseus。

资料收集方法的选择要视其是否容易实施、研究者的专业知识、研究的时间范围,以及其他与资料收集有关的、可利用的成本与资源等来决定。

一、问卷法

问卷(questionnaires)是一种问题集合的调查格式,由应答者在相近的选项内选择合适的问项答案。当调查者知道什么是必要的,并且知道如何测量感兴趣的变量时,问卷是一个有效的资料收集方式。问卷可以由人工发放、邮寄发放,或是以电子化方式发放。

(一)人工发放问卷

当调查是限定在一个区域范围内,而且应答方有意愿且有能力在集中场所回答问卷时,人工发放问卷是收集资料的好方法。这种方法的优点是,调查者或调查小组可以在短时间内收集到所有完整的回答,并可以现场澄清应答者对问项的任何疑问。调查者也可以有机会介绍研究主题,并鼓励应答者提供他们内心真正的答案。在同一时间内由许多人来填写问卷比访谈成本低且省时,也不需具备太多技能。然而,应答者一般不能够也不愿意让工作时间花费在问卷调查上,因此必须找到其他在问卷填写完毕后回收问卷的方法。

(二) 邮寄发放问卷

邮寄发放问卷的优点是可在调查中涵盖一个广泛的地理区域,让应答者在方便的时间和地点从容地完成问卷填写。然而,邮寄问卷的回收率一般都很低(30%的回收率是较能接受的),而且无法澄清应答者可能存在的疑问。如果问卷的回收率过低,就很难建立样本的代表性。过低的问卷回收率也不能够代表调查所假定的总体。不过一些有效的方法可以增加邮寄问卷的回收率。例如,邮寄追踪信、随问卷寄上一小笔金额当作奖励、向应答者提供回邮信封和邮资等,都对提高问卷回收率有所帮助。

(三) 电子化方式发放问卷

互联网时代兴起的另一种问卷发放方式是电子化方式发放问卷,即在互联网上发放网页问卷。市场上已有不少问卷调查的网站,调查者可以委托这些网络调查平台进行问卷调查。这种方式的优点是无地域限制,成本相对低廉。其缺点是答卷质量无法保证。一些问卷调查网站还提供更为先进的方式来承载问卷,如 Flash 问卷。这种方式的优点是可以借助 Flash 的优势将问卷传播到世界的任何角落,数据可以即答即收集。国外的调查网站 Wufoo 率先使用了这种方式。国内的问卷网、问道网、问卷星等也有这种方式的问卷。

二、访谈法

访谈(interview)又称晤谈,是指通过访谈者和访谈对象面对面交谈来了解受访者的心理和行为的资料收集方法。由于研究问题的性质、目的或对象的不同,访谈具有不同的形式。根据访谈进程的标准化程度,可以将访谈分为非结构性访谈和结构性访谈。访谈法运用面广,能够简单地收集多方面的工作分析资料,因而广为研究者所选用。

(一) 非结构性访谈与结构性访谈

1. 非结构性访谈

非结构性访谈又称为非标准化访谈、深度访谈、自由访谈。它是一种无控制或半控制的访谈,事先没有统一问卷,而只有一个标题或大致范围,或一个粗线条的问题大纲。由访谈者与访谈对象在这一范围内自由交谈。具体问题可在访谈过程中边谈、边形成、边提出。对于提问的方式和顺序、回答的记录、访谈时的外部环境等,也没有统一的要求,可根据访谈过程中的实际情况做各种适当的安排。

非结构性访谈旨在引入一些初步议题,以便访谈者决定可对哪些变量做进一步的深入调查。在一个相对宽泛的问题领域,访谈者可能想了解情境中某些变化的模糊想法,而不是想要知道它们的实际情形,这就是非结构性访谈。访谈者在最初只会询问一一般开放式的问题,并根据回答得知个人看法。询问个人的问题形式与性质须根据受访者的类型而定。例如,可用比较直接的问题来询问中高层管者对问题与情况的感觉,而对较低层的员工可能就要用其他不同的方式来询问。

在非结构性访谈中,针对基层员工可以使用一般开放式问题来询问有关他们的工作与工作环境的问题。而针对主管可以问及有关部门、在其管理下的员工及组织的问题。例如,他们可能会被问及:谈谈你的单位与部门,或是整个组织有关工作员工以及任何你认为重要的部分。

对于这样的问题或许一部分人会做出详细的回答,而其他人则可能只回答个大致就不错了。倾听畅所欲言的人是较容易的,特别是当受访者以轻松的态度来回答一般性的、整体性的问题时。身为管理者与研究者,我们应该要训练自己去提高这些倾听技术、去确定所谈论的关键主题。然而,当一些访谈对象简短且干净利落地回答了没有价值的答案时,访谈者则必须要更深入地询问。例如,我想要了解你的工作,请详细地描述一下工作日你从早上8点到下午5点的工作内容。

可以在回答之后再询问几个问题。这种追踪性问题的例子包括:跟组织中的其他部门相比,你所在部门有何优势与劣势呢?

假如在你的组织中有问题需要解决,或是有瓶颈要消除,或是有东西妨碍了你的效能,那会是什么?

假如回答:一切都很好而且没有任何问题,则访谈者可以说:那真是太棒了!可不可以告诉我,是什么促使你的单位能有效地运作,因为其他大部分的组织通常会经历某些困难。这种询问技巧通常会使访谈对象的防御水平下降,而且使他们更愿意去分享信息。对于原问题,修正后的回答可能会是"嗯,这并不是说我们从来都没有遇到问题,有时在处理工作上有延迟,处理紧急事件时会有一些瑕疵……"鼓励访谈对象谈论部门中各种事情的好坏,可从中获得许多信息。虽然有些访谈对象并不需要太多的鼓励便会开始谈论,但有些人则需要这样的鼓励并以宽泛的方式询问。有些访谈对象可能会显出不愿被访问,并巧妙地或公开地拒绝合作。此时我们必须要尊重其要求,和善地结束访谈。

对现场工作的员工以及其他非管理性员工,可以询问他们的工作内容、工作环境、对于工作场所的满意程度等非常宽泛的问题。例如:

"你觉得这里的工作如何?"

"请你告诉我工作中的哪一部分是你喜欢或不喜欢的?"

"可以告诉我有关这里的奖金系统吗?"

"假如向你提供一个在其他类似公司工作的机会,你愿意接受吗?为什么?"

"假如我到这里求职而且需要你把我当成新员工对你所在部门进行介绍,你会如何介绍?"

对几个层级的员工进行充分的非结构性访谈,并且研究所收集的资料,访谈者即可得知更应该注意的变量以及要求更深入了解的信息是什么了。

在访谈者设定了几个阶段以进行更进一步的结构性访谈之后,变量将会被确认。

2. 结构性访谈

结构性访谈(structured interview)又称标准化访谈(standardized interview),是一

种定量研究方法,通常应用于测量研究(survey research)。这种方法的目的在于确保对每一个访谈对象准确地以同样的顺序呈现同样的问题,以确保答案总体上可靠,并确信不同样本群之间或不同测量周期之间具有可比性。

当一开始即得知需要何种信息时,便可采用结构性访谈。访谈者会有一张事前决定的题项清单,可通过面对面、打电话,或使用个人计算机等方式来询问访谈对象。此时的问题可能会着重于提问从非结构性访谈中发现的、与研究问题有关的因素。当受访者表达意见时,访谈者会加以记录。而同样的问题也会以相同的方法来询问每一个人。然而,有时基于情况的迫切需要,有经验的访谈者可能会指导访谈对象作答,并且询问不在访谈计划中的其他相关题项。通过这个程序可能会因为有了更深入的了解而确认出新的因素。然而,为了了解可能的回答,访谈者一定要完全理解每一个问题的目的与目标。当对一个受过训练的访谈小组进行调查时,这点尤其重要。

视觉辅助工具(visual aids),如图片、线条描绘、卡片及其他器材有时也会被应用到访谈中。在对访谈对象展示适当的视觉辅助工具后,即可对其提出问题,等待其做出答复。例如,可利用该技术了解消费者对不同包装类型、广告形式的喜恶等。当访谈的焦点为小孩时,绘画与描绘的视觉辅助工具通常都是有用的。不仅如此,当我们想表达难以用书面表达或说明的思想或看法时,视觉辅助工具也能派上用场。

当我们进行了足够数量的结构性访谈,得到足够信息,得以了解和描述在情境中运作的重要因素时,访谈者就可以停止访谈,并将信息列表整理出来,进行资料分析。这可以帮助研究者完成预计要进行的任务,如描述现象或测量现象,或是确认特定的问题,并提出某个影响问题的因素的理论,或是发现研究问题的答案。许多定性研究都用这种方式进行。

(二) 面对面访谈与电话访谈

访谈可通过面对面或是打电话的方式来进行,现在也能借助计算机进行。虽然在组织研究中,大部分的非结构性访谈是以面对面的方式进行的,但结构性访谈可以是面对面的方式,也可以是以电话为媒介的方式,这取决于相关议题的复杂程度、可能的访谈时间、双方的方便性、调查的地理区域等条件。电话访谈适用于研究者想要快速地从分散在广大地理区域中的大量访谈对象处获得信息时,而且访谈时间一般在10分钟左右。例如,旅游市场调查就可以通过结构性电话访谈来进行。

1. 面对面访谈的主要优点和缺点

面对面访谈的优点是,访谈者可根据需要来调整问题、澄清疑惑,并通过重述问题确保访谈对象能确实理解问题,还可以从访谈对象身上收集到非语言信息。例如,从访谈对象皱眉、情绪不安地轻敲桌子及其他不经意的身体语言中都可以发现其不适感、经受的压力或遇到的问题。而这些细节表现在电话访谈中是不可能被发现的。

面对面访谈的缺点是在调查中会受到地理限制,假如要进行全国性或国际性的调查,则其所需资源将相当巨大。为了使因访谈者造成的偏差最小化,训练的成本(如不同的询问方法、答案的释意)也会非常高。另外,当访谈对象与访谈者进行面对面交流时,受访者可能会对其回答的隐秘性感到不安。

2. 电话访谈的主要优点和缺点

电话访谈的优点,从访谈者方面看,可以在一个相对短的时期内对许多人进行访谈

(如需要,可以是全国性的甚至是国际性的);从访谈对象的角度看,这或许能消除他们在面对面访谈中可能会感到的不舒服,至少这样的感受可能会比面对面访谈来得少。

电话访谈的缺点是,访谈对象可能会不经提醒或解释就挂掉电话而单方面终止访谈,因为没有人愿意每天受到数通无关电话的疲劳轰炸。为了减少这种访谈对象不响应的情况,最好能在进行电话访问之前先请求访谈对象参与研究调查,告诉他们访谈大概会进行多久,并且提出一个双方都方便的时间,最好不要将访谈延后到原本所设定的时间之后。访谈对象通常倾向于体谅研究者这种礼貌的态度,因而更愿意合作。此外,电话访谈的另一个缺点就是不能看到访谈对象,以致无法进行非语言沟通。

(三) 计算机辅助访谈

谈到计算机辅助访谈(CAD),则要感谢现代科技。当问题在计算机屏幕上显现时,访谈者即可直接在计算机上输入访谈对象的答案。而且,通过软件的程序指令可标示出"离谱的"或"超出范围"的答案,因此增加了资料收集的正确性。调查软件也会将问题自动地依照顺序显示给访谈者,可以避免访谈者询问错误的问题或是以错误的顺序来询问。这在某些程度上可以消除访谈者本身所造成的偏差。

三、观察法

通过访谈和问卷可以引出研究对象关于问题的回答,但即使不向研究对象询问问题,我们也可以收集相关的数据。观察法(observational research)就是在自然的情境或人为控制的情境下,根据既定的研究目的对现象或个体的行为进行有计划的系统观察,并依据观察的记录,对现象或个体的行为做出客观解释的研究。

除了研究对象的行为之外,其动向、习惯、情绪表情、肢体语言等,都可以作为观察的对象。其他环境因素,如办公室布局、工作流程模式、座位安排的紧凑程度等,也可以记录下来。

(一) 观察行为的类型

在收集实地研究数据时,观察者有两种方式可以选择——非参与式观察和参与式观察。

1. 非参与式观察

观察者可以不涉入组织系统内部,仅收集必要的资料,即仅作为非参与式观察者(nonparticipant-observer)。例如,观察者可以坐在办公室的角落里,观察并记录经理如何分配时间。通过几天时间对经理工作活动的观察,观察者就可以归纳出经理通常情况下是如何安排时间的。在非参与式观察中,观察者不直接涉入被观察的情境,而是以局外人的角度观察情境,不与观察对象互动或对其施加影响。但是,采用这种方式观察,观察者必须亲临现场且要持续观察很长时间,所以这种观察研究非常耗费时间和精力。

2. 参与式观察

研究者也可扮演参与式观察人员(participant-observer)角色。此时,研究者要进入组织或是研究情境中,而且要成为其中的一分子。例如,如果研究者想要研究工作组织中的团队动态,那么他可以成为组织中的一员来观察团队动态。如果研究者想要深入研究异国文化,他们可以试着成为该文化的一部分。许多人类学的研究即是用这种方法来进行观察研究的。

(二) 观察研究的类型

观察研究按照观察人员是否事先计划好要研究的活动或现象可以分为结构式观察研究和非结构式观察研究。无论是非参与的观察还是参与的观察,都可以是结构式或非结构式的。

1. 结构式观察研究

即依照开始研究前确定的目的,在一定程度上使用结构性观察工具观察和研究与目的相关的行为。其中观察的线索、记录的格式都需要专门设计,并根据实际进行调整。在结构或观察中,事件的持续性与次数,还有事件前后发生的活动等都需加以记录。如果具有相关性,则环境条件和研究环境的任何改变都需要记录下来。被观察者与任务相关的行为,如情绪、语言与非语言的沟通等也需要记录下来。然后要系统地分析在工作表或是现场笔记中所记录的观察,同时要尽可能地避免研究人员的个人推论。最后,将资料分类作为未来的分析基础。

2. 非结构式观察研究

即在没有明确研究目的、程序和工具的情况下,采取的一种具有弹性的观察。其中,人类学和社会学使用的田野调查是最具表性的。非结构式观察具有定性研究的特点。调查人员首先接受一组试探性的假设,用来指导谁、何时、何处以及如何观察个体。一旦观察到所需信息就随着时间记录,追踪事件的发展态势。这些归纳出的发现可以为以后的理论建立与假设检验做准备。

(三) 观察研究的优缺点

观察研究的优点主要有以下三点:第一,当事件在平时发生时,通过观察所收集到的信息通常会更可信,被试偏差较小。第二,在观察研究中,比较容易注意到情境对特定结果的影响。例如,天气(冷、热或下雨)、一周中的日子(周末还是周一、周五),以及其他可能因素对产品的销售、交通状况、工作出勤等的影响。这些有意义的信息通过观察可能会被记录在资料中。第三,某些特定群体比较适合观察。如非常小的儿童或相当忙碌的管理者,这些群体的信息都难以用其他方式获得。

观察研究的缺点主要体现五个方面:第一,观察人员必须亲自到实地观察(除非相机或其他机器可以捕捉到研究者感兴趣的事件),这通常需要耗费相当长的观察时间;第二,这种收集资料的方法不仅缓慢,而且单调、沉闷、花费昂贵;第三,因为长时间观察研究对象,观察人员比较容易感到疲劳,并容易使记录出现偏差;第四,虽然通过表情或其他非语言行为可以推测到心情、感觉和态度,但无法捕捉到个人的思考过程;第五,必须训练观察人员,教会他们如何观察以及如何避免观察者偏差。

(四) 观察研究中的偏差

从观察者的视角收集的资料可能会有观察者偏差。这些偏差形成的原因可能包括记录错误、记忆错误,在解释活动、行为、事件及非语言暗示时出现差错。另外,当有多名观察人员时,必须在资料被接受之前先建立观察人员之间的信任。日复一日、经年累月地观察可能会使观察人员感到倦怠、苦恼,在观察记录时产生偏差。为了使观察人员的偏差最小化,通常要训练观察人员准确观察和记录内容。良好的观察研究要建立观察人员之间的信度。可以使用一个简单的公式——受训者中意见一致的人数除以意见一致与不一致的总人数,建立信度系数。

因为是在研究期间观察受访者,尤其是在一个短暂的期间进行观察,观察对象可能会出现与平常不同的行为。因此,受访者偏差可能会影响观察研究结果的效度。而如果是在一个较长的研究期间,当研究进行时,观察对象会变得比较轻松而倾向于表现出平常的行为。因此,在进行观察研究时,如果前几天记录的数据与后来的观察结果差别很大,那么开始几天的数据就值得怀疑。

(五) 观察研究总结

观察研究有明确的研究目的,有系统的规划。这样的研究可以是结构式的,也可以是非结构式的。观察者在研究环境中可作为一个参与者或是非参与者。所有感兴趣的现象都要被系统地记录下来,可以通过排除偏差来进行质量控制。观察研究对于所观察的现象性质可以提供丰富的资料与见解,提供有关人际和团队动态的理解,有趣的是观察的资料也可以通过制表而被量化。

> **本章小结**
> (1) 资料来源分为一手资料来源和二手资料来源。所谓一手资料是指研究者依据其研究目的,针对感兴趣的变量所收集的第一手信息。二手资料则是指从已存在的资料库或资料来源中撷取的资料,如文献综述。
> (2) 资料收集的方式主要包括:问卷法、访谈法、观察法。

章节练习

(1) 什么是一手资料?什么是二手资料?请列举出一些一手资料和二手资料的来源。

(2) 研究资料收集的方法有哪些?

(3) 相比较问卷法,你认为访谈法的优点是什么?

(4) 请与组内同学一起尝试着进行一次结构性访谈。

第七章自测习题

第八章
抽样与研究效度

学习目标
1. 了解抽样的必要性、常用语和抽样误差。
2. 了解并掌握概率抽样和非概率抽样。
3. 了解并掌握抽样步骤和样本规模。
4. 了解并掌握抽样研究中的效度问题。

知识体系

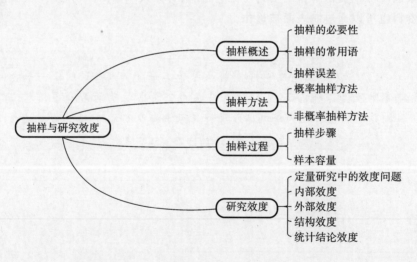

第一节 抽样概述

一、抽样的必要性

（一）抽样的概念

抽样（sampling）是根据一定的程序和规则，从研究总体中抽取其中的一部分进行观察，由此获得有关总体信息的过程。其基本要求是要保证所抽取的样本单位对全部样本具有充分的代表性。抽样的目的在于通过对被抽取样本单位的分析、研究结果来估计和推断全部样本的特性，因此，抽样是科学实验、质量检验、社会调查普遍采用的一种经济有效的研究方法。抽样调查虽然是非全面调查，但它的目的却在于取得反映总体情况的信息资料，因而也可以起到全面调查的作用。按照抽选样本的方法划分，抽样调查可以分为概率抽样和非概率抽样两类。

抽样成为研究中经常被使用的资料收集方式，主要有两个原因：一是资料收集的成本，二是资料收集的可行性。首先，在研究中，由于经费预算的约束而需要控制被调查者的数量，这时抽样调查的优势尤为明显；其次，研究者往往难以对一些太大的总体进行普查或者研究中的实验对研究对象具有破坏性。如果样本对总体的代表性很强，那么虽然使用抽样调查对总体的估计会产生一定的误差，但是可以通过降低抽样误差使样本和总体的偏差尽可能小。另外，如果抽样调查是经过科学的设计和严格的实施的，那么有可能导出比全面调查更可靠、更精确的结果。这是因为一项调查的质量不仅取决于调查的规模，还取决于所获数据的精准度。

（二）抽样的特点

抽样调查的数据之所以能用来代表和推算总体，主要是因为抽样调查本身具有其他非全面调查所不具备的特点。

1. 遵循随机性原则

随机性原则亦称同等可能性原则，即在总体中每一个样本单位被抽取的机会都是均等的，因此能够排除调查者主观意愿的影响，保证被抽取的样本在总体中的均匀分布，而不致出现倾向性误差，从而可以保证样本的代表性。

2. 遵循总体性原则

样本对目标总体的代表性并不是体现在单个样本上，而是体现在抽取的全部样本总体上，用抽取的样本总体来代表研究对象目标总体。单个样本只能体现目标总体的个别侧面，而样本总体则能够反映目标总体各方面的特征。

3. 遵循规模合理性原则

抽样调查所抽取的样本数量是根据抽样的预期可靠性和精确度，将抽样误差控制在允许范围内科学计算出来的，从而使样本的抽取既在规模上合理又在代表性上可靠。

（三）抽样的特定适用

由于条件的限制，针对以下一些特定情境的调查，只有抽样才适用。

1. 无法全面调查

有些现象需要经过破坏性或消耗性实验才能了解情况，因而无法进行全面调查。例如，灯泡的使用寿命和轮胎的行驶里程等，都需要做破坏性的试验，因此无法进行全面调查。另外，对于某些无限总体的情况也不能采用全面调查，只能通过抽样方式进行检验。例如，要检查大批量生产的零部件质量，就不可能做到全面调查。

2. 不必全面调查

例如，对城市居民的经济状况或市场购买力的调查，可以采用抽样方法而不必进行全面调查。这样既可以节省人力、物力和财力,又能取得事半功倍的效果。

3. 不宜全面调查

对于有些规模过大、包括的调查单位过多的总体,实施全面调查导致的误差更大,因而不宜采用全面调查。此类情况下,抽样调查的准确性一般高于全面调查。

当对总体的假设进行检验时,必须通过抽样进行证伪。例如,要检验一项工艺改革方案实施以后,是否收到明显的效果,就需要通过抽样判断真伪来对总体进行假设检验。

二、抽样的常用语

(一) 总体(population)

总体,又称统计总体或调查总体,即客观存在的研究对象全体,是具有同质特征的研究对象全体组成的集合。构成总体的对象单位则称为个体(individual),也称总体单位(element)。例如,研究网购消费者行为,那么通过网络平台购物的全体消费者就构成了研究对象总体,因为他们具有网络消费的同质性。

总体与个体的关系:第一,构成总体的个体必须是同质的。例如,研究网购消费者的行为,就只能将从事网购的消费者个体列入研究总体的范围,不能把不同质的个体混在总体之中。同时,也只有对没有从事过网购的消费者加以排除,才能正确反映网购消费者的特征和规律。第二,总体与个体具有相对性。随着研究任务的改变,个体可以变为总体,总体也可以变为个体。例如,要研究网购消费者的行为,那么全世界所有从事网购的消费者就是总体,特定地区或特定年龄段的网购消费者就是个体。如果研究的是特定地区或特定年龄段的网购消费者行为,那么特定地区或特定年龄段的所有网购消费者就是总体。而该范围内的网购消费者就是个体。

总体的特点主要表现为:

第一,同质性,即总体中的个体必须具有研究所界定的共同属性。比如,以网购消费者为研究总体,那么所包含的个体都应该是从事网购行为的消费者。同质性是总体构成的本质特征,只有个体属性具有研究对象的同质性,才能通过对个体特征的观察来归纳和揭示总体的特征和规律。

第二,大量性,即总体中包括的个体具有足够的数量。总体是由许多个体在研究所界定的某些相同性质基础上形成的整体,少数个体不能构成总体。总体的大量性,可使个体的一些偶然因素影响(如数值上偏高或偏低的差异)相互抵消,从而体现总体的本质和规律性。

第三,差异性,指总体中的个体在具备研究所具备的同质属性的同时,也存在一些可变的属性特征(如性别、年龄等),从而表现出差异性。

总体的类型可以按照个体的数量和属性进行划分。按包含个体的数量,可以分为有限总体和无限总体。如果总体所包含的个体数量是有限的,称为有限总体(如消费者数、企业数、商店数等);如果总体所包含的个体数是无限的,称为无限总体(如连续销售的商品、天上的星星)。对有限总体可以进行全面调查,也可以进行非全面调查。但对无限总体只能通过抽取一部分个体进行非全面调查以推断总体。按个体的属性,可分为变量总体和属性总体。凡是由反映性质特质的个体组成的总体称为属性总体；凡是由反映数量特质的个体组成的总体称为变量总体。

（二）样本(sample)

样本，即从研究对象全部中抽取的一部分，它是研究对象中实际观测或调查的一部分个体。为了使样本能够全面、正确地反映总体特征和规律：一是要对总体进行明确的界定；二是在抽取样本的过程中，必须遵守随机化原则；三是样本的观察个体要有足够的数量，即样本量要足够。

样本容量(sample size)，简称样本量，也就是能够代表总体的样本必要的数量。抽样误差的大小直接影响样本特征的代表性。因此，在抽样设计时，确定足够的样本量是保证样本具有充分代表性的前提。在具体研究中，样本容量取决于以下四点：第一，抽样推断的可靠程度。可靠程度要求高，则需要抽取的样本量就要相对大；反之，则要抽取的样本量就可相对小。第二，总体的方差大小。研究总体的变异程度越大需要抽取的样本量就越多；反之，则抽取的样本量就可以相对少些。假如总体各单位特性值相等，则只要抽取一个样本单位即可。第三，抽样的极限误差大小。预期抽样推断的精确程度越高，则需要抽取的样本单位就越多；反之，则抽取的样本单位可以少。假如不允许有抽样误差，就只能进行全面调查才能保证有较高的精确度。但全面调查也有自身的缺陷，产生的误差可能影响结果的精确度。第四，抽样的方式的周密性。抽样方式越周密，需要的样本量就越少。一般在同等条件下，重复抽样则需要多抽取样本。整群抽样与简单随机抽样相比，简单随机抽样与分层抽样和等距抽样相比需要的样本量应该相对多些。

抽样又称取样，即从研究对象总体中抽取一部分单位个体，并保证所抽取的个体单位对总体具有充分代表性，具体包括简单随机抽样、系统抽样、分层抽样、整群抽样、多段抽样等方式，遵循目的性、可测性、可行性和经济性等原则。它是科学实验、质量检验和社会调查等工作中普遍采用的一种有效的研究方法。抽样的目的在于通过对被抽取的样本个体分析获取研究结果来估计和推定研究对象总体的特征和规律。因此，抽样的过程需要满足三个条件：样本的单位必须取自总体；一个总体可以抽取多个样本；确保样本的客观性与代表性。

（三）抽样单位(sampling unit)

抽样单位是指为了从总体中收集信息而抽取的基本单位。在社会科学研究中，常用的抽样单位是个体的人，也可以是一定类型的群体或组织，如家庭、公司、居委会、社区等。抽样单位有时与构成总体的个体是相同的，有时是不同的。例如，针对学生进行的调查，当从总体中直接抽取学生时，两者是相同的。而当从总体中先抽取班级作为样本，然后从班级中再抽取学生时，抽样单位就是班级，抽样个体就是学生，两者就不同了。一般在简单抽样中，抽样单位和抽样个体是一致的。但在整群抽样或多段抽样中，抽样单位是群体，而每个群体单位中又包含了许多抽样个体。这种情况相应地产生了初级抽样、多级抽样和终极抽样单位。其中所指的抽样单位和抽样个体是不一致的。

(四) 抽样框 (sampling flame)

抽样框又称抽样框架、抽样结构，是指可以选择样本的总体的单位名册或排序编号，用来确定总体的抽样范围或结构。抽样框旨在供研究者通过抽签或随机数表方式来抽取必要的单位数。若没有抽样框，则不能计算样本单位被抽取的概率，从而无法进行概率抽样。抽样框的确定要力求完整而不重复。常见的抽样框有，花名册、电话列表、企业名录、居民户籍等。研究者也可以根据需要自己编制抽样框。但在利用现有名册等作为抽样框时，应该事先检查名册是否存在重复、遗漏等情况，以提高样本对总体的代表性。例如：要从100名学生中抽出30名组成一个样本，则100名学生的名册，就是抽样框。

抽样框的类型主要有三种：一是表册抽样框，即抽样单位可列成表册的形态，包括目录结构、区域结构和复合结构等。二是开放式抽样框，即抽样单位没有表册而是开放的形态。只要符合调查条件就是抽样框中的个体。例如，在商场对购买者进行随机调查时，其抽样结构就是开放的。三是阶段式抽样框，即按照抽样阶段不同，可产生不同的抽样框。

一般是先有研究总体，再考虑可能的抽样框，然后选择最适合代表研究总体的抽样框进行抽样。不准确或不完整的抽样框容易产生抽样框误差，这是一种非抽样误差。例如，以单位电话簿作为抽样框对某单位所有员工进行抽样时，就可能存在抽样框误差，因为电话簿往往并没有包含该单位的所有员工。

三、抽样误差

(一) 抽样误差的含义

抽样误差 (sampling error) 是指由于随机抽样的偶然因素导致抽取的样本不足以代表总体而引起的抽样指标与总体指标之间的偏差。由于从总体中抽取的样本不可能和总体完全一致，因此抽样误差是样本与总体之间的绝对误差。它不是由观察、登记、测量、计算等调查过程中出现的工作误差（或登记误差）导致的，而是随机抽样所特有的、所有抽样统计调查都会发生的误差，是抽样调查时不可避免的误差。

在抽样调查中，由样本代替总体所产生的误差一般有两种：一是由于主观因素破坏了随机原则而产生的误差，被称为系统性误差。例如，在抽样设计中有意识地多选取好的或差的样本进行调查。我们可以通过随机性原则来预防这种系统性误差发生的可能性或者将其减少到最低程度。二是由于抽样的随机性引起的偶然的代表性误差。抽样误差属于后一种由随机性带来的代表性误差，而不是前一种因不遵循随机性原则造成的误差。抽样误差也是衡量抽样调查准确程度的指标之一。抽样误差越大，表明样本对总体的代表性越小，抽样调查的结果也越不可靠；反之，抽样误差越小，表明样本对总体的代表性越大，抽样调查的结果也就越准确可靠。

(二) 抽样误差的表现类型

在统计学中，抽样误差分为抽样实际误差、抽样平均误差和抽样极限误差三种表现类型。

1. 抽样实际误差

抽样实际误差即在一次具体的抽样调查中,由于随机因素引起的样本指标与总体指标之间的差异。如样本平均数与总体平均数之间的绝对差异,样本成本与总体成本之间的差异,都可能导致抽样的实际误差。由于总体指标数值是未知的,因此抽样实际误差是无法计算的。

2. 抽样平均误差

抽样平均误差即样本平均数的标准差或样本成数(样本中满足条件的样本数与样本总数之比)的标准差,它是反映抽样误差的一般水平的指标。从一个总体中我们可能抽取很多个样本,因此,样本平均数或样本成数等样本指标将随着不同的样本而有不同的取值。它们对总体平均数或总体成数等总体指标的离差有大有小,也即抽样平均误差是个随机变量。不能用简单算数平均的方法来求抽样平均误差,而应采用标准差的方法来计算抽样平均误差。

3. 抽样极限误差

抽样极限误差即样本指标与总体指标之间的误差范围,一般以绝对值形式表示,由抽样指标变动可允许的上限或下限与总体指标之差的绝对值求得。抽样极限误差旨在表明被估计的总体指标有希望落在一个以样本指标为基础的可能范围。其实际意义是希望总体平均数落在抽样平均数的范围内,总体成数落在抽样成数的范围内。

(三) 抽样误差的影响因素

1. 样本单位数

在其他条件不变的情况下,抽样单位数越多,抽样误差越小;抽样单位数越少,抽样误差越大。这是因为随着样本数的增多,样本结构越接近总体结构,抽样调查也就越接近全面调查。当样本扩大到总体时,则为全面调查,也就不存在抽样误差了。

2. 总体各单位标志值的变异程度

在其他条件不变的情况下,总体各单位标志值的变异程度越小,抽样误差越小;反之,抽样误差就越大。抽样误差和总体各单位标志值的变异程度成正比变化。这是因为变异程度小,表示各单位标志值之间的差异小,则样本指标与总体指标之间的差异也越小。如果总体各单位标志值相等,则标志变动度为零,样本指标等于总体指标,此时不存在抽样误差。

3. 抽样方法的选择

重复抽样和不重复抽样的抽样误差大小不同。采用不重复抽样比采用重复抽样的抽样误差小。在重复抽样的条件下,抽样误差为:$\mu = \frac{\sigma}{\sqrt{n}}$;在不重复抽样的条件下,抽样误差为:$\mu = \sqrt{\left(1 - \frac{n}{N}\right)\frac{\sigma^2}{n}}$。可见在两种方法中,抽样误差相差一个修正系数:$\sqrt{\left(1 - \frac{n}{N}\right)}$。该系数的意义是,未被抽取的单位数占总体单位数的比重,因为该系数远小于100%,因此不重复抽样的平均误差永远小于重复抽样的平均误差。

4. 抽样组织方式的不同

采用不同的组织方式,会有不同的抽样误差。这是因为不同的抽样方式所抽中的样本,对于总体的代表性也不同。通常,我们不用抽样误差作为判断各种抽样组织方式的比较标准,因为在不同的组织方式中,抽样误差的内涵各不相同。

（四）抽样误差的控制

虽然抽样误差不可避免,但可以通过运用大数定律的数学公式加以精确计算、确定其具体的数量界限或抽样设计等方式加以控制。常用方法有加样本容量以及选择适当的抽样方式。

第二节 抽样方法

抽样方法(sampling method)可分为概率抽样和非概率抽样两大类。概率抽样以概率理论为依据,通过随机化的机械操作程序取得样本,所以能避免抽样过程中的人为因素的影响,保证样本的客观性。概率抽样主要包括简单随机抽样、系统抽样、分层抽样、整群抽样等类型。非概率抽样不是严格按随机抽样原则来抽取样本,所以失去了大数定律的存在基础,也就无法确定抽样误差,无法正确地说明样本的统计值在多大程度上适用于总体。虽然根据样本调查的结果也可在一定程度上说明总体的性质、特征,但不能从数量上推断总体。非概率抽样主要有便利抽样、判断抽样、配额抽样、滚雪球抽样等类型。

一、概率抽样方法

概率抽样(probability sampling)又称随机抽样,是指以概率理论和随机原则为依据来抽取样本的抽样,能使总体中每个单位被抽中的概率已知且非零。总体单位被抽中的概率可以通过样本设计来规定,通过某种随机化操作来实现。虽然随机样本一般不会与总体完全一致,但它所依据的是大数定律,而且能计算和控制抽样误差,因此可以正确地说明样本的统计值在多大程度上适用于总体。根据样本调查的结果可以从数量上推断总体,也可在一定程度上说明总体的性质、特征。现实生活中绝大多数抽样调查都采用概率抽样方法来抽取样本。

概率抽样的基本原则是:样本量越大,抽样误差就越小。但是样本量越大,成本就越高。根据数理统计规律,样本量呈直线递增的情况下(样本量增加一倍,成本也增加一倍),抽样误差的递减速度只是样本量增长速度的平方根。因此,样本量的设计并不是越大越好,它通常会受到经济条件的制约。

（一）简单随机抽样

简单随机抽样(simple random sampling)是最基本的概率抽样方法。该抽样方法保证每个抽样单位都有相同的非零抽中概率。为了抽出一个简单的随机样本,可以设计一个完整的抽样框。其中,每个个体都有唯一编号,然后用计算机软件或抽签的方法随机抽取个体。从帽子中抽取名字和从一个大箱子中抽取获奖彩票,都是典型的简单随机抽样的例子。当然,为了使每个名字或每张彩票被选中的概率相同,名字或彩票需要是完全打乱的。与其他概率抽样相比,这种方式比较简单,因为它的抽样程序只有一步。在简单随机抽样条件下,抽样概率公式为:

抽样概率(p)=样本单位数(n)/总体单位数(N) ($p=n/N$)

例如,如果总体单位数为10000,样本单位数为400,那么抽样概率为4%。简单随机抽样的优点在于,操作相对简单,只要满足概率抽样的一切必要的要求,保证每个总体单位在抽选时都有相等的被抽中机会即可。另外,简单随机抽样的数据处理也相对简单。

简单随机抽样也有其缺点:首先是样本量小,抽样误差大,这将导致样本的代表性不强。其次,简单随机抽样所需的人力、物力、财力较高,因为如果总体分布较广,那么跨地区收集样本数据将增加抽样行为的成本。

(二) 系统抽样

系统抽样(systematic sampling)也叫等距抽样或机械抽样。它要求先将总体各单位按一定次序排列,然后按相等的距离抽取样本单位。在具体操作中,我们需要将总体所含样本单位数 N 除以样本量 n,结果四舍五入,取最接近的整数,最后确定抽样间距 k。例如:总体的规模 $N=30300$,拟抽取样本量 $n=100$ 的样本,则抽样间距 $k=30300/100=303$。然后从 1 到 100 之间随机选出一个数字 r,则抽中的样本就由编号 r、$r+303$ 等的个体组成。

系统抽样和简单随机抽样最大的不同在于,除第一个样本外,其他样本都是自动产生的。当然,每个样本单位被选中的概率还是相等,因为第一个样本是随机产生的。如果抽样框中抽样单位是随机排列,或者说抽样单位的排列顺序与研究的特征无关,那么系统抽样和简单随机抽样达到的效果是一样的。但是,如果研究的特征与排列顺序呈单向递增或递减的关系,那么系统抽样将增加样本的代表性。例如,按年级从小到大将所有的中小学生样本排序,那么系统抽样将保证小学、初中、高中的学生在样本中的比例与总体一致,而简单随机抽样却不能做到这一点。但是,如果样本的排列顺序呈现循环往复的特点,那么系统抽样将可能重复抽到类似的样本,这将降低样本的代表性。

(三) 分层抽样

分层抽样(stratified sampling)是将总体按其特征和研究要求分为若干层,各层之间既不能重复也不能有遗漏,然后用简单随机抽样的方法从每层抽取一定数量样本。分层抽样的特点,是将科学分组法与抽样法结合在一起。分组减小了各抽样层变异性的影响,保证了所抽取的样本具有足够的代表性。分层抽样的主要优点是能提高样本的代表性和降低抽样误差。但是,这一优点的实现需要建立在恰当分层的基础之上。恰当的分层需要层间差异显著,而层内差异很小。

按比例分层抽样(proportionate stratified sampling)和非比例分层抽样

(disproportionate stratified sampling)是分层抽样的两种具体表现形式。按比例分层抽样要求各层样本占分总体的比例与分总体占总体的比例相同。而非比例分层抽样中各层样本占分总体的比例与分总体占总体的比例不同。按比例分层抽样是为了尽可能体现总体的分布,但这要依赖于各分层占总体的权重差不多这一条件。如果分总体之间的差异性大,而有些分总体规模较小,为了确保总数较少的个体在样本中有一定的数量,一般可采用非比例抽样。

(四) 整群抽样

整群抽样(cluster sampling)又称聚类抽样,是先将总体中各单位归并成若干个互不交叉、互不重复的集合(称之为群),然后以群为抽样单位抽取样本的抽样方式。整群抽样的理想状态是群内差异尽可能大,群间差异尽可能小。当群间差异不存在时,整群抽样得到的样本就可以完全代表总体。

在涉及区域广泛的研究中经常使用到整群抽样,因为它的可行度高。例如,要想对全国的学生进行一项调查,此时获得全国学生信息的工作量大且不容易开展,但是获得一个县市的学生完整名单却不难。因此,我们可以先抽县市,然后编制抽中县市的下一级抽样框,这样就大大减少了工作量。另外,整群抽样相比于其他概率抽样,样本相对集中,调查成本也可大大降低。

二、非概率抽样方法

非概率抽样(nonprobability sampling)又称为不等概率抽样或非随机抽样,是指调查者根据自己的条件或主观判断抽取样本的方法。这种抽样方法常用于探索性研究和预调查中。例如,为了调查"双十一"消费者的购买偏好,研究者到离他们最近的大学校园把正在路上行走的大学生选作调查对象。非概率抽样简便、易行,但其总体不明确,每个样本被抽中的概率不详,因此无法运用概率论和统计方法来推断总体,也无法计算抽样误差。

(一) 便利抽样

便利抽样(convenience sampling)又称偶遇抽样(accidental sampling),是指研究者根据实际情况,为方便开展调查,选择偶然遇到的人作为调查对象,或选择那些离得近的、容易找到的人作为调查对象。便利抽样认为被调查总体的每个单位都是相同的,因此把谁选为样本进行调查,其调查结果都是一样的。但事实上调查总体中的各个单位并非都是一样的。只有在调查总体中各个单位大致相同的情况下,才适合用便利抽样法。其中,"街头拦人法"和"空间抽样法"是偶遇抽样的两种最常见的方法。"街头拦人法"是在街上或路口任意找行人作为调查对象进行调查。例如,在街头向行人询问对市场物价的看法,或请行人填写问卷等;"空间抽样法"是对聚集的人群,从空间的不同方向和方位对他们进行抽样调查。例如,在商场内向顾客询问对商场服务质量的意见,在劳务市场调查外来劳工打工情况等。

便利抽样最大的优点是简便、经济、易于操作,在所有抽样方法中成本最低,耗时也最少。但是,这种方法存在一定的局限性,仅可以为总体提供部分信息,而不能对总体具有很强的代表性,抽样误差也较大,尤其是当样本之间存在显著的差异时。尽管便利抽样存在明显的局限性,但是考虑到它的便捷性,现实社会中经常可以看到像街头采访等便利抽样。

(二) 判断抽样

判断抽样(judgmental sampling)也称有意抽样(purposive sampling),是指调查人员根据主观经验判断选出最能够代表总体的样本方法。该抽样方法多应用于样本量很小或者对调查对象要求严格的情况中,例如,有关部门对福建省旅游市场状况进行调查,选择武夷山、泰宁金湖等旅游风景区作为样本。另外,当调查人员对自己的研究领域十分熟悉,对调查总体比较了解时也可采用这种抽样方法,以便获得代表性较高的样本。在探索性研究初期采用这种方法有助于发现问题。例如,研究商场倒闭的原因,可以主观根据经验挑选有代表性的商场进行研究。这样的研究结果有助于发现商场倒闭的原因,但不能得出普遍适用的结论。

判断抽样法具有简便易行、易符合调查目的和特殊需要、可以充分利用调查样本的已知资料、被调查者配合较好、资料回收率高等优点。判断抽样的缺点是受研究人员的主观倾向影响大。一旦主观判断偏差,则易引起抽样偏差,并且不能直接对调查总体进行推断。为此,要想充分发挥判断抽样法的积极作用,研究人员需要对总体的基本特征相当清楚,这样才可能使所选定的样本具有代表性,从而通过对所选样本的调查,了解整个总体的情况。

(三) 配额抽样

配额抽样(quota sampling)也称定额抽样,是先将总体依一定标准分层(群),然后主观判断各分层在总体中的占比,最后按照各层样本数与该层总体数成比例的原则抽取样本的方法。配额抽样与分层概率抽样很接近,最大的不同是分层概率抽样的各层样本是随机抽取的,而配额抽样的各层样本是非随机的。总体也可按照多种标准组合分层(群)。例如,在研究企业慈善行为产生负面效果问题时,考虑到慈善行为地域与品牌地域不一致可能对慈善行为产生负面效果,可将研究对象分为地区品牌全国性慈善行为、全国品牌地区性慈善行为、地区品牌地区性慈善行为、全国品牌全国性慈善行为,然后根据研究对象的特征非随机地抽样进行调查。

从理论上讲,配额抽样可以使样本的构成和总体的构成非常接近。但是,在实际操作中,由于研究人员的主观性、片面性,在判断总体构成时容易忽略重要的控制特征。这将导致样本的代表性在研究设计的开始就不强,在实践环节可能因此造成诸多困难。另外,每个配额内样本个体的选取也取决于研究人员的主观意识,这也容易出现抽样偏差。尽管配额抽样有上述不足,但是由于成本较低,容易操作,在研究中也经常被使用。

(四) 滚雪球抽样

滚雪球抽样(snowball sampling)是先确定少量符合要求的研究对象(样本),然后根据研究对象(样本)的介绍确定下一轮的研究对象(样本)。这样一轮接一轮地推荐下去,样本就会像滚雪球一样越来越多。滚雪球抽样主要用于寻找一些比较稀少或者特别的样本,像奢侈品爱好者等。由于具有这些特点的总体本身就比较少,采用其他抽样方法往往很难收集到大量数据,所以通过滚雪球抽样将增大收集信息的可能性,并且也在一定程度上降低了抽样的成本。

滚雪球抽样的优点是可以根据某些样本特征对样本进行控制,适用于寻找一些在总体中十分稀少的对象。相对于其他抽样方法,滚雪球抽样的调查费用相对较少,但是这种成本的减少是以调查质量的降低为代价的,甚至整个样本可能出现偏差。这是因为那些个体的名单来源于最初调查过的人,而他们之间可能十分相似。因此,样本可能不会很好地代表总体。

第三节　抽样过程

一、抽样步骤

无论采用何种抽样方法,抽样的基本步骤都如图 8-1 所示。

（一）界定总体

在进行正式调查之前,我们首先要对目标总体进行界定。目标总体是一项研究所要推论的所有个体的集合,是通过研究对其进行描述和推论的总体。研究应该根据内容、范围和时间三重标准定义目标总体,亦即确定调查对象的内涵和外延。另外,这种界定要和研究目标及要求相符,并要有理论依据。例如,某大型商场计划进行一项女性消费者购买满意度调查,其总体的定义为近 3 个月内在该商场进行过购物的所有女性消费者。在这个例子中,内容是购买过商品的消费者;对象范围是女性消费者;时间范围是调查开始前 3 个月内。

界定目标总体必须说明清楚。不明确的目标总体将导致研究受阻,甚至导致研究无效。例如,某母婴产品公司在推出一种新口味的婴儿奶粉之前,对刚出生小孩的母亲进行调查,让她们看了样品及产品说明以后,询问她们是否喜欢该产品。结果大多数母亲都说喜欢。但是,产品投放市场后销量却不佳,原因是婴儿不喜欢吃。该公司显然将研究总体弄错了,目标总体该是婴儿而不是母亲。

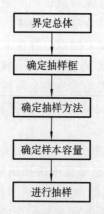

图 8-1　抽样的基本步骤

（二）确定抽样框

抽样框的确定是抽样调查中相当重要的环节,它是抽样调查的基础。在确定抽样框时,研究者应当尽可能保持抽样框和目标总体的一致性,以便减少抽样误差。抽样框可用所有样本总体成员的完整名单来定义,也可用界定样本总体成员资格的规则来定义。当无法事先编制完整的调查对象名单时,应该制定明确的规则,用来界定调查对象的资格。设计出了抽样框后,可采用抽签的方式或按照随机数表来抽选必要的单位数。如果没有抽样框,则不能计算样本单位的概率,从而也就无法进行概率抽样。

在编制抽样框时,应当避免遗漏、聚堆、重复、混杂等问题。遗漏问题是指抽样框遗漏了部分样本单位。例如,制定2011—2016年海尔客户名单抽样框时,遗漏了2015年的客户名单。聚堆问题是指缺乏个体样本的信息,只有个体样本聚堆在一起的信息。例如,研究对象是同学,但只有以班级为单位的抽样框。重复问题指同一样本单位重复出现。例如,问卷调查中,同一个调查对象填了好几份问卷。混杂问题指抽样框中包括部分非样本总体成员。例如,抽样总体由个人消费者构成,而电话号码簿中混有企业电话。

(三) 确定抽样方法

在概率抽样中,总体的元素被选取为样本的机会或概率是已知的。在非概率抽样中,并不知道元素被选取为样本的先决机会或概率。如果要求研究具有较高的共性,这时样本的代表性就特别重要。这时可使用概率抽样方法。如果时间或其他因素比共性重要,则通常会采用非概率抽样。这两类抽样方法设计有不同的抽样策略。要选择哪一种抽样方法,取决于研究所需得到的共性程度、研究时间、其他因素的需求以及研究目的。在做具体的研究项目时,研究人员要确定最合适的样本方法,并了解相关的抽样标准来评估各种标准在研究中的相对重要性。概率抽样方法和非概率抽样方法的优缺点详见表8-1。

表8-1 概率抽样与非概率抽样方法比较

方法	抽样策略描述	成本和使用广泛性	优点	缺点
概率抽样方法	简单随机抽样:研究人员给总体中的每个元素分配一个数字,然后随机选择样本单位	成本高;使用一般	不需要对总体有太多了解;容易进行数据分析和误差计算	当受访者较分散时,成本较高
	系统抽样:研究人员利用自然顺序或样本框顺序,任意选择一个起点,然后按照预先确定的间隔选择样本	成本中等;使用一般	取样简单容易查对	如果样本间隔与总体的周期性顺序相关,可能增大抽样误差
	分层抽样:研究人员把总体分成组,然后从组中随机选择子样本	成本高;使用一般	确保样本能够代表所有的组;可以估计和比较每一层的特点	需要准确了解每一层的比例;如果得不到分层名录,则准备成本较高

续表

方法		抽样策略描述	成本和使用广泛性	优　点	缺　点
概率抽样方法		整群抽样：研究人员将总体分为不同的组，然后随机抽取群组作为样本	成本低；常使用	如果按照地理位置定义群，会把现场调研的成本降至最低；能够估计群以及总体的特点	样本群相当少时，误差比其他概率样本大；研究人员必须把总体分到群中，否则会产生重复或遗漏
非概率抽样方法		便利抽样：选择最容易接触的个体作为研究对象	成本低；广泛使用	不需要对总体名录	可能出现没有代表性的样本；无法估计随机抽样误差；不适合做超出样本的推论
		判断抽样：专家或有经验的研究人员选择能够代表总体的样本	成本中等；使用一般	对某种类型的预测有用；保证样本满足一个特定目标	专家本身可能导致偏误，使样本不具代表性；不适合做超出样本的推论
		配额抽样：研究人员根据相关性质把总体分类，确定每类的样本比例，然后把定额分给采访对象	成本中等；使用广泛	引入总体的分层，不需要总体名录	研究人员给对象分类时会产生偏误；无法估计分类内部非随机选择导致总体平均数的误差；不适合做超出样本的推论
		滚雪球抽样：利用概率抽样选择最初的受访者，得到其他受访者	成本低；在特定情况下使用	寻找罕见总体时，比较有用	由于样本单位不独立，会产生偏误；不适合做超出样本的推论

（四）确定样本容量

样本容量（sample size）又称样本数，指一个样本中必要的抽样单位数目。在组织抽样调查时，抽样误差的大小直接影响样本指标代表性的大小，而必要的样本单位数目是保证抽样误差不超过给定范围的重要因素之一。因此，在抽样设计时，确定好样本单位数目才能保证样本的代表性。样本的容量太小会导致参数估计值的大小和符号违反管理学理论和实际经验。从建模需要来讲，样本容量越大越好，但收集与整理样本数据是一件困难的工作。因此，选择合适的样本容量，既能满足模型估计的需要，又能减轻收集数据的困难。

（五）进行抽样

当上述四项准备工作完成后，剩下的工作就是进行实际的样本抽取。

二、样本容量

（一）公式法确定

一般来说，抽样调查的目的是通过样本推断总体，而推断的可靠性和精确度与样本规模有密切关系。置信度和置信区间是说明抽样可靠性与精确度的两个重要概念。置信度又称置信水平，是指总体参数值落在样本统计值区间的概率，它反映抽样的可靠程度。置信区间，是指在一定置信度条件下，样本值与总体值之间的误差范围，它反映抽样的精确程度。置信度越高，即推断的可靠程度越高，所要求的样本规模也越大。置信区间越小，即样本值与总体值之间误差范围越小，所要求的样本规模就越大。反之，则要求的样本规模越小。在简单随机抽样中，样本规模与置信度、抽样误差之间的关系，可用下列公式表示：

$$n = \frac{\sigma^2 t^2}{\Delta^2}$$

其中，σ 为总体的标准差，通常根据经验数据获得。如果总体的标准差是未知的，可以根据以下方法做粗略估计：正态分布的变量的标准差大约等于全距除以 6，5 级量表的标准差在 1—1.5，7 级量表的标准差在 1.2—2.0。t 为与置信水平相对应的概率度值。与 95.45% 的置信水平相对应的 t 值约为 2；与 99% 的置信水平相对应的 t 值约为 2.58。Δ 为允许的误差，即样本均值和总体均值之间的最大允许差异。

例如，调查快餐族每月吃快餐的平均次数。首先确定误差估计值不得超过 0.1，这个数值将作为 Δ 值代入公式。然后确定实际总体平均值在区间内的置信度为 95.45%，即 2 倍标准差范围内。此时 t 值为 2。最后确定 σ 值，一年前做过类似的调查，其标准差为 1.39。将这些数值代入公式，可得到样本量为：

$$n = \frac{\sigma^2 t^2}{\Delta^2} = \frac{2^2 \times 1.39^2}{0.1^2} \approx 773$$

在管理学中，我们还会对总体中具有某一特征的个体的比例（例如最近 30 天内购买某一消费品的客户中女性消费者所占的比例）感兴趣。此时的统计量是比例而非均值，其样本量的确定公式和均值样本量的确定公式很相似，如下：

$$n = \frac{p(1-p)t^2}{\Delta^2}$$

其中，t 和 Δ 的含义同均值样本量公式中的相同。p 指估计的总体比例，通常根据经验数据获得。如果实在无法估算，可对 p 值做最悲观假设，即为 0.5，此时计算的样本容量最大。

例如，调查最近 90 天曾在网上购物的所有成年人的比例。首先，确定可接受的误差水平为 4%，把 0.04 代入 Δ 值；然后确定置信度为 95.45%，把 2 代入 t 值；一年前类似调研的结果表示 p 值为 5%。代入公式可得：

$$n = \frac{p(1-p)t^2}{\Delta^2} = \frac{0.05 \times (1-0.05) \times 2^2}{0.04^2} \approx 119$$

（二）查表法确定

如果事先知道总体的数目、置信区间的大小、抽样误差的允许范围，那么通过查阅博伊德样本容量表就可以对应找到所需要的样本数量。

第四节 研 究 效 度

一、定量研究中的效度问题

在定量研究中，研究者通常想要明确某一自变量带来的影响，并希望能够将研究结果推广到研究范围之外。我们希望所进行研究的结果是可信的（不管它是实验研究还是非实验研究），也希望我们从研究结果中做出的推论是有效的。更正式一点来说，如果将研究再做一次（重复研究）仍能获得同样的结果，这就表示研究具有一定的研究信度（research reliability）。

而研究效度（research validity）则指的是由研究结果所做推论的正确性和真实性。然而，在每一项研究中，都可能存在自变量以外的某些变量影响因变量或限制推广研究结果的可能。例如，如果你在调查父母在孩子教育上的参与度（自变量）对孩子成就测验分数（因变量）的影响，你可能希望得出结论——父母的参与度越高孩子成就测验的分数越高。但是，如果高参与度父母的孩子同时也是很聪明的，那么更高的成就测验分数可能是由孩子更高的智力导致的。在这样一个例子中，智力就是一个无关变量（extraneous variable），这一变量不是你要具体研究的却很可能已经造成研究结果的混乱。

无关变量可能会也可能不会使你的研究产生混乱。如果无关变量系统地随自变量而发生变化，而且还影响因变量，那么它们就是难以确定的。这些不确定的无关变量有时也被称为混淆变量（confounding variables）。如果研究中出现了一个不受控制的混淆变量，那么你就不可能从所收集的数据中得出清晰而有效的结论。明确并控制所有可能会威胁研究结论的混淆变量是非常重要的。

为了说明无关变量是怎样造成研究结果的混乱并产生模糊不清的结论的，我们可以假设一个"百事挑战"研究。假设百事想要进行一项旨在证明其产品比可口可乐更受人们喜爱的研究。在这个研究中，以随机顺序给研究参与者一杯标有"M"字母的百事可乐和一杯标有"Q"字母的可口可乐。研究参与者分别品尝两种杯中的饮料，之后表明更喜欢哪一杯。现在假设80%的研究参与者表明更喜欢标有"M"字母杯子中的饮料。百事公司会以此来证明它的产品比可口可乐更受人们喜爱。但是，是否同标有"Q"字母的东西相比，人们更喜欢选择标有"M"字母的东西呢？这可能也会影响研究参与者对饮料的选择。如果杯子上的字母的确影响了选择，那么研究结果就是模棱两可的，因为无法辨别出研究参与者的选择是由于饮料本身还是由于杯子上印着的字母。这是一种精细的无关变量，它能系统地造成研究结果的混乱并产生模糊不清的结论。

这里的一个关键点在于无关变量必须是随着自变量系统地变化并影响因变量，导致研究结果产生混乱。许多无关变量也许存在于研究中，但并没有对研究结果产生混淆性的影响。譬如，可以将百事挑战研究中的两种饮料盛放在玻璃杯、纸杯或者塑料杯里。容器的类型会影响个体对饮料的评价，例如把饮料放在玻璃杯里可能会比放在塑料杯里得到一个更高的评价。容器的类型可能成为影响研究参与者做出选择的无关变量。但是，如果将两种饮料放在完全相同的容器里，那可能就不会产生混淆性的影响，因为容器的类型作为无关变量的影响对所有研究参与者来说都是保持不变的。

当无关变量对每个研究参与者都产生同样影响或它们在每个研究参与者之间保持不变时，无关变量就不是混淆变量。只有当它们系统地影响着一个组别，而不影响另一个组别或对一种研究条件产生一种影响，而对另一种研究条件产生另一种影响时，它们才是制造混乱的无关变量。这类混乱可以在我们假定的百事挑战研究中见到，因为百事饮料是装在带有字母"M"的杯子里的，导致更多人选择百事饮料，而不选择带有字母"Q"的杯子所装的可口可乐饮料。这一问题在于杯子上的不同字母对研究参与者产生了不同的影响，甚至系统地影响着研究参与者对所需饮料的选择。

我们必须把这类混乱从研究中消除掉。遗憾的是，我们进行研究的时候，并不知道哪些无关变量可能是混淆变量。因此，我们必须运用自己的直觉、过去的研究以及一般性的本能去识别潜在的混淆变量，然后设计一个能够控制或消除混淆变量的影响的研究。要消除这些混淆变量并得出有效结论，你需要知道进行一个未被影响的研究所要满足的标准，还要了解一些经常以无关混淆变量面目表现出来的变量类型。

在定量研究中，通常使用四种主要效度，即内部效度、外部效度、结构效度以及统计结论效度，来描述从研究结果的效度。我们现在就探讨这四种效度类型，并分析对这些效度类型产生威胁的因素。在了解这些威胁时，你应该意识到并不是所有因素都会发生在每一项研究中。任何一个威胁发生的可能性都会随着研究情境的变化而变化。然而，考虑这些威胁很重要，能够提高你预判这些威胁存在的准确性，从而能够为此而采取一些应对措施。如果在研究进行之前能够预判一个威胁，那么你就可以设计研究来排除它。即使不能实施设计控制，你也可以直接测量这个威胁，然后进行统计分析，以确定它是否在研究中产生了实际影响，并思考这种结果是否可以合理地解释观测到的关系。

二、内部效度

内部效度(internal validity)是由坎贝尔和斯坦利在1963年创造的一个术语。之后，库克和坎贝尔(Cook，Campbell，1979)把这一概念提炼为"我们推断两个变量间存在因果关系的近似效度"。这可能使你将内部效度也称作"因果效度"，因为那正是它的确切含义；它就是关于建立可靠的因果关系的证据。

尽管我们进行研究是出于描述、探究、解释、预测及改进等多重目的，但是大量的研究也将其目标定位为试图确定所研究的自变量和因变量之间是否存在因果关系。

(一)两种主要的因果关系类型

沙迪什、库克及坎贝尔指出因果关系存在两种不同类型,即因果关系描述和因果关系解释。因果关系描述(causal description)指的是描述操作自变量的结果。因果关系解释(causal explanation)指的是解释因果关系是通过何种机制在何种条件下发生的。譬如,假设进行一项研究,旨在调查在导游的培养教育中引入一个长达10个月的集中实习计划所能带来的益处。进一步假设这项研究证明了同接受传统的2—3个月实习期的导游相比,参加该项计划的导游在之后带团过程中得到了更高的评价,即认为对他们的培育更有效率。

这项研究提供了因果关系描述的证据,因为它描述了存在于集中实习计划(与传统模式相比)和后期教学效果之间的全部关系。因果关系解释需要确定并证明参与集中实习计划的过程是如何引起参与者后期带旅游团中效率上的改变的。一般而言,一旦呈现了因果关系描述,那么大量的后续研究就是解释这种描述性的关系为何存在以及怎样存在的(也就是说,因果关系解释研究通常在因果关系描述研究之后)。

(二)推断因果关系的条件

得出因果关系的结论(自变量的改变引起了因变量的改变)需要三类条件。

1. 需要证据证明自变量和因变量是有关的

自变量的改变与因变量的改变一致吗?譬如,假设你想知道不去上学(自变量)是否会对学生的学习成绩(因变量)有影响。如果这两个变量之间没有关系,那么一个就不会影响另一个;但是,如果两个变量之间有关系,那么它们可能存在因果联系。请注意,我们使用的是可能这个词,是因为关联、共变或相关的证据并不能充分证明因果关系的存在。对于推断因果关系来说,相关性的证据是必要的但不是充分的。

2. 研究的变量要遵循正确的时间顺序

原因一定先于结果。这意味着你需要了解事件的时间顺序。如果你不能构建正确的时间顺序,那么就存在模糊时间优先(ambiguous temporal precedence)问题。在实验研究中通常不存在这一问题,因为研究者要先操纵自变量,然后研究结果。在某些非实验研究中,特别是在一些只针对两个变量间的相关度进行的研究中,变量A是否先于变量B变化(或变量B是否先于变量A变化)常常是不太明确的。譬如,假设你在一个时间点上就两个变量——犯罪行为和监禁,从一个1500人的样本中收集自陈式数据(self-report data)。另假设你的分析显示出犯罪行为的频率和监禁的频率存在正相关。

从表面上来看,你可能会认为因果关系的指向是从犯罪行为到监禁。然而,许多个体是在监禁期间,通过与其他个体交往而获得了从事犯罪行为所需的技术,因此监禁可能导致更多的犯罪行为。在这个非实验研究中,很难确定哪个变量是原因,哪个变量是结果,因为我们难以确定哪个变量先发生变化。事实上,这种关系很有可能以两种方式发生,但是因为你是在单一的时间点上收集数据,因此无法了解这一更加复杂的关系。请记住这个关键点:如果你想明确表述某一因果关系,那么你必须要有这种关系在时间顺序上的证据,因为原因一定先于结果。

3. 研究的变量是有直接因果联系的,而不是由某一混淆无关变量连接的

我们必须要寻找那些不同于自变量的,或许能够解释在因变量中观察到的变化的

变量,并且排除这些与假设相互矛盾的解释。在"百事挑战"实验中,杯子上的字母就代表了一种对参与者选择倾向的替代解释。在学生成绩与出勤情况的案例中,学生所得的分数和他们在学校的出勤情况很有可能都受到父母监控子女的情况影响。那些行为没有受到父母监控的孩子可能会有更糟糕的成绩以及更低的上课出勤率,而受到父母监控的孩子则可能会有更优异的成绩以及更高的上课出勤率。在这种情况下,学习成绩与上课出勤之间仍存在一种关系,但是这一关系存在的原因是第三变量:父母监控。简单来说,第三变量(third variable)是用于指代混淆无关变量的另一种术语。第三变量问题指的是所关注的两个变量相关可能不是因为它们彼此存在直接的因果联系,而是因为它们都与某一第三变量相关。

研究者不能仅仅因为两个或多个变量相关而随意地假设因果关系的存在。在得出因果关系结论之前,还必须满足另外两个条件,即建立正确的时间顺序以及排除能带来替代解释的第三变量。在强实验设计中,以上这些条件是很容易满足的。因为实验者会主动操纵自变量的表现形式,并观察其对因变量的影响;实验者会把参与者随机地分配到实验组和控制组,以保证在所有无关变量上,两个组别都是相同的。

非实验研究也经常试图推断因果关系。在非实验研究中,由于呈现事件的时间序列是困难的,因此更难满足条件二——呈现因果关系的方向。由于非实验研究的数据收集是基于单一时间点的,并且只检验两个变量之间的关系,因此在非实验研究中排除混淆变量,即第三变量问题的可能性影响是特别困难的。

(三) 单组设计内部效度的威胁因素

要推断一个变量是观察到的另一个变量效应的原因,我们必须控制所有其他可能的原因。这些其他可能的原因就是影响内部效度的威胁因素,因为它们是对所得结果的竞争性解释或矛盾性解释或替代性解释。当存在这种解释的时候,我们不可能得出任何带有确定性的因果关系解释,同时也会造成一个极不可信的、令我们无法认真看待的结果。这就是为何必须控制以及消除这些因素的系统性影响的原因。

现在,我们开始讨论那些在单组研究设计中较为突出的威胁因素。最常用的单组研究设计是单组前后测设计(one-group pretest-posttest design)。在这个研究设计中,先就某一因变量对一组参与者进行前测,然后对他们实施一个处理条件,在实施了处理条件后,再就因变量对他们进行后测。其中内部效度的威胁因素有以下五点。

1. 历史

历史(history)指的是除任何计划安排的处理事件外的特殊事件,它发生在对因变量的第一次测量和第二次测量之间。历史会影响处理效应,也会影响对因变量的后测。因此,这些事件与处理效应相混淆,并成为关于前测与后测之间所发生变化的竞争性解释。

2. 成熟

成熟(maturation)指的是随着时间流逝发生在个体内部的生理或心理的变化,譬如成长、学习、厌倦、饥饿以及疲劳等。这种变化可能会影响被试在因变量上的表现。因为这种变化或许会改变因变量的测量结果,因此它们代表了影响研究内部效度的因素。当你采用了单组前后测设计,并在前测和后测之间实施了一个处理,你或许会推断所产生的变化是由于你所实施的处理。但不幸的是,从前测到后测所测量到的任何变化甚至所有变化都可能是由成熟带来的,而不是你所实施的处理造成的。

譬如,假设你想评估一个新的研学旅行项目对三年级儿童自我效能发展的影响。为了检验这个项目的效果,你决定在一组三年级儿童进入这一项目之前,对他们的自我效能进行前测,然后在他们参加这个项目一年之后,再对他们进行后测。最终,你或许会发现儿童们的自我效能获得了巨大的提升。尽管把儿童自我效能的提升归功于你的新项目是很有诱惑力的,但不可否认这种全部或部分的提升也许是由于成熟的影响,或者说即使没有这一项目,儿童自我效能的提升也会发生。因此,成熟因素的影响代表了一种对儿童自我效能提升的竞争性解释,它成为影响研究内部效度的因素。

3. 测试

测试(testing)指的是被试在第二次测验上发生的得分变化可能是之前参加过测试的结果。换句话说,不考虑前测和后测之间的任何处理效应或实验操纵干预的影响,参加过一次前测的经历可能就会改变后测的结果。参加前测会发生许多事情,而这些事情会改变一个人后来参加同样测验的成绩。参加测验使你对测验的内容很熟悉。测试之后,你会思考你所犯的错误,如果你再次参加这个测验,这些错误则能够得到改正。当再次进行这个测验时,你对这个测验已经非常熟悉,也许还记得之前的一些答案。这些都会导致成绩的提升,而这一提升与一开始或之前进行的测验完全相关。由测验效应所带来的任何成绩变化都影响着单组研究的内部效度,因为它充当了对处理效应的一个竞争性解释。不管何时,在不同场合进行同样的测验,都需要采取一些控制措施来排除测验作为竞争性解释的影响。

4. 工具

工具(instrumentation)指的是测量工具所引发的任何变化。工具作为威胁因素,主要通过两种方式发生作用。

第一种方式是前测所使用的测量工具与后测所使用的测量工具不同。如果前测和后测所使用的测量工具不一样,那么两种成绩之间也会有所不同,因此前后测的不同可能完全是由评估成绩的方式不同所造成的。譬如,失读症儿童第一次接受一个韵律敏感性测验,两年后再接受一个不同的韵律敏感性测验。如果将第一次的韵律敏感性测验成绩和两年后的第二次测验成绩做一个比较,所观察到的任何不同都可能是由于儿童的韵律敏感性在不断发展。然而,它也可能是由两种测验测量韵律敏感性的方式不同所引起的,这是一种工具效应,它代表了对观察到的任何韵律敏感性变化的一种竞争性解释。

工具效应进入一项研究的第二种方式是通过观察来收集数据。许多教育研究者都使用人类观察者来收集数据。不幸的是,像教师这样的人类观察者常遭受诸如疲劳、厌倦及学习过程的影响。在实施智力测验的过程中,随着时间的流逝,测试者通常会掌握技巧和技能,并从给定的附加测试中收集更可靠、更有效的数据。观察者和访谈者也会被用来评估各种实验处理的影响。譬如,访谈者可以通过进行访谈或观察特定类型的行为,或在收集的数据上制造变化(这种变化无法归因于参与者,又无法归因于研究中检测到的何实验条件)来获得额外的数据变化。这就是为何使用人类观察者收集数据的研究通常会安排多个观察者,并且让每一个观察者都参加培训的原因。通过这种方式,可以使一些在观察中固有的偏见缩减到最低程度,同时,不同的观察者也可以充当彼此的核查员,以确保收集到精确的数据。

5. 回归假象

回归假象(regression artifacts),又称趋中回归,是指极端(高或低)分数向第二次测试或评估的均值回归或移动的事实。许多教育研究都是以这种方式来设计的,即为了评估变化,被试在接受实验处理的前后都要接受测试。此外,这类研究经常调查特殊群体,如有学习障碍的儿童,或者有特定缺陷的人,如较差的阅读能力或较差的数学能力。我们通常是以获得极端分数(比如,较低的阅读理解分数)来鉴别被试中的特殊群体。在挑选了被试之后,会对他们实施某些实验处理,以改善这一缺陷或改进特殊条件。这样,从前测到后测的任何正向改变通常就都是治疗项目有效的证据。但是,由于低分数被试在后测中得到更高的分数,可能不是因为实验处理效应而是因为回归假象,这类研究的内部效度会受到影响。

(四) 多组设计内部效度的威胁因素

在讨论多组设计中影响内部效度的威胁因素之前,我们首先要提出一个关键点,即如果包含一个控制组,那么就要排除所有之前讨论过的单组设计内部效度的基本威胁因素。然而,增加一个控制组就会导致形成一个多组研究设计(multigroup research design)。

添加一个控制组(从单组设计变为多组设计)使你能够从自变量的影响中排除一些基本威胁因素的干扰。只要两组都受到基本威胁因素(如历史、成熟、测试、工具以及回归假象)的影响,那么就不会在多组研究设计出现这些问题,因为通过比较实验组和控制组将确定处理效应。只要基本威胁因素同等地影响着两个组,那么两组之间没有任何差别可归因于这些基本威胁因素。相反地,在单组设计中,你必须通过比较被试在单组中的前测分数和后测分数来确定处理效应,并且你无法把任一基本威胁因素的影响从处理效应中分离出来。

如果一个设计存在基本威胁因素,而另一个设计不存在,那么你会立刻看到,在后一组设计中,这些基本威胁因素会以更加复杂的形式出现。同时,为了加以区别,这些威胁因素都有了不同的名字。

1. 差别选择

如果在研究开始阶段,不同被试组(如实验组和控制组)的被试的特性就存在差异,差别选择(differential selection)(有时称选择)就是多组研究内部效度的一个威胁因素。不同组别的被试可能在许多方面都存在差异。这种差异存在的一个条件是,作为研究者,你必须使用已经形成的多个被试组。

譬如,假设你想使用比较接受处理条件的实验组和未接受处理条件的控制组的双组设计去检验增强儿童学习动机的程序。你要对一组四年级儿童实施这一程序,并在实施之后,将他们的学习动机同一组未接受过这一程序的四年级儿童进行比较。在进行这项研究时,你获得了各方许可。然而,你发现你必须对一个四年级的班级实施实验程序,并把这个班的成绩同另一个四年级的班级(你的控制组)进行比较。这似乎不是问题,因为他们都代表四年级学生。但是,在进行研究之前,并没有证据说明这两个班的学生有着同样的学习动机。如果接受实验的班级在进行研究之前已经有了更高的学习动机,那么他们很自然地会在实验完成后显示出更高的学习动机。因此,两个四年级班级在学习动机上的差异可能完全是由于差别选择的存在。这就是为何随机分配如此重要的原因。

2. 附加交互作用

附加交互作用(additive and interactive effects)指的是这样一种情况,在多组设计中内部效度的威胁因素会相互结合产生复杂的偏差。当我们讨论这些威胁因素时,请记住一个核心观点,即在多组设计中,你的目标是要使相互比较的组(如实验组和控制组)在除自变量(自变量描述了要比较的不同条件)之外的所有变量方面相类似。在实验开始时,就所有无关变量而言,"保证组间相等"的最好方式就是采用随机分配。无论如何,一旦实验开始,你必须继续以同样的方式对待实验组和控制组,唯一的例外是被试要接受自变量规定的不同处理。

如果两个相互比较的组的被试具有显著差异,会与任何基本的威胁因素相结合。譬如,当两个组的被试接触同一历史事件,却对其有不同的反应时,一种选择-历史效应(selection-history effect)就出现了。当两个组的被试接触不同的人时,这种交互作用也会出现。如果两个组的被试以不同的速率发展成熟,那么选择-成熟效应(selection-maturation effect)就出现了。当两个组的被试接触不同的人,尤其是当一组(实验组)被试同另一组(控制组)被试相比,以不同的速率发展成熟,这种影响就会产生。譬如,你在比较6岁和10岁的儿童,在研究结束时,因变量存在的部分差异性或许就是因为两个组的被试以不同的速率发展成熟。

缺失(attrition)指的是有些被试并没有完成结果测量的情况。这可能有各种各样的原因,譬如,没有在预定的时间和地点出现或没有全程参与研究。差别缺失(differential attrition)(又称"选择-缺失")指的是在多组设计中,当未完成结果测量的被试数量在不同的组中存在差异时产生的偏差。当这种偏差以造成因变量组间差异的方式而使不同组之间有所不同时,它就成了一个问题。

类似地,其他三个基本的威胁因素也会与选择发生交互作用。如果两个组被试对参加前测的反应不同,并由此导致了因变量的组间差异,那么就会出现选择-测试效应(selection-testing effect)。如果两个组对一个测试工具影响的反应不同,那么就会出现选择-工具效应(selection-instrumentation effect)。最后,如果一个组的分数比另一组更多地回归到平均值,那么这时就会出现选择-回归效应(selection-regression effect)。

三、外部效度

(一) 外部效度

外部效度(external validity)是由坎贝尔和斯坦利于1963年创造的术语,后在2002年由沙迪什、库克和坎贝尔进一步扩展,是指研究结果可以推广到不同总体的人群、情境、时间、结果及实验处理变式的程度。这一概念或许会使你称外部效度为推广效度,因为那就是它的真正含义。对科学的基本假设之一就是人类行为是有规律的,而我们可以通过系统的研究来发现这些规律。不论我们何时进行研究,我们都试图发现这些规律。但是,我们所进行的每一项研究都是针对一个特殊的群体样本,在一个特定的环境下,设置一个特定的自变量,得出特定的结果的,并且是在一个特殊的时间点上进行的。

要推广单个研究的结果,你必须首先确定关于群体、情境、时间、结果及实验处理变式的目标总体,然后从这些总体中随机选择,以便得到一个对这些总体有代表性的样本。考虑到研究的经费、时间及精力,以及事实上结果和处理变式的总体可能并不清楚以致无法恰当地取样,大多数研究都不能从有关人群、环境、时间、结果及实验处理变式的总体中随机取样。因此,所有研究都包含一些威胁外部效度的特征。我们将讨论每一威胁因素,以便你能够了解一些限制研究推广的因素。

(二) 总体效度

1. 总体效度

总体效度(population validity)指的是将研究结果从一项研究的样本推广到更大的目标总体以及目标总体中不同类型的群体的能力。目标总体(target population)是指更大的总体,譬如有学习障碍的所有儿童(研究结果要推广的对象)。在更大的目标总体中,会有许多亚群体,譬如有学习障碍的男童和女童。因此,总体效度包含两部分,一部分是从样本推广到目标总体的能力,另一部分是从样本推广到目标总体中不同类型的群体的能力。

将研究结果从样本推广到更大的目标总体要经历两个步骤,首先要界定相关的更大的目标总体,并从这个目标总体中随机抽取一个样本。随机抽取能够使样本代表目标总体的可能性达到最大。之后,从样本的特征推断总体的特征。当研究能基于样本特征来确定总体特征时,其中的样本类型就是理想的。这种理想化的安排通常在调查研究中才能实现。遗憾的是,从目标总体中随机抽取一个样本几乎是不可能的,一方面是因为一些实际问题,比如资金;另一方面是因为现实的局限性,比如我们随机抽取样本的目标总体全部成员的名单并不存在。因此我们通常只是从一个可获得总体中抽取我们的样本。

2. 可获得总体

可获得总体(accessible population)指的是研究者能够找来参加研究的一组研究参与者。他们可能是在某个景区旅游浏览或是在某个星级酒店住宿的游客。将研究样本结果推广到更大的目标总体需要经过两个步骤。首先,我们必须从参加研究的样本推广到可获得总体。如果参加研究的人群是从可获得总体中随机抽取的,那么这个步骤很容易完成。如果被试样本是随机抽取的,那么它一定具有代表性,这意味着我们可以从这个样本的特征推断出可获得总体的特征。如随机抽取"十一"假期中某个景区游客500人,那么研究所得结果就可以推广到那个景区所有的游客身上。如果所抽取的研究被试样本不仅是可接近的,而且是自愿的,那么这一研究将更有代表性。

推广过程的第二步是指从可获得总体推论到目标总体。这是你想要做出的推论,但不幸的是,由于可获得总体很少能代表目标总体,所以你几乎无法自信地去进行推广。譬如,你所进行的研究证明发展乡村旅游的一种新方法能够提高村民参与乡村旅游的积极性,那么你会理想化地想要将研究结果推广到所有乡村的村民身上。为了能够做出这样一个结论,参与研究的村民样本必须是从目标总体中随机抽取的,但这几乎是不可能的。因此,你可能只好从一个可获得总体(如某所乡村或某个地区)中随机抽取样本。但是,一个乡村甚至是一整个地区也不能代表目标总体。正如你所看到的,将研究结果推广到目标总体通常是一个困难的过程,因为大多数研究的参与者样本都不是从目标总体中随机抽取的。

3. 生态效度

生态效度(ecological validity)指的是将研究结果推广到不同环境的能力。譬如,一项研究在某所学校中进行,使用了既慢又过时的旧电脑。如果可以将这项研究所得结果推广到其他环境(例如,一所配备了最先进技术的学校),那么这项研究就具有了生态效度。因此,在某种程度上来说,当研究结果独立于所进行研究的环境时,生态效度才会存在。

能够影响推广研究结果能力的微妙的环境因素之一是被试对他/她参与研究的事实的认识,这是一种反应性效应。反应性(reactivity)指的是被试由于意识到自己在参加一项研究而发生的行为改变。它类似于许多人第一次上电视时的行为改变:当你知道摄像机在对着你时,你的行为可能会转变成一种"电视"行为。在研究中,当你知道自己身处于一项研究之中,你也可能会改变自己的行为。因此,这种反应性效应对研究的内部效度和外部效度都有所影响。

4. 时间效度

时间效度(temporal validity)指的是将研究结果推广到不同时间的程度。由于大多数旅游者心理行为研究都是在一段时间中进行的,因此时间效度就存在问题。尽管在收集的那段时间,数据是有效的,但是我们无法保证若干年后,同样的结果仍会有效。通常我们假设研究结果跨越不同时间而不改变。未经认真考虑的时间变量会威胁研究的外部效度。

5. 结果效度

结果效度(outcome validity)指的是将研究结果推广到不同但有关的因变量的能力。许多研究旨在调查某个自变量对一个因变量或多个因变量的影响。结果效度是指自变量影响若干相关结果测量的程度。

四、结构效度

结构效度(construct validity)指的是在特定研究中能够准确地呈现高阶结构(譬如求助、教师压力或失读症)的程度。结构效度的形成有赖于对感兴趣的概念有一个清晰的定义和解释。但是,每一个概念(如旅游满意)都有多重特征,这对识别一个概念的典型特征带来了困难。我们所使用的概念具有抽象性,这个问题在旅游研究中更加严重。旅游研究多聚焦于旅游动机、旅游服务满意度、旅游从业人员职业倦怠、旅游者感知及旅游忠诚度等,而这些都是难以精确定义的概念。由于我们所使用的许多概念都具有抽象性,且对它们的含义缺少明确的解释,因此,在研究所要呈现或测量概念的方式与我们想要呈现的高阶结构之间,通常存在着一种不完美的关系。

当研究者试图在他们的研究中呈现感兴趣的概念时,任何概念的多重特征以及许多概念缺少清晰的典型特征都为研究者带来了困难。那么,研究者该怎么做呢?研究者需要掌握他/她所研究概念的可用知识和测量措施,并识别出他/她所进行的研究中呈现一个概念的具体方式。在这里我们引入了操作化定义的概念,对于研究者来说,它是一个重要的沟通工具。操作化(operationalism)指的是用一系列具体的步骤或操作来表征术语或概念。

研究者应该为其目的或感兴趣的概念选择最佳的测量。在撰写研究报告时,要证明所使用的特定测量是合理的(给出理由)。例如,对于研究者来说,求助的操作化定义(它们的结构表征)使得求助方式的定义及解释更加明确。然而,要注意到,这并不是一个人可以寻求帮助的唯一方式。人们也可以通过去图书馆查阅参考资料来获得帮助。需要记住的关键点是,为了保证沟通的准确性,详述操作是必需的。这就是操作化定义的魅力所在。它们以一种具体和特定的方式详细说明了在一个给定的研究中如何表征或测量一个概念。这种程度的明晰性才能产生关于这个概念的准确交流,并且能够帮助其他人重复这些步骤,以同样的方式表征这个概念。

测量总是会存在某种测量误差。确定概念的操作化定义有许多不同的方式,每一种操作化定义只表征概念的一部分。某些测量误差一直都会存在。对一个概念的最准确描述就是通过多种不同的方式测量它。随着对同一个概念的测量越来越多,就越有可能更全面、更准确地描述这个概念。采用多种方式测量一个概念叫作多重操作化(multiple operationalism),它是值得推荐使用的研究方式。它先具体规定一套操作作为概念的表征,然后假设这是对预定概念甚至是对感兴趣概念的某些组成部分的一种有效测量。但这是不够充分的,仅仅操作化定义一个概念并不足以保证能够成功地表征这个概念。操作的全部意义在于用特定而具体的术语来说明一项特定研究表征概念的方式。

五、统计结论效度

统计结论效度(statistical conclusion validity)指的是能够用来推断两个变量是否相关及其相关强度的效度。从这个定义中,你可以看出统计结论效度指的是统计推断。你所要做的第一个统计推断就是自变量和因变量之间是否存在关系,第二个统计推断就是对自变量和因变量之间关系强度的一个估计,这两个推断都依赖于统计检验。做出研究的变量是否相关的推断,通常会涉及零假设显著性检验。现在,你所需要知道的就是零假设统计检验涉及使用统计检验来决定自变量和因变量是否相关。做出变量之间关系强度的推断会涉及效应大小的估计。对效应大小的估计是通过计算一个统计指数而获得的。人们称这个统计指数为效应指标(effect size indicator),它能帮助你估计自变量和因变量之间关系的强度。

从表面上来看,如果正确地进行了统计检验,似乎就能够合乎逻辑地得到有效的推断。但是,当对两个或多个变量之间所存在的关系以及这些变量间关系的幅度进行推断时,研究者可能会出错,而出错的原因是多种多样的。我们不去探讨这些威胁因素,因为它们主要是一些统计问题,而这些问题超出了这本书的范围。然而,我们的确想让你意识到,你根据统计检验结果所进行的推断,可能是有效的也可能是无效的,而它们是否有效取决于各种威胁因素是否存在。

本章小结

(1) 抽样是根据一定的程序和规则,从研究总体中抽取其中的一部分进行观察,由此获得有关总体信息的过程,其基本要求是要保证所抽取的样本单位对全部样本具有充分的代表性。抽样的目的在于通过对被抽取样本单位的分析来估计和推断全部样本的特性。

(2) 抽样的常用语包括:总体、样本、抽样单位、抽样框。

(3) 抽样误差是指由于随机抽样的偶然因素导致抽取的样本不足以代表总体而引起抽样指标与总体指标之间的偏差。抽样误差的影响因素主要包括:样本单位数、总体各单位标志值的变异程度、抽样方法的选择、抽样组织方式的不同。

(4) 抽样分为概率抽样和非概率抽样,其中概率抽样的策略包括:简单随机抽样、系统抽样、分层抽样、整群抽样;非概率抽样的策略包括便利抽样、判断抽样、配额抽样、滚雪球抽样。

(5) 抽样的步骤包括:界定总体、确定抽样框、确定抽样方法、确定样本容量、进行抽样。

(6) 在定量研究中,通常评估四种主要效度:内部效度、外部效度、结构效度以及统计结论效度。

章节练习

(1) 什么是抽样?抽样的目的是什么?

(2) 抽样的常用语是什么?每个常用语的概念是什么?

(3) 什么是抽样误差?影响抽样误差的因素有哪些?在抽样调查中如何避免这些误差?

(4) 在进行抽样之前需要进行什么准备工作?其中你认为最重要的是什么?为什么?

(5) 在进行定量研究时,要尽可能提升自身研究的效度。那么如何才能提升自身研究的效度呢?

第八章自测习题

SECTION

4

第四部分　定性研究方式

第九章
定性研究概述

学习目标

1. 了解定性研究的概念和特点。
2. 了解定性研究的目的和方法。
3. 了解并掌握定性研究的类型。
4. 了解并掌握定性研究中的效度问题。

知识体系

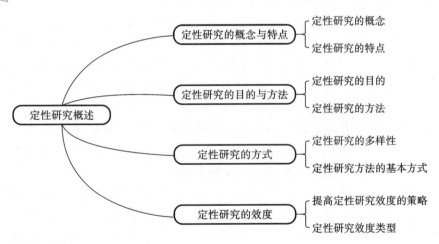

定性研究作为与传统的定量研究有着显著差别的研究类型和研究策略,越来越多地受到社会科学各个学科领域中的研究者的关注和重视。不同学科中运用定性研究方法开展的社会研究也在不断增加。正如有学者所指出的,定性研究已逐渐成为"定量研究的有益补充或替代方案"。然而,或许是由于定性研究方法自身所具有的复杂性和多样性,或许是由于学界对其的了解远不如对定量研究方法的了解,一方面定性研究方法的应用尚未达到十分广泛的程度,另一方面许多社会研究者在认识和运用定性研究方法方面还存在一些迷惑和偏差,影响到定性研究的实践效果。本章的目的,就是结合目前学界对定性研究方法的认识和实践的现状,从定性研究的概念、定性研究的特点出发,对定性研究的本质特征、定性研究的目的与方法、定性研究的类型等问题进行初步介绍和探讨,以便读者对定性研究有一个基本的了解。

第一节　定性研究的概念与特点

一、定性研究的概念

近些年来,一些旅游专业的研究者和学生常常会有这样的疑问:定性研究与质性研究是两种不同的方法吗?定性研究是不是质的研究?定性研究和质化研究有什么不同吗?定性研究与质性研究、质性研究与质的研究、质的研究与质化研究都是一回事吗?这些疑问说明,有必要对国内学术文献中的这几个概念进行一些探讨。

(一)四种不同概念的产生

在相关研究方法的英文文献中,qualitative research 和 quantitative research 是学者们统一使用的一对相关的概念。在相当长的一段时期中,国内学术界主要使用"定性研究"和"定量研究"这两个中文概念来与之相对应。但近几年以来,情况发生了变化,与 qualitative research 概念相对应的中文概念开始增多。

目前主要有四种不同的中文概念与英文中的 qualitative research 概念相对应。这四种中文概念分别是定性研究、质性研究、质化研究、质的研究。例如,2022 年 4 月 12 日对中国知网(CNKI)上社会科学类期刊的检索结果表明:标题含有"定性研究"的文献有 526 篇,含有"质性研究"的 2080 篇,含有"质的研究"的 202 篇,含有"质化研究"的 162 篇。也就是说,国内学者中,四种不同的概念都有人在使用。或许正因为如此,才造成了初学者和使用者的迷惑与混乱,因而出现本章开头的那些疑问。

为了弄清楚这四种不同的概念所指的是不是同一回事,我们先来看看这四种概念是如何出现的,特别是在时间上的先后顺序是怎样的。

文献考察表明,长期以来,国内大陆学术界主要使用"定性研究"的概念。例如,以学术期刊发表的论文为例,通过 CNKI 进行检索,可以看到大陆社会科学领域在 20 世纪末以前(更准确地说,在 1997 年以前)所使用的都是"定性研究"的概念(即以前只有"定性研究"的概念)。而"质性研究""质化研究""质的研究"这三个中文概念原来主要出现在中国港澳台地区以及新加坡等国家的文献中。直到 20 世纪末 21 世纪初,这三个概念才开始陆续出现在中国大陆学术界。CNKI 检索表明,"质的研究"概念最早出现在 1997 年,"质化研究"概念最早出现在 2000 年,"质性研究"概念则最早出现在 2001 年。因此,可以说这三个新的概念是随着改革开放后大陆与港澳台学术交流的增加,随着大陆学术界开始接触并了解到这一英文概念的其他译法和用法,特别是随着一部分学者受港澳台学者的影响改用这三种新的中文概念后才开始出现的。正是随着这些采用新概念的学术论文的发表,特别是随着这些采用新概念为标题的著作、教材的出版和传播,"质性研究""质化研究""质的研究"的概念才慢慢进入并影响大陆学术界,从而形成既有"定性研究"的概念,同时也有其他三种概念的局面。

（二）出现四种概念定义的原因

在四种概念中，定性研究的概念不仅使用得最早，而且比较特殊。有学者认为，定性研究是"一种在自然情景中以收集定性资料为主，通过诠释和移情的途径来揭示和理解社会现象及其内部意义的研究方法"，是一种"与定量研究相对的，由文化人类学方法、行动研究、田野工作法等多种研究方法组成的范式"。也有学者将定性研究方法定义为由哲学立场、方法论导向、收集数据的方法、技术程序、分析框架和报告方式这六个要素构成的动态过程。还有学者将国外学者的定性研究定义概括成"在自然环境下，使用实地体验、开放型访谈、参与型和非参与型观察、文献分析、个案调查等方法对研究结果进行检验，研究者本人是主要的研究工具，其个人背景以及和被研究者之间的关系对研究过程和结果的影响必须被考虑到；研究过程是研究结果中一个不可或缺的部分，必须详细加以记载和报道"。

上述关于定性研究的界定都比较接近，差别主要体现在所包含的方面的多少以及陈述的详细程度有所不同。相继出现四种概念的主要原因有下列两方面：

一是长期以来，国内学术界所使用的定性研究概念，包括一些学术著作和学术论文中所涉及的定性研究概念，主要都是从哲学层面、思辨层面来界定的，而不是从经验层面、操作层面来界定的。例如，《中国大百科全书·心理学》中对定性研究的定义："是通过发掘问题、解析现象以分析人类的行为特征等途径来深入理解研究对象的具体特征，从而解读研究对象所蕴含的意义，并进一步探讨其产生原因的一种研究范式。"由于"国内社会科学界目前对'定性研究'所下的定义一般都比较抽象和宽泛，通常将所有非定量的研究（包括个人的思考和对政策的解释和阐发）均划入定性的范畴"，因此这一类定性研究的概念，实际上并不是一种与英文文献中 qualitative research 概念相对应的中文概念。在引进和介绍西方定性研究方法时，就容易出现与这种传统定性研究概念相混淆的情况。在这种背景下，一些学者在翻译和介绍国外的 qualitative research 及其方法时，就开始寻找并采用与传统的"定性研究"概念有所区别的其他中文概念。

第二个原因是改革开放以来，我国大陆学者与港澳台地区学者之间的学术交流日益增多，港澳台地区学术界对于 qualitative research 概念的翻译和使用方式对大陆学术界产生了影响。无论是港澳台地区出版的学术著作、高校教材，还是期刊发表的学术论文，或是港澳台地区学者到大陆的访问研学、会议交流等，采用的都是"质性研究""质化研究"或"质的研究"的概念。这也让大陆学者开始了解到、接触到 qualitative research 概念的这些新的中文表达方式，一些学者慢慢也开始在文献中运用。特别是一些学者所撰写的、以这些新的概念为名称的定性研究方法的著作、教材的出版，使得更多的初学者接触这些新概念，并十分容易地受到影响而接受这些概念。

二、定性研究的特点

（一）定性研究的特点及作用

1. 定性研究的特点

定性研究的优点在于简便易行和对研究对象的贴近，使研究人员能在近距离和比较自然的环境下对研究对象进行观察与沟通,有利于从研究对象的角度观察和理解他们的行为、态度和动机等。这不仅使我们能够发现和描述鲜为人知的消费者行为,还有利于提供贴切的解释。定性研究注重事物的过程,而不是事物的结果。定性研究需要与研究对象保持较长时间的密切接触。定性研究的结果很少用概率统计分析。

2. 定性研究的局限性

其结果受研究人员个人因素的影响较大,很难重复;研究结果的代表性、效度通常受到怀疑;数据难以用统计方法处理,因此无法提供定量的信息。

3. 定性研究时应当注意的问题

(1) 维持贴近研究对象和保持客观性之间的平衡;

(2) 正确选点与选样;

(3) 被试具有较高代表性、可接触性、熟悉程度、配合程度;

(4) 选择合适的方法:专题组座谈、深入访谈、影射法;

(5) 慎重地演绎与推论。

4. 定性研究的作用

定性研究是指通过发掘问题、理解事件现象、分析人类的行为与观点以及回答提问来获取敏锐的洞察力的研究方法。几乎每天在每个工作场所和学习环境下都会进行定性研究。目前,市场研究的主要方式有定性研究和定量研究两种。从文字上不难看出,所谓定性研究,指的是从性质上进行研究的一种方法。

定性研究是研究者用来定义问题或处理问题的途径,它是揭示事物性质的一种市场研究方法。通俗地讲,就是深入研究消费者的看法,进一步探讨消费者之所以这样或那样的原因。如果说定量研究解决"是什么"的问题,那么定性研究解决的就是"为什么"的问题。

通常,作为一个新产品,策划者在上市前会面临很多困惑。比如,它应该卖给谁,它的产品利益点是什么,这些利益点消费者是否需要,他们愿意花多少钱来买这些利益点,消费者对这个新产品有何看法,他们会不会喜欢这种包装、款式……为什么?这么多问题,策划者在办公室里开个会、上网或者拍个脑袋是不能解决的,只有通过控制得当的定性研究,才能获得这些问题的正确答案。

(二) 定性研究的本质特征

了解事物的特征是我们认识该事物的重要方式。那么,定性研究最为本质的特征是什么?特别是对于定性研究的初学者和使用者来说,最应该了解和熟悉的定性研究的特征又是什么?关于这一点,在不同学者的著作中有着多种不同的回答。比如,弗里克教授认为,定性研究的本质特征主要体现在以下四个方面:一是研究方法和理论相对于其研究对象的适用性;二是参与者的视角及其研究的多维性;三是研究者及研究的反思性;四是理论和方法的丰富多样性。而美国著名的教育学定性研究学者波格丹教授等人则认为,各种类型的定性研究或多或少都具备下列五个方面的特征:自然主义、描述性的数据、关注过程、归纳法、意义。

从上述学者的看法和具体表述中,我们可以了解到定性研究所具有的一些主要特征。但同时我们也不难发现,不同学者在表述定性研究的特征时,所关注的侧面并不一样,具体看法和认识也不完全一致。实际上,正是由于定性研究在具体方式上的多样性,导致它们在特征上也往往互不相同,很难统一概况。我们认为,以下几个方面或许是定性研究的各种特征中最为本质的特征,同时也是研究者最应该了解和熟悉的特征。当然,值得注意的是,不同类型的定性研究在体现这些特征的程度上仍然会有所不同。

1. "到现场""到实地"

尽管定性研究的方式和方法可能有十几种、几十种,甚至"多到了难以选择的地步",但总体上看,研究者深入研究对象所处的真实社会生活环境开展研究,可以说是体现在定性研究各种具体方式和方法中的一种最具代表性的特征。无论是民族志研究、实地研究的方式,还是参与观察、案例研究的方式,无一不深深地烙有"到现场""到实地"的明显印迹。

研究者正是通过到现场、到实地,通过在自然的情境中开展研究,才得以"耳闻目睹",才可以"设身处地",也可以"感同身受""将心比心"和"移情理解"。在定性研究的各种方式方法中,或许仅仅只有以收集和分析各种历史文本为主的"历史比较研究"是一个例外。因为就连那些主要只是"专注于文本"的定性研究方式(比如叙事分析、谈话分析、话语分析,等等),通常也同样必须通过"到现场""到实地",去多次接触和访问研究对象,通过与研究对象的互动来收集其分析所依赖的各种"文本"。

因此,"到现场""到实地"这一特征既是定性研究在研究方式和具体方法上区别于各种定量研究方式和方法的突出标志,也是定性研究为达到更好认识和理解社会现象的目标所采取的最为重要的研究策略和指导思想。

2. "重情景""重关联"

对于如何看待和探索社会世界,定性研究有一个重要的前提,那就是,任何一种社会现象既是此时此地的,也是相互联系的。正是这种"此时此地"和"相互联系"的观点,突出强调了任何一种社会现象、任何一种社会现实都存在于一定的社会情景之中、存在于与其相关的各种社会联系之中。社会中不同人群的行为、他们行为的意义,以及由这些行为和意义构成的各种社会现象,都只有在与其相联系的"此情此景"中才能很好地被理解和解释。换句话说,要理解具体的社会行为,要理解由这些行为构成的社会现象,我们就必须将这些行为和行为主体放到产生这些行为的"情景"之中,放到与这些行为、这些现象客观联系着的其他行为、其他现象当中。只有认识和理解了那种"情景",认识和了解了那些与此"情景"相联系的各种因素,研究者才能更好地认识和理解他所研究的这种行为和这种现象。

定性研究具有"自然主义"的特征,实际上强调的正是研究要在"现实的""自然的""真实的"社会背景中进行。以探索社会奥秘为己任的社会研究者,只有参与现实的社会生活,在一个真实的生活情景中去观察、去体验,才能真正理解人们的行为,也才能达到社会研究的目标。也正因为如此,定性研究才特别强调研究者要"到现场"、要"到实地"。因为只有在那里,在人们的行为、态度,以及社会生活事件发生的具体"情景"中,研究者才能真正感受到"情景"的力量,才能发现人们特定行为、特定态度,以及特定社会现象之中所蕴含的各种相关因素,也才能真正理解这些行为以及行为所具有的特定意义。

3. "重意义""重主观"

受其本体论、认识论思想的影响,定性研究方法论的一个重要观点是认为世界中并不存在所谓的客观事实。正如有学者明确指出的,"这个世界中的事实是被社会建构的"。这也是定性研究与定量研究在方法论上最大的差别。正因为定性研究认为所有事实都是被社会建构的,因此,与定量研究非常看重"客观事实"截然不同的是,定性研究格外重视对社会所建构的各种"意义"的理解,这可以说是定性研究的另一个突出特征。

定性研究一方面特别关注人们是如何赋予各种社会行为、社会事件、社会事物意义的,另一方面也特别看重人们的各种行为、意图对其自身来说所具有的意义。比如,研究对象如何看待和理解自己的经历,如何解释和说明自己的行为等。这种"意义"在一定程度上甚至成为各种定性研究都努力追求的核心内容。用有的学者的话说,定性研究者的目的"就是更好地理解人类的行为和经验,他们努力去把握人们建构意义的过程以及解释意义的过程"。而由于所有的"意义"又都是处于特定"情景"中的,都是离不开"情景"的。因此,这也可以说是定性研究之所以特别强调要到实地、要参与研究对象的实际生活和特别看重与行为和态度相关的"情景"的内在原因。

正是由于对"意义"的看重和追求,导致定性研究在本质上更加依赖研究者的主观性,即依赖研究者作为研究主体在整个研究过程中的关键作用。这不仅体现在定性研究非常依赖研究者的深入实地和亲身参与、依赖研究者在特定情景中与研究对象的长期互动上,也体现在其依赖具有明显主观性特征的个人体验、感悟、解读、分析和理解上,还体现在不以"客观性"作为评价定性研究质量的标准上。

由于定性研究具有的这种重视和依赖研究者主观作用的特征,因此,各种有关"研究人员的价值观、主观态度、观点、成见,特别是偏见会对研究结果产生重大影响"的看法,也就很自然地成为定性研究所遭遇到的最主要的批评和责难之一。而许多定性研究者之所以把"研究者和研究的反思性"作为定性研究的重要特征之一,所针对的正是这种在定性研究中不仅无法回避同时在很大程度上还是完全依赖的主观性特征。

定性研究方式具有"到实地、到现场,重情景,重关联,重意义,重主观"等基本特征,为我们提供认识世界的另一种视角。定性研究所能给予我们的是定量研究所不能提供的知识和对特定社会现象的理解。研究者是采用定性研究方式还是定量研究方式,其决定因素既不是研究者个人的喜好,也不是研究者的知识背景或方法训练,而是研究问题的性质和研究的目标。

(三)定性研究的意义

定性研究方法是那些使用或引起性质上变化而非数量上变化的资料的研究方法和技术。一般而言,定性的方法往往是收集关于少数案例的大量"充足的"资料,而具有代表性的定量研究则往往收集关于大量的案例的较为有限的资料。这就是说,无论如何要处理少量案例的话应该重点考虑定性研究。

定性方法适用于不必要或者不可能使用正式的、量化的方法的研究,而理论基础又恰好有助于进行定性研究的这种情况。多数定量研究往往把研究者的观点的判断见解集中强加于一种情形:研究者决定哪个议题最重要、应该提问哪个问题以及哪些谈话将有可能决定整个研究框架。而定性研究则通常是以人们亲自参与一个特定的旅游项目为基础的,他们不受研究人员的干扰、不被研究人员强加的框架所过度强迫,被允许用自己的话来描述或解释他们身临其中的经验或感受。

因此，近几十年来，定性研究方法已经被广泛地接受，不再被看作特殊的方法，而在旅游研究中，定性研究方法也被普遍地应用。

第二节　定性研究的目的与方法

一、定性研究的目的

定性研究作为与传统的定量研究有着显著差别的研究类型和研究策略，越来越多地受到社会科学各个学科领域中的研究者的关注和重视。定性研究是研究者用来定义问题或处理问题的途径。定性研究的目标在于描述、解释和诠释，在整个定性研究方法的应用领域，三者是并存的，有时还可能是兼顾的。

定性研究是用语言文字来描述现象，而不是用数字和量度。定性研究从最纯粹的意义上说，从属于人文主义的自然范式，即研究应在自然的环境和条件中进行，而研究所获得的结果和意义也只适应于这种特定的环境和条件。这种方法的核心是"整体地"理解和解释自然情景。从研究的逻辑过程看，定性研究基于描述性分析，它在本质上是一个归纳的过程，即从特殊情景中归纳出一般的结论。

定性研究者则更加注重现象与背景之间的关系、更加注重现象的变化过程、注重现象和行为对于行为主体所具有的意义。可以说，定性研究的主要目标是深入地"理解"社会现象。定性研究重视现象和行为的背景，相信特定的自然和社会环境与人类的行为有很大的关系。定性研究者认为事实和价值是无法分离的；而定量研究者则正好相反，他们强调在研究中一定要努力做到"价值无涉"和"价值中立"。

定性研究者遵循非线性路径，强调密切接触自然的背景环境下的具体细节，或是特定的文化历史情景。他们很少用标准化程序或明确的步骤去进行研究，通常为特定的情况或研究设计情景化的手段。在其寻找真理的路上，他们的个案和情景语言引导他们去对特定的个案或过程进行细致的调查。他们极少将计划和设计隔离到一个特殊的前资料收集阶段，而是在整个资料收集阶段的初期都在继续发展完善研究设计。实际上，这个更加倾向于归纳性的定性研究类型，促使研究向一个具体化的焦点缓慢地、灵活地进展，而这个焦点的基础就是研究者从资料中获得的东西。

二、定性研究的方法

定性研究方法指的是根据社会现象或事物所具有的属性和在运动中的矛盾变化，从事物的内在规定性来研究事物的一种方法或角度。定性研究大多是采用参与观察和深度访谈获得一手资料，具体的方法主要有参与观察、行动研究、历史研究法。通过参与，研究者能获得一个特定社会情景中一员的感受。定性研究是以"有根据的理论"为基础的。

（一）定性研究方法适用范围

定性研究方法是资料增强者。定性研究方法常被用于旅游研究中，这些方法包括：深度访谈、分组访谈或焦点组、参与观察、文本分析、传记研究以及民族志等。

定性研究的优越性体现在那些定量研究无法解释和回答的问题方面。从哲学上讲，任何事物都存在量的方面，但每种事物的量的"显易"程度不同，能够量化的程度也不同。一般来说，物质现象的量比较"外显"，而精神现象的量"外显"不明显。在旅游研究领域中，属于物质现象的，如旅游花费与酒店数量等，一般可以尝试定量研究方法。而属于精神现象的，如服务人员的焦虑心理、游客的满意程度等，则可以尝试定性研究方法。

定性研究由于充分考虑到研究者对研究过程和结果的影响，要求客观地认识研究对象的心理状态和意义构建，分析有关观念意识方面的材料，探讨的是过程而不是结果，适合对研究者熟悉的和小样本的对象进行研究。

（二）定性研究方法的特点

定性研究方法挖掘被研究现象的本质——旅游是一种定性的体验。定性研究方法运用对比对照的方式"带领人们回到"旅游研究，定量研究方法往往是非常客观的——不扮演承担重要角色的、真实的人。定性研究的结果对受过统计学相关训练的人来说更容易理解；定性研究方法能够比较好地随着时间的流逝，反映个人的变化。定性研究很适合研究旅游这类涉及大量人与人之间面对面的互动，包括符号、手势等的活动，因为定性研究方法的运用在对人们的需要、渴望的理解上更具有优势。

第三节 定性研究的方式

与定量研究仅有实验、调查、内容分析等很少几种研究方式有所不同的是，定性研究的具体方式和方法可以说是多种多样、五花八门。而且对于定性研究有哪些基本的方式，目前也没有完全一致的答案。

一、定性研究的多样性

定性研究有哪些基本方式呢？有学者指认为定性研究"是一个包含着无数变化的伞状术语集"，即将定性研究看作一把大伞，在这把大伞包含了各种各样的研究策略、研究方式和研究方法。"当谈到那些具有某些特征的研究策略时，我们就用定性研究这把大伞，一言以蔽之。"是一种比较流行的看法。还有学者认为，定性研究是一棵包含二十几种研究策略的大树，或者说定性研究"可以用几十种方式来进行"。另一种虽不那么形象、直观，但也许更加概括、更加准确的说法是，定性研究的方式"确实多到了难以选择的地步"。

无论是用一把大伞、一棵大树来形容,还是列举二十几种、几十种具体的研究方式,客观上都表明了这样一种现实:定性研究的方式和类型多种多样。正是这种多样性特征,使得定性研究方法难以进行分类。然而,尽管对定性研究讲分类十分困难,人们还是设法提出了各种不同的标准来对定性研究进行分类,比如,有的学者按研究的"问题"来分类,有的按研究的"内容范畴"来分类,有的按研究的"传统"来分类,有的则按研究的"类型"来分类。这些分类虽然各有道理,但这些分类之间基本上是不兼容的,不论是从定义方式或从划分标准来看,都是如此,即每一种分类方式实际上都只关注或强调了定性研究的某些方面,而相对忽视或遗漏了另一些方面。因而每一种分类都不够完备,都没有做到将定性研究的各种策略、各种方式和方法全部归入其中(或许要将这些各不相同的方式全部按某种标准进行分类,本身就是一件不现实的或不可能的事)。但从学者、应用者的角度来看,在定性研究这把"大伞"下,哪些是最为基本、最为常用而也是相对重要、最应该了解和掌握的方式呢?这是一个重要问题。

二、定性研究方法的基本方式

国际著名的定性专家、出版世界范围内有着重要影响的《定性研究手册》一书的主编邓津和林肯认为,定性研究的研究方式主要有 8 种:案例研究;民族志、参与观察、表演民族志;现象学、常人方法学;扎根理论;生活史、证据学;历史方法;行动研究与应用研究;临床研究。美国学者德尔伯特·米勒在其著作的《研究设计与社会测量导引》一书中,则主要介绍了五种定性研究的方式:叙事研究、现象学、扎根理论、民族志和案例研究。他选择这五种方式的原因之一是,"这五种方法已具备了较系统的研究程序",同时,"在社会科学研究中是经常应用的",即这些定性研究方式相对成熟,程序相对明确,应用频率高,应用面广。德国著名的定性研究专家、《质性研究导引》一书的作者弗里克将定性研究方式按资料的性质分为三大类:以口述资料为中心的深度访谈、焦点小组等;以观察资料和媒介资料为中心的观察法、民族志以及文本分析等;以文本资料为中心的谈话分析、话语分析、叙事分析等。美国学者科瑞恩·格莱斯在其所著的《质性研究方法导论》一书中,集中讨论和介绍了解释主义传统范围内的定性研究方法。他主要介绍的五种定性研究方式分别是民族志、生活史、扎根理论、案例研究、行动研究。

上述学者所介绍的定性研究方式虽然不尽相同,但不难发现,有一些研究类型是他们共同介绍的。这就是民族志、扎根理论、案例研究、行动研究。还有一些方式也有所提及,比如叙事研究、文本分析、生活史、现象学等。

我们再来看看那些著名的社会学研究方法教材,特别是那些书名中强调了"定性与定量两种途径"的研究方法教材中,主要介绍了哪些定性研究的方式。美国学者艾尔·巴比教授在其著名的《社会研究方法》一书中,仅介绍了实地研究这一种定性研究方式。美国学者劳伦斯·纽曼教授在其著名的《社会研究方法》一书中,只介绍了 2 种定性研究方式,包括实地研究和历史比较研究。英国学者布莱曼教授在其著名的《社会研究方法》一书中,主要介绍了民族志、参与观察、访谈与焦点小组等基于语言的资料收集和分析方式(例如话语分析、谈话分析),以及对于文本和文档的收集和分析方式等。澳大利亚学者庞奇教授在其反响很好的教材《社会研究方法:定量与定性的途径》一书中,主要介绍了四种定性研究的方式,即案例研究、民族志、扎根理论、行动研究。美国学者范德斯都普教授等人在《日常生活中的研究方法:定性与定量路径的平衡》一书中,所介绍的定性研究方式有五种,即民族志、现象学、案例研究、文本分析、行动研究与评价研究。

上述不同学者在研究方法教材中所介绍的定性研究方式同样互不相同,特别是在前两本没有强调"定性与定量两条路径"的教材中,都只主要介绍了"实地研究"这一种方式(实际上,前两本教材中所介绍的实地研究在相当大的程度上等同于后几本教材中的民族志或参与观察以及案例研究);而后面几本强调了两条路径的教材中,一方面都没有介绍"实地研究",另一方面所介绍的方式相对更多。并且同样也有一些研究方式是它们都共同介绍过的,这些研究方式是案例研究、民族志、行动研究、文本分析等。

从以上分析的两个方面综合来看,学者们所认为的定性研究基本方式实际上还是相当一致的。对应的,可以将定性研究分为以"深入实地"为特征的实地研究、以"专注于文本"为特征的各种文本研究、以"研究对象数目"为特征的案例研究、以"建立理论为目标"的扎根理论研究以及以"影响和干预社会实践"为特征的行动研究这五种类型,它们就是定性研究中最重要的研究类型。

第四节 定性研究的效度

一、提高定性研究效度的策略

对术语效度的讨论一般都隶属于定量研究传统。定性研究者对是否应将这一概念应用到定性研究中的态度是复杂的。大多数定性研究者认为一些定性研究要比其他研究更好,而且他们使用术语效度或可信性来表达这种品质上的差异。当定性研究者谈到研究效度时,他们通常指的是那些似乎可信的、可靠的、值得信任的定性研究,因此他们所说的研究效度是能站得住脚的。我们相信在定性研究中思考效度问题,以及检验那些能使效度达到最大化的策略是很重要的。表 9-1 罗列了这些策略。

表 9-1 提高定性研究效度的策略

策　略	说　明
作为侦探的研究者	这是一个隐喻,描述定性研究者寻找因果关系证据时的特征。研究者为了理解数据的意义,需要认真思考潜在的原因和结果,系统地消除竞争性解释,直到最终找出排除合理怀疑的理由为止。侦探可以采用本表列出的任何策略
排除竞争性解释	确保你已经认真检查了竞争性解释的证据,还要确保你的排除竞争性解释的解释就是最恰当的
长期田野调查	为发现和验证做准备,研究者应该在实地待很长一段时间来收集数据
较少推论描述	使用参与者的陈述和研究者的田野笔记的措辞来描述。一字不差的记录(即直接引用)是一种常用的较少推论的描述
三角互证	使用多种方法或不同的提供信息的人,反复核对信息和结论。当不同的方法或提供信息的人达成一致时,你就得到了进一步的证实

续表

策　略	说　明
数据三角互证	使用多种来源的数据以帮助理解一种现象
方法三角互证	使用多种研究方法来研究一种现象
研究者三角互证	招募多个研究者（即多个研究人员）来收集、分析及解释数据
理论三角互证	使用多种理论和观点来帮助解释和说明数据
参与者反馈	收集由实际的被试及参与研究的其他成员所作出的对研究者所作解释和所得结论的反馈及讨论，主要是出于检验和理解的目的
同行评议	与其他人讨论研究者的解释和结论。这包括与一位公正的同行（如，另一个并不直接参与研究的研究者）进行讨论。这个同行应该具有怀疑精神，并充当"魔鬼"的代言人，要求研究者为任何解释或结论提供可靠的证据。与那些熟悉研究的同行进行讨论也有助于提供一些有益的挑战和思考
外部审计	使用外部专家来评估研究质量
反面案例抽样	尝试挑选一些可能驳斥研究者的预期和结论的案例
自反性	需要研究者的自我意识和批判性的自我反思，因为研究者自身的潜在偏见和倾向性可能会影响研究进程及结论
模式匹配	预测一系列能够形成一个特有模式的结果，然后判定实际结果与预测模式或"图谱"的符合程度

研究者需要密切注意的一个影响效度的潜在威胁叫作研究者偏见（researcher bias）。研究者偏见问题是在定性研究中经常出现的一个问题，这的确是真的，因为定性研究更倾向于探究性，它是开放的，而且它的结构比定量研究更加松散。因此，人们可能会忽视思考这样一个问题，因为研究者偏见在定量研究中从来都不是一个问题。研究者偏见一般是源于选择性观察和对信息的选择性记录，也可能源于允许某个被试的个人观点和看法影响数据的解释以及研究的实施。

用于降低研究者偏见的核心策略叫作自反性（reflexivity），它意味着研究者对他/她的潜在偏见或倾向性积极地进行批判性的自我反思。通过自反性，研究者会变得更有自知之明，他们监控并尝试去控制自己的偏见。许多定性研究者的研究计划都包含一个题为"研究者偏见"的独特部分。在这部分，他们讨论他们的个人背景，这个背景会如何影响他们的研究，以及他们将要采用何种策略去处理这个潜在的问题。

研究者为降低研究者偏见的影响而采用的另一个策略叫作反面案例抽样（negative-case sampling），这意味着研究者试图小心且有目的地寻找一些案例，这些案例可以驳斥他们对所研究内容的预期和解释。如果你采用了这种方法，你会发现它使你更难以忽视重要的信息，而且你会得出更可靠、更站得住脚的结论。

二、定性研究效度类型

（一）描述性效度

描述性效度（descriptive validity）指的是研究者的报告描述事实的准确性。描述性效度所要解决的关键问题是,报告描述的研究对象所发生的情况,实际上发生了吗?此外,研究者如实地报告了他们的所见所闻吗?换句话说,描述性效度指的是报告描述性信息(描述事件、对象、行为、人、环境等)的准确性。因为几乎在所有的定性研究中描述都是一个主要目的,因此这种形式的效度很重要。

用于取得描述性效度的一个有效策略就是研究者三角互证(investigator triangulation)(见表9-1)。为了提高描述性效度,研究者三角互证涉及招募多个观察者去记录和描述被试的行为以及他们置身的情景。招募多个观察者即允许对观察进行反复核对,以确保研究者就所发生的事达成准确意见。当取得了多个观察验证(一致意见)时,外部的研究评论者就更不会质疑一些事情是否发生了。其结果是,研究将会更可靠,更站得住脚。

(二)解释性效度

解释性效度(interpretive validity)指的是准确地描述被试附加到研究者正在调查的研究内容上的意义。更具体地说,它指的是被试的观点、想法、感受、意图以及经历得到定性研究者准确理解以及在研究报告中准确描述的程度。进行定性研究所需的最重要技能大概就是理解被试的"内心世界"(即他们的主观世界),而解释性效度指的就是呈现这些内心世界的准确程度。高解释性效度需要研究者深入了解被试的思想,看穿被试的眼神,看到并感受到他们所看到和感受到的东西。通过这种方式,定性研究者可以从被试的视角去理解事情,从而能够有效地解释这些观点。

参与者反馈(participant feedback)(或成员核查)大概是最重要的策略(见表9-1)。通过同被试及参与研究的其他成员分享你对被试观点的解释,可以整理其中理解错误的地方。你所研究的人同意你对他们的描述吗?尽管由于一些被试可能试图扮演一个好好先生的角色,而使得这个策略并不完美,但是它仍然经常能帮助研究者获得有用的信息,并识别出一些误差。

(三)理论性效度

理论性效度(theoretical validity)指的是从研究中得出的一个理论性解释对数据的适用程度,以及该解释的可靠度与经得起推敲的程度。理论通常指的是关于一种现象如何发生以及为何如此发生的讨论。理论通常比描述和解释更抽象,更不具体。理论发展超越了"事实的表象",而进一步提供了关于现象的解释。

提高理论性效度的一个策略是长期田野调查(extended fieldwork)。这意味着你要花费足够多的时间来研究被试及其生活环境,以便使你有信心相信正在发生的关系模式呈稳定状态,同时也便于你理解为何这些关系会发生。在理论性解释逐渐形成的过程中,你应该基于理论做一些预测,并检验这些预测的准确性。当你这样做的时候,可以采用模式匹配(pattern matching)策略。模式匹配策略就是立刻做出几种预测,然后,如果所有预测都如预期那样发生了(如,如果找到了模式或图谱),那么你就有证据来支持你的解释了。在逐渐形成理论性解释的过程中,你也可以采用之前提到的反面案例抽样策略。也就是说,你需要一直寻找一些与你的解释不相符的案例,以免你仅仅找到那些支持你所要提出理论的数据。一般说来,你最终的解释应该能够准确反映你所研究的大多数人。

提高理论性效度的另一个有效策略叫作同行评议(peer review),它意味着你应该与你的同行们探讨你的解释,以便他们识别出其中存在的问题,每一个问题都应该得到解决。

(四)内部效度

内部效度是我们要做的定性研究中的第四种类型的效度。内部效度指的是研究者能够在何种程度合理地推断出所观察到的关系是因果关系。通常,定性研究者对因果关系并不感兴趣。但有时定性研究者对识别潜在的原因和结果又很感兴趣。定性研究既有助于描述现象是如何发生的(研究过程),也有助于形成和检验初始的因果假设和理论。在用定性研究对潜在的因果关系进行研究之后,应该在可行的情况下,运用实验法对它们进行检验和确认。这样,就可以获得更多关于原因和结果的确凿证据。

表9-1展示的所有策略都是用于提高定性研究的内部效度的。若采用方法三角互证(methods triangulation),研究者就会在单个的研究中使用不止一种研究方法。这里广泛使用的"方法"这个词指的是不同的研究方法(民族志研究、相关研究和实验研究等)以及不同的收集数据的方法(访谈法、问卷法、焦点小组和观察法)。你可以混合使用这些方法(如,民族志与调查研究法、访谈法与观察法或实验研究与访谈法)。其目的就在于把优势和劣势不重叠的不同方法结合在一起。一种方法的劣势(及优势)会不同于另一种方法的劣势(及优势),这意味着当你把两种或多种方法结合在一起时,你会有更好的证据。换句话说,整体会优于它的部分。

若采用数据三角互证(data triangulation),研究者就会在单个研究中使用多种数据来源。使用多种数据来源并不意味着使用不同的方法。数据三角互证指的是通过单一的方法来使用多种数据来源。譬如,多次访谈会提供多种数据来源,但是只采用了单一的方法(访谈法)。同样地,多次观察是数据三角互证的另一个例子。虽然采用单一的方法(观察法),却会提供多种数据来源。数据三角互证的另一个重要部分涉及在不同时间、不同地点,从不同的人那里收集数据。

(五)外部效度

如果研究者想将一系列研究发现推广到其他的人、环境、时间、处理条件和结果,外部效度就是很重要的。一般来说,推广结论并不是定性研究的目的,因为外部效度恰恰是定性研究的弱点。首先,定性研究所调查的人和环境很难随机挑选,随机挑选是从样本向总体推广的一个最好的方法。结果是,定性研究在提升向不同总体推广的总体效度上几乎一直都是无力的。其次,同寻找"普遍性的"结论相比,大多数定性研究者都对寻找"特殊性的"结论更感兴趣。换句话说,在大多数定性研究中,其目标都是在一个特定环境,充分地描述一组特定人群或一个特定事件,而不是生成一些可以广泛应用的结论。人们通常认为不仅定性研究的内部效度弱,而且它的外部(即推广)效度也弱,包括"跨群体推广"的总体效度(推广到不同类型的人身上的能力)、生态效度(跨环境推广的能力)及时间效度(跨时间推广的能力)都弱。

一些专家认为定性研究可以粗略地描述因果关系的一般性结论。也许对待推广结论问题的最明智态度就是我们可以在一定程度上将结论推广到其他的人、环境、时间及处理条件,这取决于他们与最初研究中的人、环境、时间及处理条件的相似程度。要帮助一个研究报告的读者们了解他们何时可以推广结论,定性研究者应该提供如下几类信息:被试的数量和类型、他们是如何被选进研究的、情景性信息、研究者与被试关系的性质、关于提供消息的"告密者"的信息、所采用的数据收集方法以及所采用的数据分析技术,等等。研究者通常将这些信息呈现在最终研究报告的研究方法部分。通过阅读一段包含在这样一个写得很好的研究方法部分的信息,读者就能够明智地决定将研究结果推广到谁的身上。如果他们决定选择一些新的被试去重复这一研究,他们也将获得所需要的信息。

(1) 定性研究的特点包括:近距离观察研究对象、获取描述性的数据、关注过程、重意义。

(2) 定性研究的目标在于描述、解释和诠释,在整个定性研究方法的应用领域,三者是并存的,有时还可能是兼顾的。

(3) 定性研究方式包括:案例研究;民族志、参与观察、表演民族志;现象学、常人方法学;扎根理论;生活史、证据学;历史方法;行动研究与应用研究;临床研究。

(4) 提高定性研究效度的策略主要包括:作为侦探的研究者、排除竞争性解释、长期田野调查、较少推论描述、三角互证、数据三角互证、方法三角互证、研究者三角互证、理论三角互证、参与者反馈、同行评议、外部审计、反面案例抽样、自反性、模式匹配。

(5) 定性研究的效度类型:描述性效度、解释性效度、理论性效度、内部效度、外部效度。

(1) 什么是定性研究?定性研究的特点是什么?在旅游学研究中,什么情况下应该使用定性研究?

(2) 定性研究包括哪几种?它们各自有什么特点?

(3) 提高定性研究效度的策略有哪些?

第九章自测习题

第十章 定性资料的收集与分析

学习目标
1. 了解并掌握定性研究资料的收集方法。
2. 了解并掌握定性研究资料分析的工具和步骤。

知识体系

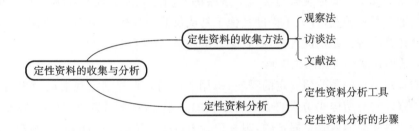

第一节 定性资料的收集方法

一、观察法

观察是人们在日常生活中经常采用的一种用来了解事物的方式,在科学研究中也是如此。可以说,观察法(observation)是一切科学研究的基本方法。在科学研究中,观察法指的是带着明确的目的,用观察者的感觉器官或者辅助工具去直接或间接地了解研究对象的方法。观察的过程一般分为三个阶段:准备阶段、实施阶段和资料处理阶段。通常,科学的观察具备以下几个特征:第一,有一定的研究目的或研究方向;第二,预先有一定的理论准备和较系统的观察计划;第三,有较系统的观察或测量记录;第四,观测结果可以被重复检验;第五,观察者受过一定的专业训练。

1. 观察的分类

在科学研究中,许多的科研人员都采用观察法收集资料。但是,由于不同的研究目

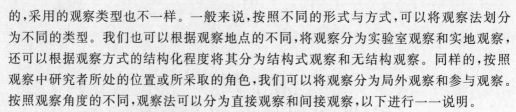

的,采用的观察类型也不一样。一般来说,按照不同的形式与方式,可以将观察法划分为不同的类型。我们也可以根据观察地点的不同,将观察分为实验室观察和实地观察,还可以根据观察方式的结构化程度将其分为结构式观察和无结构观察。同样的,按照观察中研究者所处的位置或所采取的角色,我们可以将观察分为局外观察和参与观察。按照观察角度的不同,观察法可以分为直接观察和间接观察,以下进行一一说明。

(1)实验室观察与实地观察。

实验室观察就是在备有各种观察设施的实验室内,对研究对象进行的观察。这种观察方式在心理学研究中经常使用。在社会学研究中,受到研究对象的限制,本方式多对儿童使用,如对儿童进行交往、模仿等互动行为的测量等。在实验室中,研究者一般是借助一种单面镜来进行观察。镜子里面的人看到的是一块不透明的黑板,而镜子外面的人看到的则是一块普通的透明的玻璃。里面的人看不到外面,而外面的人却可以看到里面。这样就使得被观察者意识不到有人在观察他,而观察者却可以看得清楚。同时,实验室的各个不同方向都装有隐蔽的摄像头,研究者可以根据需要摄下室内的各种活动内容。由于实验室观察有一定的条件要求,且观察的范围和对象又受到一定的局限,所以社会研究很少采用此法。

实地观察是指在现实生活场景中所进行的观察。实地研究者在研究中采用的主要是这种类型的观察。实地观察与实验室观察的不同之处除了地点或场景的不同外,还体现在它通常是一种直接的、不借助其他工具或仪器的观察。从实际情况看,大部分的实地观察还是一种无结构的观察,尽管它也可以是结构式的。

(2)结构式观察与无结构观察。

结构式观察指的是按照一定的程序、采用明确的观察提纲或观察记录表格对现象进行的观察。它与结构式访谈的形式有点相似。通常,结构式观察多采取局外观察的方式进行。其观察的内容是固定的,观察记录表也类似于结构式问卷,观察者根据统一的要求,对每一个观察对象进行统一的观察和记录。因而其结果可以用来进行定量分析。

而无结构观察则指的是没有任何统一的、固定不变的观察内容和观察表格,完全依据现象发生、发展和变化的过程所进行的自然观察。它与无结构访谈的特征相类似。并且,无结构观察多采用参与观察的方式进行,其观察的结果也不具有统一的形式,观察所得资料通常只能进行定性分析。这种无结构的观察是实地研究中最主要的观察方式。

(3)局外观察和参与观察。

所谓局外观察也称为非参与观察,即观察者处在被观察的群体或现象之外,完全不参与其活动,尽可能地不对群体或环境产生影响。最理想的局外观察是观察者隐蔽起来观察,使被观察者一点也意识不到有观察者正在观察他们。这种观察方法常用来研究儿童的行为,或用于研究公共场合及公众闲暇活动中人们的行为,如对剧院、书店、图书馆、体育场等处人们的活动进行观察。

参与观察就是研究者深入到所研究对象的生活背景中,在实际参与研究对象日常社会生活的过程中所进行的观察。它是一种无结构的观察。这种方法是人类学家研究原始的非本族文化时最常用的一种方法。在参与观察过程中观察者可以扮演两种不同的角色,一种角色是研究者的身份,对于所研究的群体来说是公开的,同时,研究者又被这一群体接受,允许参与他们的成员关系和群体活动,使研究者能够进行观察和研究。这种方式的典型例子是美国社会学家怀特所做的"街角社会"的研究。在这个研究中,他成了当地一个青少年帮派的朋友,但同时又没失掉他研究者的身份,即那个青少年帮派的成员知道他是一个研究人员,但仍然接纳他从事观察和研究。许多研究原始部落的社会人类学家经常同这些部落的成员共同生活一段时间,他们所扮演的往往也是这种角色。另一种角色是隐蔽观察者,即研究者将自己的真实身份隐藏起来,而以所观察社区或群体中一个真实成员的身份去参与其中并进行观察。这是一种要求研究者采取虚伪角色的观察。像罗森汉教授假装病人混入精神病院对医患关系进行研究即是这方面的例子。

(4) 直接观察和间接观察。

直接观察指的是研究者对正在发生的事物所进行的观察;而间接观察则指的是研究者对已发生事件所留下的痕迹进行观察,并进而推测所发生的事件的方法。

2. 参与观察

(1) 参与观察的来源。

参与观察(participant observation)来源于人类学,是人类学研究中最常用的研究方法。人类学在发展早期,研究对象多为原始民族或特殊的亚文化群体,由此,参与观察发展出来的主要内容有三点:一是研究者住在研究地区要有一定的时间长度,一般是一年,使他有机会看到当地人们一年内因时节而异的生产活动、宗教仪式和节庆事件;二是学习当地语言;三是研究者要像当地社会成员一样生活,深入人们的生活之中,才能真正了解他们的文化。这种参与观察的目的是要全面、深入地描述某一特定的文化现象。

(2) 参与观察的类型。

根据研究者在实际的参与观察中所呈现的角色,可以将参与观察分为两种类型。第一,研究者"作为观察者参与其中"(participant as observer)类型。在这种研究方式中,研究者的身份是被所研究和观察的人们所知道的,他是以这种公开的身份加入被研究者群体或社区中进行观察的。第二,研究者"作为参与者而观察"(observer as participant)类型。在这种研究方式中,研究者将自己的真实身份隐藏起来,而以所观察的社区或群体中的一员的身份去参与其中并进行观察。这种方法的最大问题是伦理道德问题,即研究者有没有为了研究的目的而欺骗研究对象的权利。

(3) 参与观察的应用。

首先,采用参与观察方式进行的研究,通常不是要验证某种理论或假设,其目的是为现象发生的过程提供直接的和详细的资料,以便对其有比较深入的理解。因而参与观察不用事先准备特定的假设,其研究的过程也无特别的限制,常常会观察到原先并未期望得到的资料,得到意外的收获。但另外,由于参与观察的方法要求研究者参与到自然的、不经过人工的控制或改变的环境中来进行研究,因而其在可靠性、观察偏差以及结果推论上都存在着一定的局限。所以,在使用上应注意一定要有比较长的时间来从事观察,以便于研究者对某一现象或群体做全面的和综合的了解。

其次,参与观察之初,研究者都需要为自己作为一个陌生人的出现进行某种方式的解释。他的参与观察能否成功也在很大程度上取决于他能否被其所研究的群体所接纳。因此，能否得到所研究的群体中关键人物的支持和帮助，就常常成为研究者是否能获得成功的关键环节。

再次，由于参与观察特定方式的要求，参与观察者往往要经历一个"先融进去""再跳出来"的过程。或者说，参与观察过程中有一个角色转换的问题。在参与和观察之初，研究者要尽快"进入角色"将自己作为研究者的角色转换为观察对象中一员的角色，从语言、行为举止到生活方式，都尽量"同化于"被观察对象及其社区，以达到"移情理解"的目的。而当要对观察到的现象和行为进行判断、分析和解释时，研究者又要能随时"跳出角色"恢复到研究者客观的、中立的立场上来，从局外人的角度，重新审视被观察对象的行为表现，发掘其所具有的客观含义，以达到"超脱理解"的目的。

二、访谈法

在实际研究中，访谈是与观察同样重要的资料收集方法。实地研究中的访谈与我们在调查研究中介绍的结构式访谈的方法有较大的差别。实地研究中的访谈通常是一种无结构访谈，有时甚至只是一般的、随意的闲聊。

1. 无结构访谈的含义和形式

无结构访谈又称作深度访谈或者自由访谈，它与结构式访谈相反，并不依据事先设计的问卷和固定的程序，而是只有一个访谈的主题或范围，由访谈员与受访者围绕这个主题或范围进行比较自由的交谈。无结构访谈适合于，并主要应用于实地研究。它的主要作用在于通过深入细致的访谈，获得丰富生动的定性资料，并通过研究者主观的、洞察性的分析，从中归纳和概括出某种结论。应该说，无结构访谈与结构式访谈相互补充，分别适用于不同的情况，都是社会研究中的有用工具。

结构式访谈要求在访谈过程、访谈内容、访谈方式等方面都尽可能统一，做到标准化。这样做一方面是为了避免访谈中各种个人因素，特别是个人主观因素影响访谈过程，从而增加访谈过程的客观性和资料的可信度；另一方面也是为了使访谈资料便于进行统计处理和定量分析。但结构式访谈因为缺乏弹性，缺乏灵活性，因而无法了解更加具体、更加详细的资料，也无法对所访谈的问题进行更为深入的讨论。与此相反，无结构访谈的最大长处就是弹性大、灵活性强，它有利于充分发挥访谈双方的主动性和创造性。与结构式访谈相比，无结构访谈的最大特点是深入、细致。但是，这种访谈方法对访谈员的要求比结构式访谈的更高；这种访谈方法所得的资料难以进行统计处理和定量分析；而且特别耗费时间，使得访谈的适用范围受到较大的限制。这些都是无结构访谈所存在的缺陷，我们在运用时应该有所注意。

在实地研究中根据访谈的性质，可以将无结构访谈细分为正式访谈与非正式访谈两种。正式访谈指的是研究者事先有计划、有准备、有安排、有预约的访谈。非正式访谈则指的是研究者在实地参与研究对象社会生活的过程中，随时碰上的、无事先准备的、更接近一般闲聊的交谈。比如，在左邻右舍、街头巷尾、集贸市场、餐馆商店等日常生活地点与偶然碰上的当地人所进行的交谈，就属于非正式访谈。这种非正式访谈无法事先预料和计划，交谈的进程不能由研究者严格控制，交谈内容也不能完全按研究者的研究目标进行选择，只能随具体的谈话情景、谈话对象而定。所以一般情况下研究者只能因势利导,见机行事。正式访谈则通常需要按事先拟好的提纲进行,这种提纲中列出了一些根据研究文献和研究者个人经验认为应该了解的各个方面的问题。但提纲通常只起到某种提示作用,访谈的实际进程仍有相当大的灵活性和变化性。

2. 无结构访谈的类型

无结构访谈虽然没有固定的程序,但由于实施的方式不同,可以分成以下几种类型:

(1) 集中访谈。

集中访谈,又称重点访谈,指的是对某一经验或者事件及其影响的集中访问。它的具体做法是:先把受访者安排到选择好的某一情境之中,然后对受访者进行访问,询问他们在情景当中的主观体验。访谈员通过以上步骤,得到相关资料,并对问题进行分析和解释。集中访谈在实地研究中并不常用,但是常常被社会心理学家用来研究大众传媒的效果。

(2) 深度访谈。

深度访谈指的是为了收集个案的资料所进行的访谈,它要求访谈员针对个案的各个方面开展全面的调查,尽可能多地收集相关资料,借以分析所研究的问题。在实地研究中,具有代表性的深度访谈是个人生活史研究。

(3) 客观陈述。

客观陈述是一种非引导式访谈,由受访者自己将自己的信仰、价值观念、行为以及他的生活状况客观地描述出来。在这种访问中,访谈员基本上保持一个完全的听众角色,偶尔插一些中立性的话语,如"为什么""怎么样",等等。

客观陈述是一种让受访者发表意见的方法,是一种能够使访谈员直接接收受访者的信念、价值观等抽象概念的方法。

(4) 集体访谈。

集体访谈也叫座谈会,是一种无结构集体访谈,它是将若干受访者集中起来,对有关问题进行共同讨论的方法。集体访谈是实地研究中经常用到的方法,将在后面进行重点介绍。

3. 进行无结构访谈的注意点

对于实地研究中的正式访谈来说,应该注意以下几个方面:

第一,访谈前,要对访谈的主要目标和所要了解的主要内容有一个明确的认识。只有在访谈前做到心中有数,才能在访谈中主动地掌握和引导好整个访谈的进程。一种可取的方法是,事先精心准备好一组"主题标题"或"内容提示",以保证每次具体的访谈都能覆盖访谈的主要内容。这组"主题标题"或"内容提示"一般采用简练明确的词语或短小的句子的形式,抄写在一张卡片上,或者写在笔记本上,用以作为在访谈过程中指导提问和检查遗漏的依据。当然,这组"主题标题"不是一成不变、不可更改的,相反,它通常需要根据实际访谈过程中所认识到的问题或情况,对原先考虑不足的内容进行适当的增删。

第二,访谈前最好能对受访者各方面的情况和特征,比如,年龄、性别、职业、文化程度、家庭背景、兴趣爱好,等等,进行详细的了解。这样做的好处是:一方面,便于访谈员根据实际情况采取适当的角色姿态,尽可能缩小访谈员与受访者之间的心理距离,尽可能增加两者之间的共同语言,以建立起融洽轻松的访谈关系;另一方面,可以使访谈员对受访者在访谈过程中所谈的各种情况,有一个更为准确、更为客观的理解。特别是在对一些不易交谈、不易表达的内容和一些不善表达的受访者进行访谈时,这种事前的了解就更具有明显的作用。

第三,访谈的时间和地点的确定应该以受访者方便为主要原则。在访谈前,访谈员应该事先与受访者进行联系,向受访者说明访谈目的和内容,并和受访者就访谈次数、时间长短及保密原则达成协议。见面时,一定要向受访者表示某种歉意。比如,"对不起,打扰了您的工作"或者"对不起,影响了您的休息",等等。而不要以为有了正式的介绍信,或者事先已获得了受访者上级机关和领导许可,受访者接受访谈就是理所当然的。因为,对于任何一个具体的受访者来说,他并没有以牺牲个人的工作、学习、休息和娱乐时间来接受你的访谈并向你提供各种信息的义务;对于每一个访谈员来说,他也没有为自己工作的需要而占用别人工作或休息时间的权利。因此,在一开始与受访者接触时,切不可忘记向受访者十分诚恳地表达出对这种打扰的歉意。

第四,访谈时,开场白一定要说好。其标准是简明扼要、意图明确、重点突出。主要解释你是什么人,你想干什么,为什么要进行这次访谈,等等。其目的是消除受访者在陌生人面前所自然产生的各种疑虑和戒备心理。接着,就要清楚明白、通俗易懂地告诉受访者,你希望他谈些什么方面的问题。需要注意的是,一开始不能把你所想了解的全部问题都一一列举出来,而只能给出一个总的内容范围和一两个十分容易交谈的话题。因为即使你把全部问题都列举出来,受访者也不可能全部记住;即使他可以把问题全部记住,也不可能有条有理地、一个接一个地从头谈到尾。这一阶段的主要目的是激发受访者产生回答问题的动机,帮助他们做好回答问题的心理准备,建立起轻松、融洽的访谈关系,引导受访者开始回答第一批问题。

第五,开始访谈是一种真正的艺术,全部资料的可靠性在很大程度上取决于访谈员在这方面的表现。为了创造有利于访谈的气氛,除了对受访者表示礼貌外,在进入正题之前,可以先谈谈受访者身边的、较熟悉的事情,以消除拘束感,比如,他的住房、家庭、子女、个人爱好等。然后逐步地把话题引向访谈的内容。开始提出的问题除了在内容上应该是比较简单的以外,访谈员提问的速度也应相对慢一点,使受访者有一个逐步适应的过程。

第六,在受访者回答问题的过程中,访谈员要专心听,并认真记笔记。这样做可以给受访者一种正式感、受尊重感和谈话价值感。在这一过程中最关键的因素是:访谈员的目光要恰当地同受访者保持接触。所谓恰当,指的是既不能埋头记笔记,而忽视了通过目光同受访者进行交流;又不能长时间把目光停留在受访者脸上,因为这样往往会引起受访者的紧张感、不自在感,影响到他的谈话。要使自己的目光在笔记本和受访者这两者之间自然地转换,随时让受访者感到你在十分认真、十分仔细地听取他的谈话、他的意见和看法。

第七,掌握正确的记录方法。访谈的目的是收集某类现象的资料,访谈记录的质量则是关系到访谈资料的客观性、准确性和全面性程度的重要因素。在实践中通常采用两种方式进行无结构访谈的记录工作:一种叫当场记录;另一种叫事后记录。

当场记录即边访谈边记录,它是访谈员采用得较多的一种形式。在当场记录中,要想把受访者说的每一句话、每一个字都记下来,不仅是不可能的,而且也是不必要的。因此,应该有重点、有选择地进行记录。主要做法是:对受访者讲述的事件、列举的实例,特别是事件或实例中的时间、地点、人物、状况、性质,等等,要尽量完整地记录;对受访者关于某一问题所表示的观点,对某一现象的主要态度、主要见解,等等,要准确地记录,并且最好能记下他的原话,而不要用自己的话去"概括"或"归纳"受访者的话;对于受访者在回答中的一些过渡性语言、承接性语言、重复性语言、口头语,等等,则不要记。记录时,对不同问题的回答,以及对不同的事件、不同的方面、不同的内容的回答,都要在形式上明显地分开,各自形成单独的一段,而且要分层次、分段落、不留空隙地从头记到尾。当场记录最理想的方式当然是进行访谈现场录音,但这一定要事先征得受访者的同意。

事后记录是指在访谈结束后,靠回忆进行追记的方法。它的优点是既不会影响访谈时访谈员与受访者之间的互动,又有较好的消除受访者心理压力和紧张感。但其缺点是所追记的资料往往很不全面,遗漏之处很多,且所记内容也不确切。

三、文献法

(一)文献法的概念及特点

文献法是指根据一定的调查目的而收集和分析书面或声像资料的方法。文献是人们专门建立起来储存与传递信息的载体,是人们从事各种社会活动的记录。它包括了用文字、图像、符号、声频、视频等手段记录人类知识的各种形态的物质。文献有三个基本要素:一是有一定的信息;二是有一定的物质载体;三是有一定的记录手段。社会文献资料之所以为调查研究所必需,是因为任何文献都是一定社会现象的记载。它反映了该社会某一时期的社会特点和风貌,虽然有时是间接的反映,但是这也为我们研究社会的现实问题提供了有价值的参考。为了全面地研究现实,就要了解与现实有关的已有的各种资料。因此,文献法是社会调查中必然要用到的一种方法,而各种社会研究报告本身也可以作为文献提供给未来的研究者。

相对于其他的收集资料的方法,文献法有一些比较突出的特点:

(1)间接性。

文献研究处理的资料是间接性的第二手资料。使用文献法的研究者可以超越时空条件的限制,研究那些不可能亲自接近的研究对象。例如,我们现在要想研究唐代佛教对社会生活的影响,只有通过查阅大量史籍才能具体进行描述与分析。还有许多研究历史上社会现象的实例。例如,1968年美国社会学家兰兹等人想研究工业革命前美国的婚姻家庭。但那个时期的人都不在了,因而美国独立前13个州的杂志几乎是唯一可能的资料来源。使用文献法,可在相当大的程度上打破时间、空间的限制,研究大量他人实地观察所涉及的社会现象。

(2)稳定性。

文献法不直接接触研究对象,不会产生研究的"干扰效应"。文献始终是一种稳定的存在物,不会因研究者的主观偏见而改变,也不会因研究者不同而改变。这就为研究者客观地分析一定的社会历史现象提供了条件。

(3) 效率高，花费少。

文献法是获取知识的捷径。它可以用很少的人力、经费、时间，获得比其他调查方法更多的信息。文献一般集中存放在档案馆、图书馆、研究中心等地方，随时可以去查阅、去摘录，花费主要是车费、复印费和转录费等。

但是，文献法也有它的局限性，主要体现在：

(1) 不完全性。

文献对于社会调查研究来说，总是一种不完全的资料，因为文献的各个作者并不都按照同一个主题与要求记录社会现象。往往出现这样的情况：研究者需要的材料太简单，不需要的材料却很详细；有时，收集到的所有文献都没有特定内容的专门记载。

(2) 文献调查所获得的信息与客观真实情况之间，总会存在着一定的距离。

这是因为，任何文献都是一定时代、一定社会条件的产物，都是一定的人撰写的。因此，任何文献的内容，都有一定时代和社会条件的局限性，都受到作者个人素质的制约。

因此，虽然文献资料并不都是可靠的，但文献资料的前述优点，使文献调查法有广泛的应用价值。

文献调查的作用主要体现在：

(1) 它能作为社会调查的先导。

文献资料能帮助调查者确定研究课题、研究重点和建立研究假设。

(2) 它能为比较研究和动态研究提供必要的依据。

(3) 它能为社会现象的研究提供现实的依据。

有的学者认为文献研究只能作为调查研究的先导，而不能作为现实问题研究的依据，这种观点欠妥。文献资料可以为社会现象的研究提供现实的依据。如，根据报纸上、杂志上刊登的大量经济犯罪案件，可以对改革开放条件下，经济犯罪的某些规律做深入的探讨；根据"征婚启示"，可以对当代青年的择偶心理有一定的了解，等等。

当然，由于文献调查法的局限性，在调查中仅仅依靠文献调查是不够的，它常常要与其他调查方法结合起来，才能取得更好的效果。

(二) 文献资料的种类

文献调查依据的是文献资料。文献资料的种类繁多，常用的分类依据有以下两种。

1. 文献的加工程度

根据文献的加工程度，可将文献资料分为原始资料和次级资料两大类。原始资料是指未经加工的或者仅在描述性水平上整理加工的资料，它主要有：实验记录、会议记录、谈话记录、观察记录、个人日记、笔记、信件、档案、统计报表，作者本人直接根据所见所闻而撰写的材料等。次级资料是指研究者根据一定的研究目的系统整理过的资料。如文摘、综述、述评、动态、年鉴、辞典、百科全书等。其资料来源或是原始资料，或是他人的研究成果。有的资料几经转引，常常已经是第二手、第三手资料了。

由于原始资料常常难以找到，因此在文献调查中往往依赖次级资料，这虽然比较方便，也可以加快研究速度，但是有些次级资料由于几经转手，其可靠性程度已比较差。因此，在充分利用次级资料的同时，还应当重视原始资料的收集与利用，如有必要，还应通过实地调查来收集原始资料。

2. 文献资料的形式

按照文献资料的形式，可以将文献资料分为文字文献、数字文献、图像文献和有声文献四类。

文字文献是指用文字记录的文献资料。它是应用最广泛的文献形式。它包括：出版物，如报纸、杂志、书籍等；档案，如会议记录、备忘录、大事记等案卷；个人文献，如日记、笔记、信件、自传、供词等。

数字文献或称统计文献，是指用数据、表格等形式记载的资料，包括统计报表、统计年鉴等。这一类文献资料在文献调查中正在发挥越来越重要的作用。

图像文献，即用图像形式反映一定社会现象的文献，包括电影、电视、录像、照片、图片等。这一类文献形象直观，在新闻调查、案件调查等特殊的社会调查中具有重要作用。

有声文献，即用声音反映一定社会现象的文献，包括唱片、录音磁带等。

随着电子技术的迅速发展，上述各种文献形式都可以"电子出版物"的形式出版。电子出版物的问世，极大地增加了出版物的信息容量，提高了文献检索的效率和文献的利用率。它将成为文献调查的越来越重要的对象。

(三) 文献资料的收集方法

要收集文献必先查找文献。查找文献资料的主要操作方法有两种：

(1) 检索工具查找法。

检索工具查找法即利用已有的检索工具查找文献资料的方法。文献检索工具可分为两大类：一是手工检索工具；二是计算机检索工具。手工检索工具，按著录的形式，可分为目录、索引和文摘等。利用检索工具查找文献，可以采用顺查法，也可采用倒查法。顺查法，即由远到近，逐年逐月按顺序查找；倒查法，即由近而远，回溯而上，一边查找一边筛选。

一般来说，围绕特定专题查阅一定时期内的相关文献，宜用顺查法，即由远而近查找。最新的文献资料，宜用倒查法，即由近及远。但无论顺查还是倒查，都必须注意调查课题的时间性。如要调查我国私营企业主的情况，就要查找 80 年代中期以后的文献；而要调查企业股份制改革的情况，就应查找 90 年代以后的文献，而不必回溯到更远的年代。

(2) 参考文献查找法（追溯查找法）。

参考文献查找法（追溯查找法）即利用著作者本人在文章、专著的末尾所列的参考文献目录，或者是文章、专著中所提到的文献名目，追踪查找有关文献资料的方法。具体做法是，从已经掌握的文献资料开始，根据文献中所列的参考文献和所提到的文献名目，直接去查找较早一些的文献；再利用较早文献中所列的参考文献和提到的文献名目，去查找更早一些的文献。如此一步一步地向前追溯，直到查找出比较完整的文献资料为止。

在文献调查过程中，人们往往将检索工具查找法和参考文献查找法结合起来，交替使用。或者是先采用检索工具查找法，查出一些有关的文献资料，然后再根据文献中所列或提到的参考文献名目，去查找更早一些的文献，或者是先采用参考文献查找法，查找出更早一些的文献,然后再采用检索工具查找法,去扩大查找文献的线索,如此交替使用两种查找文献的方法,直到查出自己所需要的全部文献为止。

一般来说,检索工具查找法,较适用于检索工具书比较齐全的部门或单位;参考文献查找法则较适用于不收藏检索工具书的部门和单位。因此,进行文献调查,应根据不同的情况,选择不同的查找文献的具体方法。

目前我国图书馆已经大量引进计算机检索工具。计算机信息检索的优点在于速度快、耗时少、查阅范围广,甚至可以查到国外刚刚出版的期刊论文的信息。计算机信息检索的优点还在于检索内容的专指性强,可以从文献型数据库中以文献的发表年份、文献中提及的人名等查找相关文献。计算机信息检索主要适用于已经数字化的近期文献信息和动态性信息的查找。

因此,通过比较手工检索与计算机信息检索可以看到,手工检索的优点是检索时间和检索范围都不受限制。但是手工检索耗时多、效率低,因此查找效果往往不如计算机信息检索的好。手工检索主要适用于纸质印刷书刊文献,特别是早期文献信息的查找。

互联网已经成为目前世界上最大的信息资源库。随着互联网的迅速发展及超文本技术的出现,基于客户/服务器的检索软件的开发,使客户/服务器网络检索模式开始取代以往的终端/主机结构,成为联机检索的发展趋势,使联机检索进入一个崭新的时期。人们已开始利用各种搜索引擎在互联网进行文献检索,同时,还在互联网专业文献数据库中进行文献检索,逐渐取代手工检索工具。

第二节 定性资料分析

一、定性资料分析工具

定性研究作为实证研究的一个路径,一直在向着认识论意义上的"价值中立"靠拢。其中的标志就是,定性分析的工具越来越成熟而规范。借助计算机技术的支持,用于定性分析的工具软件的处理能力也越来越强大。这里仅简单介绍两款常用的定性分析工具软件。这些软件的操作程序并不复杂,后续的定性分析内容也不再对这些分析软件的操作方法予以演示。读者如有需要,可以阅读专门的操作手册来进行定性分析。

(一) MAXQDA 定性分析软件

MAXQDA 是一款专门用于定性和混合方法数据分析的软件。这款软件作为一套 Windows 和 Mac 平台的通用工具软件,可以用来分析所有的非结构数据,包括访谈、文章、多媒体和专项定性调查资料等。MAXQDA 第一版发布于 1989 年。此后经过不断的版本升级,已经具备较强的资料处理能力,成为定性研究人员十分喜爱用的一款定性分析工具软件。MAXQDA 的基本功能包括以下几个方面。

(1) 组织和分类数据。

可以使用 MAXQDA 来管理整个研究项目,包括访谈、焦点小组、在线调查、网页、图像、音频和视频材料分析、电子表格处理及参考书目数据处理,甚至 Twitter 等自媒体的数据导入等。

(2) 编码和检索。

对数据文本采用不同的颜色、符号标注重要信息,建立符合研究目的的符码。

(3) 分析和转录多媒体。

使用 MAXQDA 可以直接编码音频和视频文件,而无须先创建一个转录文本。

(4) 混合方法导出。

MAXQDA 可以集成定量方法或数据输入到研究项目中、链接定性数据到人口统计变量、量化定性分析,以及计算统计频率。MAXQDA Plus 额外包括插件模块 MAXDictio,增加了定量文本分析功能到 MAXQDA 中,可以更方便地分析词汇量或文本内容。

(5) 可视化和理论测试。

自动或手工生成数据的可视化。通过导出结果到报告和演示文档中,可以产生令人难忘的图像;也可使用制图工具 MAXMaps 来创建各种图像。

(6) 导出和报告。

MAXQDA 不会锁定数据,可以将文件的部分项目、单个文档、搜索结果或整个项目导为多种文件格式,如 Excel、Word 或图像。

(二) Nvivo 定性分析软件

Nvivo 也是一款定性分析软件,也有分别适用于 Mac 和 Windows 平台的版本。利用 Nvivo 可以分析各种文本材料(包括文档、PDF、音频、视频、照片、在线调查等),功能相当强大。Nvivo 的基本功能包括以下几个方面。

(1) 自动编码。

借助于内嵌的结构化数据分析模块,可以对大量文本数据展开快速自动编码;也可以根据研究者确定的主题或观点对文本内容进行自动编码。

(2) 数据分析。

使用框架分析将大量数据浓缩成主题概要;使用社会网络分析来发现和研究网络中有影响力的信息流。

(3) 信息组织。

使用主题、个案和关联代码等来组成所需要的信息;使用强大的数据查询功能搜索信息;从文献管理软件(如 EndNote、Zotero、Refworks 和 Mendeley 等)导入和管理信息;从笔记软件(如 OneNote 和 EverNote 等)导入信息;使用备忘录和注释功能记录想法和见解;通过 API 直接从 SueveyMonkey 和 Qualtrics 导入调查。

(4) 形成报告。

产生编码结构报告;使用一整套可视化工具来实现数据可视化,实现研究结果和思想的直观分享;支持导出适用 Word 和 Excel 的报告。

此外,Nvivo 还支持与其他定量统计分析软件,如 Excel 和 SPSS 文件合并或导出和导入此类文件。

（三）定性分析软件的可视化输出

数据分析结果的可视化，日益成为统计分析软件的共同追求之一。两款定性分析软件在可视化输出功能方面，均具有很强的竞争力。概括起来，比较典型的可视化输出功能主要包括以下两个方面。

（1）编码条纹和高亮显示。

通过此功能可以借助彩色编码条纹和高亮显示来查看数据的编码情况，非常方便识别、比较和审查编码合理与否，也便于修改编码。如果编码工作是团队型的，还可以比较不同人的工作，为寻求一致性提供方便。

（2）生成图表。

借助图表形式反映分析过程、结果和数据源，更能激发对新主题的发现。这些图类型有：词汇树、词语云、探索图、比较图、思维导图、项目图、概念图、群集分析图、层次结构图、地理信息化图和社会关系图等。

熟练掌握这些可视化输出工具的功能和内容，可以有效地发挥软件的定性功能，也会使得研究成果的形式、品质因分析工具得以提升，即可以提高效率。

二、定性资料分析的步骤

定性资料分析的过程指的是一个对定性资料进行分类、整理、综合、归纳的过程。它的逻辑是一个归纳逻辑，即从具体的、个别的实例出发，总结概括出一般概念、理论。我们一般将整个定性资料分析的过程大致分为资料判别、阅读编码和归纳抽象三个阶段。

（一）资料判别阶段

资料判别指的是研究者对收集到的资料进行检查、分类和简化，使之条理化、系统化的过程，可以为进一步分析提供条件。可以说，资料判别既是资料收集工作的继续，又是资料分析的开端，它是二者的中间环节。

我们经过实地调研得到的资料也需要去伪存真，不仅在理论上需要我们对实地调研资料进行判别，而且在实地调研实践中需要我们对许多影像资料可靠性的因素有清醒的认识。

第一，从理论上分析，对实地调研的资料进行判别是符合反思社会学要求的体现，也是实地调研的理论基础发展脉络的要求，同时反映出调研者应具有的方法意识和方法素养，也反映了调研者所应具备的学术道德规范。

第二，从实践上看，实地调研的资料会受到一些因素的影响，而调研者需要对这些资料进行充分估计并自觉反思，才能保证调研资料的可靠性。

对于实地调研的资料判别，调研者至少需要从方法意识、实施调研、资料收集、资料分析与呈现四个方面做出努力。

（1）在方法意识上，调研者应对影像资料可靠性的因素要有清醒认识。

保持调研中的反思性是必须具有的一种态度。面对涉入"事件"中的调研对象提供的信息，实地调研者对资料的判别应特别注意实践中可能影响到资料可靠性的因素。

实地调研者不仅要是法官,而且还要是内部人。我们知道,法官其辨别力是强,但有些内幕,法官永远也不可能知道。而内部人却可以"关起门来"分享此等秘密。因此,调研者既要做台前的法官,也要做幕后的"自己人",必须要具有清醒的判断力,否则就可能被蒙骗或误导。保持反思性的关键是需要从权力关系与利益立场来考虑问题。

福柯在一系列著作中,特别是在《规训与惩罚》的讨论中提出了一个关于知识产生的、激烈的后现代命题——知识是权力的产物。苏力也曾经从权力的关系角度对法律社会学调查进行了探讨。

除了将权力关系迁移进来考察外,利益立场也是资料判别的一个很好视角。实地研究收集的资料有一个显著特点就是利益嵌入性。调研者往往带有一定的利益立场,例如,实地调研的调研对象的抽样一般采取目的性抽样的方法,又称"理论型抽样"(theoretical sampling),即抽取能够为研究问题提供最大信息量的人、地点和事件,因此抽取的人、地点与事件对于实地研究来说,都是嵌入利益的。因此,对于实地调研的资料判别需要考虑到利益立场问题。

(2) 在实施调研的过程中,调研者应注意观众效应。

实地调研者会对于调研对象本身产生一种潜在的观众效应,这一点往往被调研者所忽视。调研者的入场就如观众进场一样会给人一种社会刺激的效力。实地调研者进入实地过问有关事件,是对调研对象很大的心理支持,有时甚至会激发他们的行为。所以对于调研者来说,应该对此保持一种清醒的认识。

(3) 在资料收集上,调研者应多方求证资料。

由于不同调研对象的不同利益立场及实地调研中存在不同的权力关系,要提高调研资料的可靠性,就应该全面加强调研资料的横向和纵向的印证,通过多种情境确认调研资料的可靠性,通过不同利益立场的信息提供者接近真实。调研资料的真实性既是个理论问题,更是个实践问题。从根本上说,是调研者的主观世界是否与客观世界相吻合的问题。深入调研、多方求证、求真务实、实事求是的实地调研是资料可靠性的一种保证。

(4) 在资料分析与呈现上应规范化。

收集完资料以后需要对其进行分析。正式开始分析之前,需要认真阅读原始资料,通过"投降"和"怀疑"两个过程,保证自己熟悉资料的全部内容。在阅读资料时,需要采取一种"投降"的态度,即放弃自己原有的"假设"和"偏见",尽量将自己完全沉浸在资料所浮现的意义中,并反思自己的即兴反应。但同时也要抱着一种怀疑的态度来审视所收集的资料。

在资料的呈现中,如果不能判别,那么就应该标明陈述者,由读者去理解,而不应该以自己的语言来转述,即应在介绍陈述者的利益立场的基础上以引述的形式来呈现调研资料,而且实地调研的论文也应有专门的资料判别介绍。

一般而言,资料判别包括资料审查、资料分类和资料汇编三个阶段。第一,资料审查。资料审查的目的是消除原始资料中的虚假、差错、短缺、拖沓等无效资料,以保证资料的真实、完整、有效,为下一步的整理分析打下基础。对定性资料的审查主要集中于真实性、准确性和适用性。第二,资料分类。资料分类有两种方法:一种是前分类,指的是在收集资料之前定下分类标准,然后按分类指标收集和整理资料;另一种是后分类,指的是在资料收集完成后,再根据资料的性质、内容和特征分类。定量资料通常采用前分类,而定性资料则一般采用后分类。第三,资料汇编。资料分类之后,就要开始将资料按一定的逻辑结构进行汇总和编辑,即资料汇编。

(二)阅读编码阶段

在阅读编码阶段,研究者要重新开始逐段逐行地仔细阅读每一段实地记录,分析每一段笔记的内容,并且在阅读中进行资料的各种编码工作。通常,研究者边阅读边根据具体内容做记号,以标签的形式表明各种具体事例、行为、观点的核心内容或实质,并将其归入所属的各种不同主题或概念备忘录中,形成整理后的、具有更为清晰的内容框架的资料。

(三)归纳抽象阶段

在归纳抽象阶段,要根据不同的标准或从不同的角度,仔细审阅和思考资料中所做的各种记号,思考和比较各种不同的主题,看看哪些东西反复出现,看看哪些资料中存在突出差异,并从中归纳或抽象出解释、说明现象和社会生活过程的主要变量、关系和模式。

在定性资料的分析阶段,一个十分关键的环节是,我们必须能够从大量的经验材料中识别那些构成更大的社会结构的社会互动和社会关系。我们不能把在实地调研中所得到的这些互动和关系仅仅看作具体的、特别的行为,同时也要把它们看作更为抽象、更为一般的概念在具体社会生活中的例子。我们必须理解这些行为和关系是如何相互联系并形成社会结构的一种特定类型的。当然,这也是定性资料分析中最为困难的一项工作。

实地调研所得到的材料是丰富的、生动的和具体的,研究者必须从中进行选择和组织,利用它们来展示更带有普遍意义的社会行为模式、更为一般的社会结构和社会过程。可以说,现实生活为研究者提供了材料,而研究者则要对这些材料提供自己的分析。

(1)定性研究资料收集的方法主要包括观察法、访谈法、文献法。

(2)科学的观察具备的特征有:①有一定的研究目的或研究方向;②预先有一定的理论准备和较系统的观察计划;③有较系统的观察或测量记录;④观测结果可以被重复检验;⑤观察者受过一定的专业训练。

(3)访谈分为结构式访谈和无结构访谈。结构式访谈要求在访谈过程、访谈内容、访谈方式等方面都尽可能统一,做到标准化。与结构式访谈相比,无结构访谈的最大特点是深入、细致。但是,这种访谈方法对访谈员的要求比结构式访谈的要求更高;这种访谈方法特别耗费时间,而且所得的资料难以接受统计处理和定量分析,使得访谈的规模受到较大的限制。

（4）文献法是指根据一定的调查目的而收集和分析书面或声像资料的方法，它反映了该社会某一时期的社会特点和风貌，虽然有时是间接的反映，但是这也为我们研究社会的现实问题提供了有价值的参考。文献法是社会调查中必不可少的一环。

（1）定性研究资料的收集方法有哪些？它们各自的特点是什么？

（2）定性研究资料的分析工具有哪些？特点如何？具体如何操作？

（3）一般定性资料分析的步骤是什么？

第十章自测习题

第十一章 内容分析法与案例研究

学习目标
1. 了解内容分析法的基本概念。
2. 熟悉分容分析法的类型。
3. 掌握内容分析法的步骤。
4. 了解并掌握案例研究。

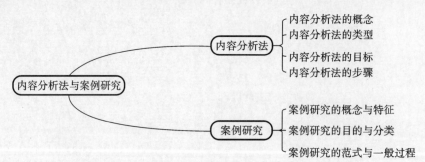

第一节 内容分析法

一、内容分析法的概念

内容分析法(content analysis)是一种对先于研究而存在的文本内容进行客观的、系统的、深入的、详细的、量性的描述和分析,透过现象看本质的定性研究方法。这些文本包括个人和组织发布的能用于研究的所有资料,如书籍、杂志、网页、诗歌、报纸、歌曲、绘画、讲演、信件、电子邮件、谈话笔录、网络上的布告、法律条文和宪章,以及其他任何类似的成分或集合,最终表现形式可以是文字、图片,也可以是音频或者视频。内容分析研究方法起源于传播学领域。20世纪50年代,美国学者贝雷尔森出版《内容分析：传播研究的一种工具》一书，首次确立了内容分析法的地位，但真正使内容分析法系统化、全球化的是学者奈斯比特（Naisbitt），他通过运用内容分析法主持出版了享誉全球的《大趋势》。

内容分析法综合了诸多学科领域的思想，如心理学、社会学、历史学、教育学、新闻学、政治学等，目前并没有形成统一的概念，许多学者从自身研究的角度进行了阐述。例如，Douglas Walples 和 Bemard Berehon 将内容分析法定义为"试图为不够明确的描述赋予定义，借以客观地显示给阅读者刺激的本质及其说服力，是一种客观地、系统地、定量地描述交流的明确内容的研究方法"。Kaplan 强调了分类和词频处理等环节，将内容分析法表述为"旨在以系统类目对文章内容予以定量分析。系统类目的设计旨在产生适合该内容特殊假设的资料"。而 Janis 则认为内容分析法是一种信号的分类技巧。这种技巧是建立在具有明确规则的基础之上的，是一种集定量和定性为一体的研究方法。

此外，不同的应用学科对何谓内容分析法有着不同的认识和定义。

在传播学领域中，《英汉大众传播学词典》对内容分析法的定义：内容分析法是一种注重客观、系统及量性的研究方法，其范围包含传播内容与整个传播过程的分析，针对传播内容做叙述性解说，并推论该内容对传播过程所造成的影响，尤其重视内容中的各种语言特性。美国著名的传播学者贝雷尔森 1952 年在《信息交流中的内容分析》一书中提出，内容分析法"是对信息交流中的内容进行客观、系统和定量描述的一种研究技术"。

在图书馆学和情报学领域中，学者普遍认为，内容分析法是一种对文献内容进行客观系统的定量分析的方法，其目的在于挖掘文献中的事实和趋势，揭示文献所包含的隐性情报内容，从而对事物发展做出情报预测。此外，还认为内容分析法实质上是一种半定量研究方法，基本做法是把媒体中文字的、有交流价值的非量性信息转化为定量数据，以建立有意义的、分类交流的内容资料，从而分析信息的某一侧面特征。

在社会学领域中，美国著名的社会学家罗伯特·金·默顿认为，内容分析法是一种考察社会现实的方法，在这种方法中，研究者通过对文献的显性内容的特征的系统分析，得到对与之相关的潜在内容的特征的推论。风笑天教授在《社会学研究方法》一书中论述，内容分析法可以按大的方法论取向分为定量和定性的两种。

综合来看，内容分析法不仅是一种独立的、完整的科学研究方法，也是一种对文献内容做客观、系统分析的定量和定性相结合的资料分析方法。它通过对文字的、非量化的、有交流价值的信息进行定量转化，建立有意义的类目分解交流内容，来分析信息的特征，明确或检验资料中本质性的事实和趋势，以揭示资料所含有的隐性内容，并对事物发展做出预测。

在近百年的发展历程中，内容分析法已经被广泛运用到新闻传播、经济管理、政治军事、社会心理等社会科学领域，取得了显著的成效。随着信息时代的发展，内容分析法在旅游学研究中也占据了重要地位。而随着计算机技术的进步，辅助分析软件大量出现，极大地节约了研究人员时间和精力，为内容分析法的发展赢得了新的契机。

二、内容分析法的类型

内容分析法作为一种研究社会现实的科学方法，在不断的理论探讨和实践应用中逐步趋于成熟完善。在此过程中,在围绕该方法究竟是定性研究还是定量研究的激烈争论中,研究者先后提出了以下几种有代表性的方法类型。我们从中也可以看到内容分析法的演变轨迹以及技术进步对其发展的推动作用。

(一)解读式内容分析法

解读式内容分析法(hermeneutic content analysis)也叫描述式内容分析法,是一种通过精读、理解并阐释文本内容来传达作者意图的方法。"解读"的含义不只停留在对事实进行简单解说的层面上,而是涉及整体和更高的层面,要求把握文本内容的复杂背景和思想结构,从而发掘文本内容的真正意义。这种高层次的理解不是线性的,而是具有循环结构的。单项内容只有在整体的背景环境下才能被理解,而对整体内容的理解反过来则是对各个单项内容理解的综合结果。

这种方法强调真实、客观、全面地反映文本内容的本来意义,具有一定的深度,适用于以描述事实为目的的案例研究。但因其解读过程存在不可避免的主观性和研究对象的单一性,其分析结果往往被认为是随意的、难以证实的,因而缺乏应用普遍性。

(二)经验式内容分析法

经验式内容分析法(empirical content analysis)是一种将定量内容分析和定性内容分析结合的方法,具有客观、系统和定量的特点。定量内容分析强调将文本内容划分为特定类目,计算每类内容概念出现频率,描述明显的内容特征。其中,用作计数单元的文本内容可以是单词、符号、主题、句子、段落或其他语法单元,也可以是一个笼统的概念。但是,仅仅使用定量内容分析并不能保证分析结果的有效性和可靠性。还需要通过定性内容分析对文本内容中各概念要素间的联系及组织结构进行描述和推理性分析。通过定性内容分析可以衡量文本的可读性和读者的理解情况。

因此,经验式内容分析法将定性方法和定量方法结合起来,可以:对研究问题进行基本认识和理论推导;客观选择样本并进行复核;在整理资料过程中发展一个可靠而有效的分类体系;量化分析实验资料,并做出合理的解释,从而对文本内容进行更为客观、系统和量化的描述。

(三)计算机辅助内容分析法

计算机技术的应用极大地推进了内容分析法的发展。计算机辅助内容分析法(computer-aided content analysis)是指在分析软件的帮助下进行内容分析的新方法。正是计算机技术将各种定性、定量研究方法有效地结合起来,博采众长,才使内容分析法取得了飞跃发展。目前,互联网上也出现了众多内容分析法的专门研究网站,相关论坛在这方面的讨论也是非常热烈。

三、内容分析法的目标

内容分析法的本质是对文献内容所包含的信息量及其变化的分析。其研究目的是根据数据对内容进行可再现的、有效的推断。内容分析法兼具量化分析与质化分析的优势,适用于多类型的研究工作,主要运用比较和推断的思维完成研究目的。丹尼尔·

里夫认为,使用内容分析法本身往往就是研究目的,因为它是能回答关于内容的研究问题的方法。内容分析法倾向于对内容进行描述,通过弄清或检验文献中本质性的事实和趋势,揭示文献所含有的隐性内容,对事物发展做出预测。

结合多位学者的意见,以及内容分析法在不同领域中的应用,我们将内容分析法在旅游研究中的目的归纳为以下四点:

第一,分析事物特征。

通过对研究对象和旅游现象问题,或在不同场合显示出来的内容资料进行研究,对不同样本的量化结果进行比较,找出其中稳定的、突出的因素,从而判定这一对象的特征和状态。主要通过资料中特征词的分布情况和研究者的推断来实现分析。收集不同阶段的资料,可以分析不同阶段事物的特征和状况,这里所说的阶段包括对历史的总结和对现状的归纳。比如,研究者可以通过收集某一目的地的游记资料,判断个体旅游者的旅游动机,了解个体旅游者的态度,进而借助相关统计手段,掌握该目的地最具吸引力的是哪些内容,以及旅游者对该目的地的满意度情况。

第二,预测事物趋势。

通过对某对象、对同一类对象的不同时期显示的内容资料进行分析,对这些不同样本的量化结果加以比较,可以找到发生变化的因素,用来判断这一对象在某一类问题上的发展趋势。趋势预测分析表征某一特征的信息的数量、重要性、强度等指标在不同时序里的变化和差异,是一种历时性的分析和推理,需要长时间的样本数据。

趋势预测一般分为三个步骤:首先需要确定时间单位,也就是反映事物变化的时序,比如以年为单位;其次需要比较不同时间单位的事物特征;最后根据比较结果推断事物的发展趋势,实现预测。

在旅游研究中,趋势预测比较常见,比如学术发展跟踪,以"内容分析法+旅游"为关键词在中国知网进行精确搜索,统计2015年到2021年的文献数量,以年为单位,可以发现相关的旅游研究论文数量呈不断上升趋势,因而可以判断内容分析法应用于旅游研究还有较大的前景和空间。

第三,比较事物差异。

通过对来自同一个中心问题但对象或来源不同的样本内容进行分析,把这些来自不同对象的样本的量化结果进行对比,可以找到它们之间的异同点。内容分析法所实现的比较分析可以是同一事物在不同阶段的比较,类似于预测趋势前的分析阶段,也可以是不同事物之间的比较,但是不同事物之间的比较应该是一种共时性的比较。这两种比较都必须采用同一指标体系,否则将失去比较的参照标准。

比较的内容非常多样化,比如内容特征和风格等。以目的地形象的研究为例,随着互联网的发展,越来越多的人从网络收集目的地信息,而这些信息也在构建着目的地形象。收集不同群体在同一时段关于某一个目的地形象的文本,包括官方传播文本和旅游者传播文本,可以比较官方传播的目的地形象和旅游者感知的目的地形象的差异;收集同一时段不同网站的目的地形象文本,则可以比较不同网站传播的目的地形象的差异。

第四,探索事物关系。

内容分析法作为一种对研究对象的内容进行深入分析,透过现象看本质的方法,不仅能以词频描述事物的主题,更能以词语的属性揭示事物的内在特征。对文本中各概念要素之间的联系及组织结构进行归纳和推理性分析,可以探究传播的隐性或推断意义,并进一步根据研究者的知识和研究证据发展理念或构建理论。推断表征两个以上事物的信息同时出现的状况,可以得出其间的相关性结论;从事物之间明确的共线关系可以推断内在的因果联系。比如研究者想要探索旅游目的地不规范经营和管理行为对游客满意度的影响,为实现两个变量的关联,首先需要将两个变量的频次用统计分析手段联系起来,辅之以研究者的判读,也就是进行编码,接着运用相关统计手段分析两个变量之间的相关关系,得到目的地的不规范经营和管理行为与游客满意度之间的关系。

四、内容分析法的步骤

(一) 提出研究问题

确定研究问题或假设并加以清晰的表述是十分必要的,围绕确定的主题收集资料,尽量减少无用资料的收集,在此基础上,逐步完成各个研究步骤,从而提高内容分析的效率。在内容分析的实际操作中,较多的是先提出研究问题,在研究过程中可以调整问题或提出新的问题,一般只有在关系探索的研究中才会提出假设,需要注意的是,研究问题或假设的提出都需要阐述理论基础。

内容分析中提出研究问题需要注意下列三个问题:

第一,重视利用文本中无法观察到的现象。在内容分析要建构的问题中,研究问题需要关注建构世界中无法确定或可变的部分。

第二,探寻可能的答案。文本中可能存在许多答案,需要对文本持开放的研究态度,探寻众多可能答案。

第三,对研究问题进行必要的筛选。要考虑抽样文本将会揭示出什么,不是所有问题都可以作为研究问题,也不是所有问题都是高质量的研究问题。

(二) 设计分析维度及体系

分析维度及体系(也称分析类目表)是根据研究的需要,预先设计并将资料内容进行分类的项目和标准,也是进行内容分析的工具。分析维度及体系由类目和分析单位两个部分组成。类目是根据研究假设的需要,对内容进行分类的项目;分析单位是内容分析时进行评判的最小单位。具体流程如下:确定研究总体、制订内容分类标准并列出相应的类目、确定分析单位或分析单元。

1. 确定研究总体

确定研究总体,即发掘研究所需考察的各项因素。这些因素都应与分析目的有必然的联系,且便于抽取操作。研究总体是指所要研究对象的全体,或者是希望从中获得信息的总体。它由研究对象中所有性质相同的个体组成。

2. 制订内容分类标准并列出相应的类目

内容分析的核心问题在于类目系统的构建,这是一种概念化和操作化的设计,也是确定与研究问题或假设相关的变量的关键。类目系统的构建是联系理论和实践的过程,既依托于已有的理论基础进行类目的预设,也借助分析材料进行类目的修正与调整。分析的类目,是将资料内容进行分类的项目和标准,可以根据研究需要进行设计。

设计分析维度主要有两种基本方法:一是采用现成的分析维度系统;二是根据研究目标自行设计。

采用现成分析维度系统是指先让两人根据同一标准,独立编录同样用途的维度、类别,然后计算两者之间的信度,并据此共同讨论标准,再进行编录,直到对分析维度系统有基本一致的理解为止。最后,还需要让两者用该系统编录几个新的材料,并计算评分者的信度。如果结果满意,则可用此编录其余的材料。

自行设计是指研究者首先熟悉、分析有关材料,并在此基础上设计初步的分析维度,然后对其进行试用,了解其可行性、适用性与合理性,然后再进行修订、试用,直至发展出客观性较强的分析维度为止。

设计分析维度的基本原则是:第一,完整性。分类必须完全、彻底、能适用于所有分析材料,使所有分析单位都可归入相应的类别,不能出现无处可归的现象。第二,统一性。在分类中,应当使用同一个分类标准,即只能从众多属性中选取一个作为分类依据。第三,层次性。分类的层次必须明确,逐级展开,不能出现越级或层次混淆等现象。第四,事前约定性。分析维度必须在进行具体评判记录前事先确定。第五,可量化性。在设计分析维度时应考虑如何对内容分析结果进行定量分析,即如何使结果适合定量数据处理。

3. 确定分析单位或分析单元

选取研究总体以后,需要确定契合研究目标的分析单位,也就是从资料中选择可直接用于分析的个体单位,即寻找分析所需的各项考察因素,这些因素都应与具体的研究目标、研究总体密切相关,并以它们作为确定和选择的基础。组成总体的各个个体称作单元或单位。分析单位是指在内容分析法中描述或解释研究对象时,所使用的最小、最基本的单位。分析单位主要分为两类:一是内容本身,比如样本中的单词、符号、人物、主题、意义独立的词组、句子、段落,或者整篇文献等。二是内容来源,如样本来源群体、群体特征等。

需要注意的是,确定分析单位之后,当分析单位比较大时,常常需要选择一些与其有关的中、小层次的分析单位来加以描述、说明和解释。其次,如果发现原始资料中出现一个分析单位中包含两个主题的情况,最好对原始资料进行初步处理,使一个分析单位对应一个主题。比如在分析研究目的地的旅游体验相关文本时,在将句子确定为分析单位的前提下,如果收集的文本中出现了"我觉得这里的住宿和景观都很好",那么研究者可以把这句话分解为"我觉得这里的住宿很好"和"我觉得这里的景观很好"两个分析单位。

(三) 内容抽样

内容抽样就是选取内容分析的具体样本。抽样包括两个内容:一是界定总体,二是在总体中抽取代表性样本。在确定总体时,必须注意总体的完整性和特殊性。完整性是指要包含所有有关的资料;特殊性是指要选择与研究目标、假设有关的特定资料。而分析所有的资料存在难度,在这种情况,必须对总体进行抽样,应选择最有利于分析目的、信息含量大、具有连续性、内容体量基本一致的资料进行研究。

由于研究问题类型不同,抽样的方式也有所不同,对于那些具有普遍意义的问题,应该要选择概率抽样,保证总体中的每一个个体都有同等被选中的机会,而对于那些具有特殊意义的研究,可以考虑采用非概率抽样方式,尤其是可以考虑运用目的性抽样,选取具有代表性的样本。

总之,在收集这些类型繁多资料的基础上,应通过抽样获得有代表性的内容分析样本。抽样方法主要有来源抽样、日期抽样和单元抽样。

(1) 来源抽样。

来源抽样是指对材料来源的抽样,如决定选择什么样的论文、专著、报纸、杂志、演讲、电视节目等。例如,从《管理世界》期刊、中央电视台节目还是《人民日报》等中选取资料。

(2) 日期抽样。

日期抽样是指选择某一段时间的资料分析。例如,要研究改革开放后某领域的发展演变或规律,就要对近三十年的论文、专著等进行内容分析,就需要通过日期抽样(但在按日期抽样时,必须注意某种资料的周期性特征,以免造成样本代表性的失真)。

(3) 单元抽样。

单元抽样也称分析单位抽样,是指确定抽取资料的单元的过程,其中单元可以是一份、一段、一篇或一页,即确定抽取资料中的某一部分作为研究对象。

在实际操作中,研究者可以根据实际需要将这三种抽样方法结合使用,以提高样本的代表性和可信度。但抽取分析材料也必须注意总体的完整性和特殊性。

(四) 编码处理

编码是内容分析法的核心环节,即根据特定的概念框架,对口头的、文字的、画面的或是其他形式的信息做好分类记录,即需要将分析单位归类到分析类目之下。编码的两个重要部分是选择编码单位和制定编码单。选择编码单位,即选具体的观察和计算单位,其中词是最简单的编码单位,主题则是最常用的编码单位。编码单是对文献资料进行观察和记录的工具,类似于结构式观察所使用的记录单。

在编码过程中,显性编码(manifest coding)是对明显的、表面的内容,即那些能够直接看到或听到的词语、画面和图像等的编码。例如:研究者计算"红色"这个单词在一篇书面文本中出现的次数。研究者通过编码系统确定好需要分析的字词或动作,并通过使用电脑程序来搜寻以及统计。显性编码具有较高的信度,因为要编码的词语非常明显。但是,由于显性编码不考虑这些词语在内容中的含义,所以此类编码的效度受到限制。

隐性编码(latent coding),也称语意分析(semantic analysis),是指研究者寻找文本中潜藏的、隐含的意义。例如,研究者在阅读完一段文章之后,决定使用隐性编码确认该文是否带有浪漫主义表现或种族主义歧视。隐性编码的信度低于显性编码,因为它依赖编码者对语言和社会意义的理解。但隐性编码的效度高于显性编码,因为它不仅关注特定的词语,还关注其在上下文中的含义。

(五) 编码质量检验

内容分析具有客观性,其他研究者在重复同样的研究时应该产生相同或相似的结果,即获得结果的一致性,因此需要进行编码质量检验。编码的过程是一个人工判读的的过程,因而培训编码员,让编码员了解研究主题以及各个分析类目的含义,是保证结果科学的关键。但如果编码方案有误或是培训力度不够,编码信度可能受到影响,因此,针对一个研究问题应至少安排两名编码人员。

当然,如果样本量特别大的话,可以只抽取其中部分样本做试点编码,再计算编码员间的信度。如果信度系数在可以接受的范围内,则可以进入下一个分析步骤;如果信度系数没有达标的话,则需要重新对分析类目进行定义,并重新培训编码员,再重新编码。而对于两位编码员在独立编码过程中出现的细微差异,由两位编码人员进行商议,若不能达成一致,则提交第三位编码员决议。

(六)数据分析与研究报告

在编码结束之后,基本已经实现了资料的量化,研究人员可以对评价结果所获得的数据加以描述。这是以定量的方式对统计结果进行描述,并在定量基础上,辅之以定性方法进行深入分析和推断。具体包括描述各分析维度(类目)特征及其相互关系,依据研究目标进行比较,探究关于研究对象的趋势、特征或异同点等。也就是说,研究人员要对量化数据做出合理的解释和分析,并与文献的定性研究结合起来,提出自己的观点和结论。

通常情况下,研究人员可以进行相关统计分析,比如简单描述分析,包括频数分析、均值分析等;在简单描述分析的基础上可以实现因子分析、相关分析、回归分析等,或者借助语义网络将分析结果推进到语境中来考察,以实现研究目标。面对大量的样本资料时,单纯的人工处理显得耗时耗力、效率低下,借助计算机相关软件辅助分析成为趋势,许多研究人员在软件开发上付出了巨大努力,而他们的智慧结晶也极大地推动了内容分析法的应用。

当前国内应用最广的内容分析软件是 ROST Content Mining,该软件是沈阳教授研发的一种内容挖掘系统软件,针对网页、论坛、博客、微博等网络信息源,进行分词、词频统计(包括中文和英文)、聚类、分类、相似性、情感倾向、语义网络及社会网络等分析(借助 NetDraw 软件),实现内容挖掘、文本分析、知识处理等目的。此外 ROST 系列软件还包括 ROST Word Parser 词频分析软件,也可以实现中文分词和词频统计。Nvivo 是一款功能强大的质性分析软件,其 8.0 及以后的版本支持文本、图片和音像等多媒体格式的资料直接导入;支持团队同时对资料进行编码,实现快速计算信度;支持在编码的同时撰写备忘录,实现分析的高效。

第二节 案例研究

一、案例研究的概念与特征

案例研究是难度最高的科学研究方法之一。然而,作为一种科学的研究方法,案例研究却被认为不像其他科学研究方法那样"令人满意"。究其原因有两个方面：一是人们的理解存在偏差；二是人们由于案例研究自身特点（投入时间、精力过多；过程的严密性和结果的客观性）对其产生了偏见和疑虑。

案例研究的目的就是解读或深入理解现实生活中的某一或某组现象存在、形成或发展的内在机理。狭义的案例研究是深入剖析新问题或新现象，解释现有理论无法解释的现象或问题，以此激发新的研究或形成新的理论，这也是案例研究特有的价值。

（一）案例研究的定义

案例研究起源于芝加哥大学社会学院所进行的生活史研究及生活环境调查。然而当时这种研究方式被当作资料收集技术，从而间接地导致了案例研究的定义悬而未决。詹尼弗·普拉特于1984年首次将案例研究与参与观察以及其他各种形式的现场调查做出了明确的区分，并给出了简单的定义，即案例研究是一整套设计研究方案必须遵循的逻辑，是只有当所要研究的问题与其环境相适应时才会使用的方法，而不是无论什么环境下都要生搬硬套的规矩。学者Yin在1981年通过两种方法重新对案例研究进行阐释，逐步揭开詹尼弗·普拉特对案例研究进行定义时指出的"设计研究方案必须遵循的逻辑"的神秘面纱。

首先，案例研究定义的核心精神在于其研究的范围，即案例研究是一种实证研究，它应在不脱离生活环境的情况下研究当前正在发生的现象，并且这种待研究的现象与其所处环境背景之间的界限并不十分明显。因此，Yin认为，采用案例研究，是因为研究者相信事件的前后联系与研究对象之间存在高度关联，特别要把事件的前后联系纳入研究范围之内。

其次，在研究过程中，由于在现实生活中很难明确区分现象与背景条件，给界定案例研究带来了难度。因此，Yin又从研究过程的环节（包括资料收集、资料分析等）对案例研究进行技术层面的界定，即案例研究处理有待研究的变量比资料点（data points）还要多的特殊情况，需要通过多种渠收集资料，并把所有数据资料汇合在一起进行交叉分析。因此，案例研究需要事先提出理论假设，以指导资料收集及资料分析。

换言之，作为一种研究思路的案例研究包含了各种方法，涵盖了设计的逻辑、资料收集技术，以及具体的资料分析手段。就这一意义来说，案例研究既不是资料收集技术，又不仅限于设计研究方案本身，而是一种全面的、综合性的研究思路。

综上，结合先前研究和众多学者的意见，Robert为案例研究给出了经典定义，即案例研究是一种经验主义的探究（empirical inquiry），它研究现实生活背景中的暂时现象。在这样一种研究情境中，现象本身与其背景之间的界限不明显，研究者只能大量运用事例证据来展开研究。

（二）案例研究的特征

学者们对案例研究的特点描述加以整理，归纳总结出案例研究具有整体性、独特性、描述性、诠释性、归纳性和启发性。

1. 整体性

案例研究强调在一个完整情境脉络下理解研究的现象，反对简约主义或元素主义，以期对研究对象做深入剖析和全面理解。

2．独特性

案例研究着重于研究一个特殊的情境、事件、方案和现象，重点不是从案例研究发现中了解其他的情境、时空或其他的人物。相反，他所要寻求的是确定在案例中所要呈现的是什么，即案例研究虽然同时探求案例的共同性和特殊性，但最重要的还是独特性。

3．描述性

案例研究的趣味在于探讨现象的过程，而不是表达一些统计数据和因果关系，因此它是描述性的。

4．诠释性

案例研究提供了丰富的情境，注意到了行动者的意向，从而使读者能理解现象中复杂的关系，并了解行动者的参照架构及价值观，使其能对案例的事件加以思考和诠释。

5．归纳性

案例研究所依靠的是归纳推理逻辑，所以不能仅靠单一的资料收集方法，而必须使用多重证据来源，从收集的资料中形成概念或假设、一般规律。即案例研究者的兴趣是发现和理解一个现象而不是验证假设。通过研究所得的资料必须依靠归纳性推理。

6．启发性

案例研究使读者能够理解研究现象，并发现研究带来的新意义。它使读者拓展经验，或对已知的事实和知识加以确认，与读者在既有的经验上产生共鸣。

二、案例研究的目的与分类

（一）案例研究的目的

在被研究的现象本身难以从其背景中抽象、分离出来的研究情境中，案例研究是一种行之有效的研究方法。通过案例研究，人们可以对现象、事物进行描述和探索。它可以获得其他研究手段所不能获得的资料、经验和知识，并以此为基础来分析不同变量之间的逻辑关系，进而检验和发展已有的理论体系。此外，案例研究不仅可以用于分析多种因素影响下的复杂现象，还可以满足那些开创性的研究，尤其是以构建新理论或精练已有理论中的特定概念为目的的研究需要。

归纳起来，案例研究适用于解决三类问题：回答"怎么样"或"为什么"的问题；研究者几乎无法控制研究对象的问题；当前现实生活中产生的实际问题。案例研究特别适用于"新的研究领域或现有理论似乎不充分的研究领域"。案例研究在某个主题进行初期研究或需要新颖的观点时十分有用，而正常的科学研究则在认知的后期阶段十分有用。

作为一种研究方法，案例研究可以被用于许多领域。目前，案例研究已经成为心理学、社会学、政治学、社会救济、商业及社区规划方面的常用工具。人们之所以会采用案例研究，是因为它能够帮助人们全面了解复杂的社会现象；可以使研究者原汁原味地保留现实生活（如个人生命周期、组织管理过程、社区变化、国际关系以及某个产业的发展过程等）中有意义的特征。

（二）案例研究的分类

在社会科学研究方法这一定义层面，案例研究属于经验性研究方法的范畴。经验性研究方法（empirical research method）是对应非经验性研究方法而言的，它包括实地研究（field research）、实验研究（laboratory experimentation）、调查研究（survey）和案例研究（case study）。但在有的学科中，实地研究被进一步区分为狭义的实地研究、实地实验（field exponentiation）和案例研究。而在另一些学科中，案例研究与实地研究被视作基本同质的研究方法（余菁，2004）。与此同时，在管理科学研究中，"狭义的实地研究方法"的含义并不明确，而实地实验可以被归类为实验研究的一种。因此，适当扩大案例研究的内涵，使其近乎等同于实地研究的观点，是有利于案例研究发展的。

根据不同的划分标准，可以区分出不同的案例研究类型。服务于不同案例研究类型的方法是不同的。有些案例研究方法只适用于特定的案例研究类型。也有一些案例研究方法适用于多种案例研究类型。其分类如下。

1. 根据研究任务和目的分类

根据研究任务和目的的不同，案例研究可以区分为五种类型，即探索型（exploratory）、描述型（descriptive）、例证型（illustrative）、实验型（experimental）和解释型（explanatory）；也可以将案例研究区分为四种类型，即探索型、描述型、解释型和评价型。

以下对上面提到的几种类型进行详细介绍。

（1）探索型。

探索型案例研究侧重于提出假设，致力于探索新现象或新问题背后的规律，对某一问题形成初步的认识，为后续的研究提供服务。它们的任务是寻找新理论（theory-seeking）。该研究往往超越已有的理论体系，运用新的视角、假设、观点和方法来解析社会经济现象。这类研究以为新理论的形成做铺垫为己任，其特点是缺乏系统的理论支撑，相关研究成果非常不完善。

（2）描述型。

描述型案例研究侧重于对现象及其情景的完整描述，它们的任务是讲故事（story-telling）或画图画（picture-drawing）。因此，相对于探索性案例研究方法，其能够在已有理论框架下对企业实践活动做出详尽的描述。

（3）例证型。

通过该方法，研究者可以阐述企业组织的创造性实践活动或企业实践的新趋势。

（4）实验型。

当研究者希望检验一个企业中新实践、新流程、新技术的执行情况并评价其收益时，可以采用实验型案例研究。

（5）解释型。

解释型案例研究侧重于理论检验（theory-testing），即该研究强调寻找因果关系，并解释事情是如何发生的；解释型案例研究擅长于依据理论提出假设，然后根据案例研究的结果来验证假设是否成立。

(6) 评价型。

该研究侧重于就特定事例做出判断。

2. 根据研究案例数量分类

案例研究可以使用一个案例,也可以包含多个案例,因此根据研究案例的数量可以将其分为单案例研究与多案例研究。单案例研究是对一个案例进行深入详尽的描述、探索和分析,单案例研究可以包含一些子案例;多案例研究则是遵循"理论抽样"的复制法则,选择多个案例进行案例内分析和跨案例分析,其中双案例可以视为多案例的特殊情况。

需要强调的是,不能以案例的数量来评判案例研究的品质,发现新的理论关系、改进旧的理论体系才能体现案例研究的意义,所以我们应聚焦于重点案例的深度研究,而非泛泛地对众多案例进行表面研究。

单案例研究在以下几种情况下是合适的:首先,当一个案例是测试理论的关键案例时,用单个案例即可,即对某一极端案例或独一无二的案例进行分析,如在临床心理学上的案例研究。与第二种相反,研究有代表性的、典型的案例,有助于加深对同类事件、事物的理解。第二,研究启示性案例,研究者有机会观察和分析先前无法理解的科学现象。第三,研究纵向案例,可以对两个或多个不同时间点上的同一案例进行研究。

多案例研究的特点在于它包括了两个分析阶段——案例内分析和跨案例分析。多案例研究能使案例研究更全面、更有说服力,能提高案例研究的有效性。比如,多个案例可以同时指向一个证据,或为相互的结论提供支持。在多案例研究设计中,多个案例得出的证据更有说服力,但用多案例研究需要更多资源,如时间、经费和研究工作精力。每一个案例在研究中都有特定的目的,科研工作者常常要权衡利弊,合理选择每一个案例。

三、案例研究的范式与一般过程

案例研究的推进并不是随心所欲地进行的,还需要遵循科学的流程。一般情况下案例研究要遵循案例研究设计(明确研究问题、说明相关理论、明确分析单元)、数据收集(说明数据收集程序、数据来源)、数据分析(确定数据分析技术、实地记录、对原始数据编码、数据展示)、结论呈现(数据分析结果展示、撰写研究报告或论文)四个步骤。

(一) 研究设计

1. 理论在案例研究中的作用

依据理论指导案例研究设计和数据收集工作是保证案例研究成功实施的关键策略。我们可以借助理论来设定研究问题、选择案例、提炼案例研究设计、定义或编码收集的相关数据。理论在案例研究的整个过程都能够发挥作用,如预设概念和进行预测。预设概念适合解释型案例研究,在研究开始前根据相关理论预设一些概念,并将其体现在访谈草案或问卷中。当进行解释型案例研究时,研究者应事先从现有理论中演绎、预设一些研究假设,然后用多个案例验证。

一般情况下,在开展案例研究时,相关经验越少,越有可能需要应用一些理论知识。此外,一些有理论指导的案例研究,会比没有理论指导的案例研究更容易实施。因此,应尽可能了解相关的完整理论,进行文献综述,以便更合理地收集资料、分析归纳,最后的研究结论也要和这些理论进行比较。

2. 案例选择与筛选

(1) 案例研究对象的选择。

案例研究对象不是统计学意义上的样本,不遵循一般统计抽样原则。案例研究对象的选择遵循的是典型性标准。典型性案例又有三种不同的类型,即遍在案例、极端案例和启示性案例。

遍在案例,属于某一现象的遍在类型,选择案例时遵循集中性标准,集中性指所选案例集中了某个类别现象的主要特征和属性,因而普通案例成为该类别现象的典型载体。

极端案例,属于反常现象的共性类型,这类案例对象选择的标准往往是极端,即把最反常的案例作为研究对象,常用来探究某一现象出现的原因。

启示性案例,这类案例反映未知类型的共性(鲜为人知的类别),所选案例对某类现象最具有解释性意义(如旅游创意类产业)。

要判定一个案例是否典型,首先要弄清楚某一类现象的共性是什么,以及它包含哪些特征,然后列举一些具有此类共性的不同个体,最后对这些个体进行排列,去除那些不具备所有共性特征的个体,保留那些具备所有共性特征的个体,再从中选取那些最能集中体现所有共性特征的个体作为要研究的案例。

(2) 确定案例研究的目的与方式。

第一步,根据研究问题及研究目的来确定是开展探索型案例研究、描述型案例研究还是解释型案例研究。研究者需要把握这三种类型案例研究的不同点,根据不同类型以往的研究经验来指导案例研究设计。

第二步,需要决定案例研究包含一个还是多个案例,从而确定是开展单案例研究还是多案例研究,还是嵌入了子案例的单/多案例研究。例如,你的整体案例是讨论旅游企业或组织如何以及为什么实施相关的员工晋升政策,这项研究还从抽样调查结果、对员工相关记录等的分析来获取员工个人晋升(子案例)数据,如果这项研究被限定在某一旅游企业或组织,那么你将会有一个嵌入式的单案例研究,如果你以同样嵌入子案例的方式来研究两个或两个以上的企业或组织,那么你将得到一个嵌入式的双/多案例研究。

3. 案例研究品质指标

根据案例研究是一项实证研究的性质,可以运用以下四个指标来评价一个案例研究的品质:结构效度(construct validity),指测量的准确性,即实际测量的内容和研究对象的结构是否一致,要求对所研究的概念形成一套正确的、可操作性的测量;内部效度(internal validity),指变量之间因果关系推论的可信度,通常用于解释型案例研究,要求从收集的数据中找出事物之间的因果联系,即证明某一特定的条件将引起某一特定的结果;外部效度(external validity),指将研究结论推广到其他群体、时间和情景的可信程度,强调结论的可复制性,要求案例研究的结果能推广到更多的案例中去;信度(reliability),指检测结果的一致性、可靠性和稳定性,强调过程的可复制性,要求案例研究的步骤具有可复制性。

在案例研究中,一般可以使用多元证据来源等策略来提高案例研究的结构效度;内部效度的提高一般可以通过比较、解释和构建逻辑模型来实现;理论指导下的案例研究和遵循复制原则的多案例研究可以较好地提高外部效度;持续记录案例研究进展、保存案例研究数据并建立数据库有利于提高案例研究过程的可复制性,即信度。

(二)数据收集

1. 撰写数据收集程序

论文或报告中要详细说明数据收集的程序。

2. 使用多种收集方法

案例研究的数据收集遵循社会科学研究数据收集的一般方法,包括定量数据和定性数据的收集方法。定性数据被视为非数值数据,可收集分类信息或以叙事形式展现数据的访谈记录等。定量数据也被视为数值数据。案例研究倾向于从多种来源收集定量数据,包括文献、档案、面对面访谈、直接观察、参与观察、实物证据等。

3. 使用"证据三角形"等方法进行检验

一项好的案例研究应当采取多元的渠道收集资料,需要利用多种证据共同构成稳定的、有说服力的证据三角形。研究者通过多种资料的汇聚和相互验证来确认新的发现,可以避免偏见。多方证据对同一现象的多重证明从一定程度上说明了数据的可靠性,例如,若三个不同来源的数据都能相互印证,且共同支持某一现象,说明数据可靠。由此可见,案例研究中的多元数据来源是研究规范性的重要体现。一般相互印证方法包括四种类型:不同的证据来源、不同的评估人员、同一资料的不同维度和各种不同的方法。

4. 撰写案例研究草案

研究者应尽可能详细地撰写研究草案,包括案例研究问题、工作内容、研究程序、工作原则等。

5. 成立案例研究数据库

研究者对收集到的各种数据(如各种记录,研究过程中获得的文献、图表资料,每阶段对数据的分析、描述等)应及时整理并建立数据库。

(三)数据分析

当选择完要研究的案例之后,数据分析并不是要在数据收集全部完成之后才能进行,两者几乎同时展开。数据分析是案例研究构建新理论和改进理论的关键环节,也是最困难的一个环节。目前,可以利用计算机软件进行案例研究的数据分析,对收集来的数据进行编码。规范的案例研究还需要展示数据分析的过程。

总的来说,案例研究数据分析包括实地记录、对原始数据编码和数据展示。对案例研究而言,分析收集来的资料通常是最重要也是最困难的步骤。如果缺少一个总体的策略,那么研究的前期工作将会白白浪费。因此,接下来将通过分析策略和分析技术两部分说明如何进行资料分析。

1. 分析策略

（1）遵循理论的观点。

最常用的策略是遵循案例研究的理论假设，因为案例研究的最初目的与设计是依据理论而产生的。此外，理论观点也能反映出研究问题、文献分析及新的见解。理论能帮助研究者形成数据收集计划、抓住确切的数据、组织整个案例研究、定义各种验证的解释。特别是在解释因果关系，回答"怎么样"或"为什么"的问题时，遵循理论的观点作用很大。

（2）考虑竞争性解释。

这种总体分析策略是建立和检验竞争性解释。这种策略可以与第一种策略联系起来，因为上述理论假设可能包括了竞争性假设。然而，即使没有这样的竞争性假设，也可以选用这种策略。考虑竞争性解释对案例研究评估大有作用。

（3）进行案例描述。

这种总体分析策略是为案例研究开发一个描述性框架。案例研究的最初目的就是描述性的。描述策略有助于确定需要分析的因果关系，甚至有利于开展定量分析。

2. 分析技术

一般来说，我们可以运用以下几种案例研究数据分析技术：模式匹配（pattern matching）、解释构建（explanation building）、时间序列分析（time series analysis）。

（1）模式匹配。

这是案例研究中最为提倡的技术，适用于多案例研究，多在需要对多案例进行对比时采用这种模式匹配的数据分析技术。在开展案例研究时，我们对预期结果做出假设，得到一些假设模式。在收集数据之后，我们将假设模式与基于实证的模式（根据收集的数据得出）进行比较，并对结果做出解释，如说明关键性事件是如何以及为什么造成预期结果的改变的。

（2）建构性解释。

建构性解释适用于开放性案例研究，以一个开放式研究问题开始，对于这个开放式问题不做预测，而是根据事实做出合理解释。这一技术的目的在于通过建构一种关于案例的解释来分析案例研究的数据。建构性解释是对政策或社会行为提出一个原创性的理论观点或命题。这种方法将原始案例的研究结果与上述观点或命题进行比较，并修正该观点或命题。

（3）时间序列分析。

当需要纵向比较单个案例或多个案例不同时间序列的数据时，多采用时间序列分析技术。时间序列可以由若干个关键事件组成，也可以是由事件的时间和类型组成的行和列的词表等。这类时间序列数据有利于研究者形成描述性框架，同时也可能会暗示研究者事件之间潜在的因果关系。值得注意的是，研究者使用时间序列分析要先确认此研究所包含的时间间隔，以及在这段时间内要追踪的特定事件或指标。如此才能一开始便将焦点置于相关的数据中，减少分析的工作量。

不论是采用哪种特定分析策略或技术，研究者都必须注意以下三个基本原则，尽可能确保分析结果达到最高质量：第一，必须展现出分析是以所有相关的数据为证据基础的。第二，分析应包含所有重要的竞争性解释。第三，研究者应该合理、充分地运用自己的专业知识。

（四）结论呈现

1. 案例研究结论的一般性

（1）案例研究结论的扩大化推理——逻辑基础。

案例研究以分析性推理为逻辑基础，即遵循从一个案例研究的结论上升到一般结论的归纳推理逻辑。由案例研究得出的一般结论只适合于某一类现象，即与所研究的案例相类似的其他案例或现象。但是这一类似现象或案例的范围有多大则是不清楚的，这些也不是案例研究需要研究的问题。案例研究的任务是对案例进行分析，然后借助案例研究的扩大化推理，直接上升到理论（描述性案例研究例外）。从企业的角度看，有的针对企业内部管理进行的案例研究不需要从个案扩大到总体，只需要对企业存在的某一个或某些问题进行探究，因此案例研究也可以作为解决企业内部问题的研究方法。

（2）案例研究结论的可外推性——典型性的结果。

案例研究结论是否适用于其他案例或现象的判定过程称为"案例的外推"。在选择案例时，选用典型性的案例可以提高案例研究的可外推性。典型性即案例是否体现了某一类别（个人、群体、时间、过程、社区等）的现象或共性的性质。一个案例，只要能集中体现某一类别特征或共性，则不论其能覆盖范围有多大，我们都说这个案例具有典型性。典型性不是个案"再现"总体的性质，而是个案集中体现了某一类别的现象的重要特征。具备典型性特征的案例，案例研究结论也就具有了可外推性。

2. 案例研究的局限

案例研究是社会科学研究中一种非常有用的研究方法，它有助于我们对某一类别现象进行定性认识。但是案例研究也存在着一些局限，主要表现在：由于案例研究非常耗时，案例研究样本量不可能太大，而单一样本往往被认为是不严谨且证据不充分的；案例样本选择的典型程度不易确定；案例研究结论的外推范围是不明确的；案例研究的结论不易归纳为普遍性结论；案例研究的有效性难以保证。

目前，案例研究面临的一个主要挑战是，较难从国内外企业获得高质量的一手数据，要么真实性不够，要么付出的代价过高。数据收集和数据分析方法上的不规范性也严重影响了研究结论的信度和效度，如数据收集来源单一、对数据收集过程不作交代、缺乏数据分析过程等。

（1）内容分析法（content analysis）是一种对先于研究而存在的文本内容进行客观的、系统的、深入的、详细的、量性的描述和分析，透过现象看本质的定性研究方法。

（2）内容分析法的类型包括：解读式内容分析法、经验式内容分析法、计算机辅助内容分析。

（3）内容分析法的目标有四个，分别是分析事物特征、预测事物趋势、比较事物差异、探索事物关系。

(4) 内容分析法的步骤包括：提出研究问题、设计分析维度和体系、内容抽样、编码处理、编码质量检验、数据分析与研究报告。

(5) 案例研究是一种经验主义的探究，它研究现实生活背景中的暂时现象；在这样一种研究情境中，现象本身与其背景之间的界限不明显，研究者只能大量运用事例证据来展开研究。在被研究的现象本身难以从其背景中抽象、分离出来的研究情境中，案例研究是一种行之有效的研究方法，通过案例研究，人们可以对现象、事物进行描述和探索。

(6) 案例研究可以区分为五种类型：探索型（exploratory）、描述型（descriptive）、例证型（illustrative）、实验型（experimental）和解释型（explanatory）。

章节练习

(1) 什么是内容分析法？内容分析法的类型有哪些？它们的分别有哪些特征？

(2) 内容分析法的作用是什么？

(3) 内容分析法的具体操作步骤是什么？其中你认为最重要的一环是什么？为什么？

(4) 在旅游学研究中也存在许多经典的案例研究，试举出几个例子。

(5) 案例研究的一般过程是什么？

第十一章自测习题

第十二章 扎根理论

学习目标
1. 了解扎根理论的定义与发展历程。
2. 了解并掌握扎根理论的研究步骤。
3. 了解并掌握理论抽样。

知识体系

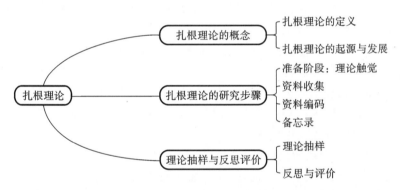

扎根理论作为质性研究方式的一种,其根本目的在于克服其他研究方法理论与资料之间长久存在的隔阂,试图在已有的经验资料基础上建立与创新理论。扎根理论更强调研究的经验性,在研究过程中,扎根理论并不强调理论预设,而是更看重原始资料,从最基本的资料中逐级归纳出抽象层次不同的概念与范畴,分析概念间的各种关联,并最终建构出具有"扎根性"的理论。

第一节 扎根理论的概念

一、扎根理论的定义

扎根理论(grounded theory)是一种定性研究的方式,其宗旨是从经验资料的基础上建立理论。研究者在研究开始之前一般没有理论假设,直接从实际观察入手,从原始资料中归纳出经验概括,然后上升到系统的理论。这是一种从下往上建立实质理论的方法,即在系统性收集资料的基础上寻找反映事物、现象本质的核心概念,然后通过这些概念之间的联系建构相关的社会理论。扎根理论一定要有经验证据的支持,但是它的主要特点不在其经验性,而在于它从经验事实中抽象出了新的概念和思想。在哲学思想上,扎根理论基于的是后实证主义的范式,强调对已经建构的理论进行证伪。

二、扎根理论的起源与发展

扎根理论最早是由 20 世纪 60 年代的美国社会学家格拉泽(Glaser)和斯特劳斯(Strauss)在《扎根理论的发现》(*The Discovery of Grounded Theory*)一书中提出的,他们通过对医务人员处理即将去世的病人的实地观察,提出了这种被称为"质性研究革命的先声"的研究方法。可以说他们两位就是扎根理论研究方法的创始人。在此之前的很长一段时间内,社会科学研究中都存在着两个难题,即巨型理论的建构缺乏经验性资料的支持,而经验性研究又缺乏理论提升,这导致了旧有理论无法适应社会变迁,新的理论又无法从新的经验资料中及时归纳提取出来。

扎根理论的提出解决了这部分问题,首先,扎根理论本质上并不是一种理论,而是一种方法,这种方法能够让研究者检视自己的理论本身。按照 Strauss 的解释,扎根理论是用归纳与演绎法,在系统化收集、整理、分析经验材料基础上,验证已有理论或发展出新的理论成果。扎根理论的内涵在三个时期的表现有所不同:

第一,初创期。Glaser 与 Strauss(1967)初步认为扎根理论只是一种归纳的研究方法,主旨在发展建构理论而不是验证上,并且强调研究目的、科学性及现象之间的互动。

第二,完构期。Strauss(1987)在此时揭示扎根理论的重要观点,进而完成此方法的研究架构与程序,其主要论点如下:

(1) 他改变了初创期所提出的将扎根理论归类为"归纳理论"的观念及说法,详述扎根理论的基本假设如何建构理论,并认定每个研究阶段的假设都是暂时性的。在质化分析时假设如下:每一种不同的数据(访谈、会议笔记、田野观察、其他文件如日志与信件、问卷、统计、调查等)都提供社会研究不可或缺的资料。当作量化资料分析和质化资料分析之比较时,质化分析方法的数据是原始的。其需经由社会科学共同体被发展与传送的更广、更明显。没有扎根于资料的理论将是空论且无效的。社会现象是复杂的,这意味着概念化理论在社会现象研究描述中具有极大的异质性。其主张扎根理论乃为质化分析里的一种做法取向,属于方法,其重视的是分析过程而不是收集数据过程。

(2) 他采用符号互动论的观念,并认为实用主义是扎根理论的重要学术渊源,指出实用主义强调行动在产生问题情境中的解决之道,视现实现象为彼此互动的结果,并重视研究的过程,即重视时间因素,强调研究过程中有不同阶段及不同阶段所应用的研究方法。

(3) 强调充分的利用数据及个人的经验性资料,并未完全摒除个人的研究经验,并指出现有文献的有限性和研究者辨别力的重要性。

(4) 认为田野研究是一种不断地来回互动收集资料,即译码分析登录反复地进行,并采取系统化的验证以建构理论的研究,其不同于一般量化或实证研究的单一线性方向式的研究形式。

第三,弹性期。Strauss 与 Corbin(1990)强调弹性原则的重要性及理论的建构来自行动、妥协,主要论点是扎根理论是一种过程,即采取有意识、有目标的行动的过程。而研究过程并不是由建立假说、收集资料到验证假说的线性过程,而是一直不断来回相互影响及比较的过程。其保有方法论的弹性,而在方法学上采取一些妥协的策略以建构理论。

第二节 扎根理论的研究步骤

在开始学习之前,这里有几个问题交给各位思考:你想要研究的是什么?你能够研究的是哪个具体问题?哪些工具能帮助你把研究进行下去?如何利用各种方法收集到丰富的数据?如何利用各种方法对收集到的数据进行分析?如何减少研究过程中所出现的纰漏?这些问题将会伴随着我们学完本节的内容。

本节我们要介绍的是扎根理论的具体实施层面,主要归纳为以下几个方面:准备阶段:理论触觉、资料收集、资料编码和备忘录等。

一、准备阶段:理论触觉

扎根理论认为,发现问题需要一种理论的敏感度,即"理论触觉"。当今社会现象纷繁复杂,呈现出各种各样的外部特征,而面对各种社会现象,没有理论触觉的人往往会去忽视问题,认为没有什么特别的,因此他们发现不了问题。例如在访谈中,如果没有理论触觉,或是问到一半无法进行下去,或是把受访者的话照单全收,就会没有能力继续深入追问。正因此,扎根理论要求研究者应该锻炼敏锐的理论触觉,从旁人习以为常的社会现象中发现适合自己研究的问题。良好的理论触觉体现为一种对复杂现象的概念化能力,可以帮助研究者迅速察觉那些隐藏于日常生活背后的本质。

良好的理论触觉大致来源于三个方面,一是文献阅读;二是专业经验,无论是工作经验还是研究经验;三则是个人经验,随着人生阅历不断增加,看待问题的视角也会更多元、更复杂。良好的理论触觉可以帮助研究者察觉到那些隐藏于日常生活中的本质问题。在研究的过程中, 颗研究的心、持之以恒的研究精神以及创新的资料收集方法都能都把研究者带到一个新的世界,接触到更多更丰富的数据。

二、资料收集

资料收集是研究者发现、聚集或产生所有分析资料的过程。扎根理论中更多采用参与观察、访谈或深度访谈以及田野调查等方式来获取资料。当然,文献研究也是扎根理论收集资料的方式之一,如各行业的统计年鉴、政府统计数据、传记、信件与日记等信息都可以作为资料收集对象。不过需要指出的是,扎根理论也需要抽样,比较突出的是理论性抽样。扎根理论的理论性抽样不同于定量研究的概率抽样,它属于一种目的性较强的非概率抽样。扎根理论的理论抽样特征为主观性、目的性、小样本,往往选择有限的但具有代表性的个案作深度研究。

因为扎根理论抽样的样本量并不大,因此对于每一个样本的分析便十分详细与深入。扎根理论会关注样本的各个不同方面,如时间、地点、人物、事件、原因、过程与关系等。扎根理论收集的信息主要集中在研究对象身上发生了什么、为什么发生以及如何发生。它还关注研究对象涉及几个主要方面,这些方面之间存在什么关系,是如何互动的。另外,与定量研究的结构化、封闭式提问方式不同,扎根理论在收集资料时的提问往往是开放与灵活的,甚至有意在地留有余地,以便获得意料不到的资料。因此,采用扎根理论进行观察与访谈,事先往往只需要准备一个纲领性问题列表,甚至在实际调查中,可以抛开原先准备的计划,具有更多的质性研究色彩。

任何一种收集数据的方法,都要考虑研究对象是怎样从广阔的文化背景以及本土文化中产生想法、实践和表达的。需要注意的是,他们不仅只是从这些文化中借鉴或再生产这些文化,还在不断创新。作为研究者,我们在记录数据时,也会更改语言和意义,因为数据从来不是完全处在自然状态的。研究者在记录数据的同时,就传达了对它们的解释,因为研究者受记录语言以及对世界的理解的影响,无形之中把概念框架用在了它们身上。

在收集数据的过程中,需要仔细审查收集数据的方式,以及确认哪些数据能够帮助研究者定位这些数据。这样的审查也会在编码和概念化的时候帮助到研究者,因为它能够把生成的分析放在它的社会背景中,在后期编码时可以做更准确的比较。最后,仔细审查能够让研究者认识到,用不同的方法收集到的类型资料,能够回答生成分析中的某些问题。对于大的项目或研究,可能会使用两种或更多的数据收集方法。

三、资料编码

扎根理论编码阶段要求我们慢下来,对已经收集的数据提出分析性问题。这些问题不仅能推动我们对所研究的生活进行理解,也有助于用我们所定义的分析性问题来指引接下来的数据收集。扎根理论编码至少要包括两个阶段:初始编码和主轴编码。

在初始编码过程中,为了精确地进行数据的分析登记,我们要仔细研究数据的片段,如一些词、句子、段落以及事件。逐渐地,我们可能会接受研究对象诸如现场录音这样的讲述方式。在主轴编码的过程中,我们选择那些看起来最有用的初始编码,并将它们与广泛的数据进行比较检验。通过这个过程,我们比较不同的数据,然后比较数据和编码。我们可以沿着特定的程序来进行编码,或者应用现有的理论编码,但是只能在我们已有分析的指导下进行。

(一)初始编码(开放式编码)

当扎根理论家进行初始编码时,要对能够在数据中识别的任何理论可能性保持开放。编码的初始步骤会进一步引导我们在之后形成关于核心范畴的定义。初始编码是临时的、比较性的和扎根于数据的。它们是临时的,因为要给其他分析可能留下空间,并形成最适合数据的代码。研究者要不断发展这些代码,使它们与这些数据相契合。

然后去收集数据,探究和填充这些代码。正因如此,初始编码应该紧紧贴着数据,努力在每个数据片段中看到行动,而不是把已有的范畴应用到数据上。尽量用能够反映行动的词语来编码,使用的代码应生动和具有分析性,用来编码的代码应简短而精确、保持开放、贴近数据。

具体来说,在初始编码中应包含以下四个步骤:

第一,将材料上升为概念。对从材料中发现的类似现象加以概念化,主要分析原始资料中的句子段落或篇章等。一般而言,概念的来源是一个短语或句子。概念应该能够准确地概括原始材料所表达的意思。

第二,将概念上升为范畴。概念上升为范畴即将概括相同或类似现象的那些概念集中起来,统一归到相应范畴之下。

第三,命名范畴。命名范畴即赋予范畴以名称。实际上,前述第一步将材料上升为概念也是在赋予现象以名称,不同之处在于第一步是针对未经处理的资料赋予名称,这些名称即是概念。而命名范畴则是针对类似的概念群赋予名称,是一种更抽象的名称。命名范畴可以采用当事人的原话,也可以采用研究者自己的语言,即用一个抽象层次较高的名词说明某种重要的社会现象。范畴是工具性的,研究者借此可以方便地区分复杂的实证资料;范畴也是暂时性的,它可以被新的经验材料所检验与修正。

第四,发展范畴。每一个范畴都包含不同的维度,有自己的特征,可以从这些方面来发展、充实该范畴,并结合开放式登录基本原则对其进行进一步说明。

(二)主轴编码

编码程序的第二个阶段就是主轴编码。前面的初始编码的主要任务在于发掘范畴,而主轴编码的主要任务则是更好地去发展"主要范畴"。初始编码阶段发掘出来的范畴,并非在这个阶段都可以发展。也就是说,某些层次比较低的概念可能无法和其他概念聚拢成范畴,所以,这些不能形成范畴的概念在主轴编码阶段可能被修剪掉。另外,有些范畴出现在前几次的观察或访谈资料中,但在后边几次的观察或访谈资料中不再出现,这时候也可能要做调整。

以深度访谈为例,第一次访谈之后,研究者开始做分析,并进行初始编码,找到了不少概念,并将其中的几组聚拢成不同的范畴,并且根据这些发掘出来的概念和范畴来修正第二次访谈的内容和方向。如此单直进行,到了第六次或第七次访谈的时候,研究者觉得某些主要范畴再次出现,这说明这些范畴是重要的范畴,于是,可以开始进行主轴编码。

主轴编码的主要任务是发展主要范畴,具体做法就是发展范畴的性质和层面,使范畴更加严密。在这个时候,研究者需要回过头去阅读前几次的观察或访谈资料,重点去寻找和这些主要范畴有关的句子和段落,看看是否可以重新发现与这个范畴有关的概念。

在初始编码阶段,概念化与范畴化过程对经验材料进行了一定程度的抽象、概括,范畴对概念做了一定的整合,但范畴之间的关联尚需厘清。关联式登录的目的就是在范畴与范畴之间建立联结,用来表明资料中各部分之间存在的逻辑关联。这些关系主要是因果关系、过程关系、结构关系、功能关系等。关联式登录能够将经验材料以新的、更清晰、更整合的方式组织起来。关联式登录也叫轴心登录，因为研究者一次只围绕一个范畴加以研究，从该范畴出发建立各种相关关系。在研究范畴间各种相关关系时，研究者应该考虑到研究对象的意图与动机，并考虑到研究对象的社会文化因素。因此，扎根理论运用典范模型（paradigm mode）来完成各范畴间的联结。

　　典范模型是扎根理论的一种重要分析策略，它能够有效地将各个独立的范畴联结起来。它包括因果条件现象、中介条件行动、互动策略结果等方面。这几个方面有助于将众多范畴区分为主范畴与次范畴，并建立逻辑关联。因果条件指的是事物间引起与被引起的关系，多因果现象更为常见。现象就是指一组行动或者互动当中的事件。中介条件是指该现象背后更广泛的环境结构、社会背景等，其作为特定情境，能影响行动互动策略的选择。行动互动策略是指针对现象而采取的行动。结果是指行动在某一特定阶段完成时的状态，它作为一个独立事件，可以影响研究对象下一步的行为。

　　在运用典范模型的过程中，关键是要厘清各范畴间的联系，并分清主次。在此过程中，这些关联、主次必须反复得到经验材料的检验。当然，典范模型并不是在关联式登录时才开始着手建立，实际上在开放式登录时，研究者就应该在资料分析中获得此模型的主要信息。

（三）选择性编码

　　编码过程的第三个阶段是选择性编码，也就是处理范畴与范畴之间的关系阶段。选择性编码和主轴编码之间也并非完全没有重叠。当主要范畴发展得差不多且观察的次数或访谈个案累积到一定数量时，范畴与范畴之间的关系可能逐渐会浮现出来。然而，选择性编码主要是系统地处理范畴之间的关联。经历过主轴编码阶段后，可以借此阐明已经发展好的若干个主要范畴之间的"故事线"，找出核心范畴，即以某个范畴为核心范畴，其他范畴为次要范畴，来铺陈整个观察所得的或访谈得到的个案资料。这里的"故事线"由这些主要范畴的关系构成，它不仅包含了范畴之间的关系，而且还包含了各种脉络条件。扎根理论的整个编码程序是先分解再逐渐综合的过程：先分解个案资料，再综合到原汁原味的故事线里。那么，选择性编码就是要进入综合的步骤。

　　正如前面所讲的，选择性编码是要把范畴相互连接起来，而这个动作要根据各个范畴的性质和层面来完成。在选择性编码阶段，先初步找出范畴间的关系，然后在后续的观察或访谈中，用更多的案例确认这种关系是否存在。如果后续的案例中反复出现相同的联结关系，固然可喜；但若出现反驳这种联结关系的负面案例，研究者也不必急着否定这些关系，也许这种负面案例可能正好说明这种关系在何种脉络条件下成立，而这正是"不断比较法"和传统归纳法的不同之处。应用这些程序建立起来的扎根理论，一方面具有坚实的资料作为基础，另一方面则是具有脉络和情境意味的实质理论，而非"形式理论"。

　　选择性编码包括以下五个步骤：

（1）明确资料的故事线。

（2）在之前模型的基础上，对主要范畴（类属）与次要范畴（类属）的属性、维度加以描述。

（3）提出理论假设，发展或补充资料与相关范畴。

（4）确定核心范畴。

（5）在核心范畴与次范畴之间确立逻辑关系，并依据需要填满可能需要补充或发展的范畴。

完成后，在选择性编码中，核心范畴应具有以下特征：

第一，核心范畴必须在所有范畴中占据中心位置，比其他所有的范畴都更加集中，与大多数范畴之间存在意义关联，最有实力成为资料的核心。

第二，核心范畴必须频繁地出现在资料中，或者说那些表现这个范畴的内容必须最大频度地出现在资料中；它应该表现的是一个在资料中反复出现的比较稳定的现象。

第三，核心范畴应该很容易与其他范畴发生关联，不牵强附会。核心范畴与其他范畴之间的关联在内容上应该非常丰富。由于核心范畴与大多数范畴相关，而且反复出现的次数比较多，因此它应该比其他范畴需要更多的时间才可能达到理论上的饱和。

第四，在实质理论中，一个核心范畴应该比其他范畴更加容易发展成为一个具有概括性的形式理论。在成为形式理论之前，研究者需要对有关资料进行仔细审查，在尽可能多的实质理论领域对该核心范畴进行检验。

第五，随着核心范畴被分析出来，理论便自然而然地往前发展了。

第六，核心范畴允许在内部形成尽可能大的差异性。由于研究者在不断地对它的维度、属性、条件、后果和策略等进行登录，因此它的下属范畴可能变得十分丰富、复杂。寻找内部差异是扎根理论的一个特点。

四、备忘录

备忘录又称为分析报告，指的是研究者将资料记录在笔记上，写下他们在研究中使用的方法研究策略、研究发现及初步结论的意见，其目的是通过写作对自己的研究进行思考。

当我们在研究过程中停下来写自己的分析笔记时，备忘录能够帮助我们对主要的分析阶段进行制图、记录以及细致化。我们从写代码和数据开始，到形成形式理论，在整个研究过程中都要坚持写备忘录。扎根理论中，备忘录的撰写是研究过程中一项非常重要的工作。如果说编码是一种分解的过程，那么，撰写备忘录就是一个综合的过程。备忘录内容主要包括研究者对资料的回应、对资料理论性的了解与解释、各阶段的研究设计。写备忘录会加速你的工作，提高你的创作力。这里给出一些如何着手写备忘录的观点。

撰写备忘录的过程也是研究者思考的过程，从中可以发现所得资料在理论上的含义，刺激研究者的思维并提醒其应该注意的社会现象。撰写备忘录的过程有利于提升所收集资料的层次，有时候，研究者"被迫"对社会现象做理论上的提升，至少在撰写备忘录时已经做了一番理论性整理。在撰写时，研究者沿着两种思维方式，一种是由资料到写作的归纳，另一种是由文字回到观察的演绎。这两种思考方式在整个写作过程中一直同时进行，每个来回的结果都是逐渐提升所观察现象的抽样层次，以此逐渐形成形式理论。每份备忘录尽可能有一个主题，并且标明日期，这样可以方便以后整理以及推演研究者的思考历程，更有利于读者参考，了解扎根理论的建构过程。

备忘录的撰写其实还应该包括备忘录的排序。备忘录的排序工作就是研究者针对所发现的现象给予一种理论性解释,并将其表现在对备忘录的排序上。排列备忘录的次序也可以刺激研究者思考其所具有的理论意义,而所排列的顺序有可能会成为著作的大纲。正如前面所讲,备忘录的撰写是一个综合的过程,研究者从分解到综合,贯穿整个研究。因为研究者一直以备忘录来思考,一直思考的结果会使研究者逐渐由撰写个别主题的备忘录转到更有系统、更全面的写作。整个扎根理论的研究报告就是在研究者不断分析、分解、综合、演绎、归纳、比较的思考和写作过程中,由概念到关系、由关系再到理论的分析,配合实况的记录,形成的既有理论又有丰富资料的作品。

在整理备忘录的过程中,及时调整研究思路,能更有目的性地挖掘有价值的资料,为进一步的理论建构创造条件。而撰写过程中,对资料的归纳与演绎同时进行是对资料的理论性整理。首先,研究者对资料进行归纳、整理,借此发现研究中存在的各种不足,进而通过演绎方法,在理论建构的同时重新回到经验材料那里,以弥补理论建构所需。在不断地归纳与演绎过程中,资料的抽象层次不断提高,资料的丰富性也不断得到加强。扎根理论就建立在这些循环往复的对比、提问、归纳、演绎基础上。

在撰写备忘录时,还需注意如下两个方面:①最好以一个主题的形式撰写备忘录,在以后撰写研究报告时方便处理。②为每份备忘录标注日期,以显示研究的脉络次序。日志式的研究资料也可以为其他学者了解研究进程提供依据。

备忘录以主题形式书写,会看到不同主题之间必然存在着一定的逻辑关系,因此将备忘录进行排序能为研究者理论性解释经验材料提供数据支撑,即排序后的备忘录往往可以成为研究助力,甚至有助于确定报告的撰写思路。排序的备忘录不仅可以揭示写作脉络,还可以直接被引用为报告的纲要。不仅能使研究报告在论证上更具说服力,也使其在内容上更加丰富翔实,更为生动可信。

第三节 理论抽样与反思评价

一、理论抽样

理论抽样是指在已成型或正形成的理论(概念)基础上进行的样本选取过程,目的为了使概念本身更清晰,概念间的关系更清楚。理论抽样的对象是与用来建构理论的那些概念相关的事件。扎根理论中的理论抽样是一个需要不断持续进行的过程,它的终点是达到理论饱和,这是理论抽样的原则所在。

理论抽样会让你回顾所走过的路程,或者让你在已经有了一些尝试性的范畴,有了新产生的却还不完整的观点时,能够选取新的路径。你可以通过回到经验世界,通过收集与你的范畴属性有关的更多数据,让研究中的这些数据更具有分析性。最后,你就可以对有关理论范畴的备忘录进行分类和整合了。你可能会发现,用图表和地图来画这个过程是很有帮助的,它们会说明你有什么,以及你要到哪儿。

为了理解和使用理论抽样，我们必须消除我们关于抽样含义的偏见。通过抽样形成研究者自己的理论范畴，使理论抽样和其他形式的抽样区分开来。有时一些质性研究者声称使用了理论抽样，但是并没有遵循扎根理论的逻辑。记住，初始抽样的标准和那些在理论抽样中产生的标准是不同的。扎根理论中的初始抽样是你要开始的地方，而理论抽样则是你要去的地方。对于初始抽样，在进入现场之前，你要建立案例、环境以及背景的抽样标准。你需要为你的研究找到相关的资料，不论那是否把你引向对人、背景或更大的结构如政府机构或组织的抽样。不能把理论抽样误以为是传统的质性研究方法。

理论抽样遵循着与传统量化研究设计的抽样技术不同的逻辑。它的目的只是获取数据来帮助你澄清范畴。当你的分类充分时，它们会反映出研究对象经验的质量，并为你理解这些经验提供一种有用的分析工具。简而言之，理论抽样只是为了产生概念。

像编码和备忘录撰写一样，理论抽样在扎根理论中处于一个关键的位置。它所阐明的这种实践，连最优秀的质性研究者也只可意会不可言传。理论抽样过程中在范畴和数据之间来回往返有助于提升范畴的概念水平，并扩展它们的范围。在形成你的范畴时，你可以决定把哪个范畴作为分析的主要概念。

通过进行理论抽样和分类，你已经形成了清楚的范畴和透彻的分析。你会在越来越抽象的备忘录中获得很多东西，抓住这些东西将会使你受益匪浅。分类和绘图会给你带来最初的分析框架。现在，你可以开始撰写报告的第一稿了。

二、反思与评价

扎根理论的评估标准大致包括以下几个方面：概念或范畴是否来源于经验材料，是否从原始资料中归纳而来；概念或范畴是否为经验材料有力证明并充分发展，且密度较大；概念或范畴之间是否存在系统、有机和主次关联；最终成形的理论是否具有较强的解释力。

具体而言，扎根理论有自己的研究标准。

（一）可信性(credibility)

你研究前是否已经对背景或问题足够熟悉？

数据是否足以说明你的判断？想一想数据中所包含的观察所达到的范围、数量和深度。

你是否在观察与观察之间、范畴与范畴之间进行了系统的比较？

范畴是否涵盖了经验观察的广泛领域？

在所收集的数据和你的论点及分析之间是否有很强的逻辑联系？

你的研究是否为你的观点提供了足够的证据，让读者能够形成独立的评价，并同意你的论点？

(二)原创性(originality)

你的范畴是否新鲜?它们是否提供了新的见解?

你的分析是否为数据提供了新的概念呈现?

这次研究工作的理论和实践意义是什么?

你的扎根理论是否挑战、扩展或完善了现有的观点、概念和实践?

(三)共鸣(resonance)

这些范畴是否充分描述了被研究经验?

你揭示的是否是原初的、不稳定的习以为常的意义?

你是否在更大的集体或制度与个体生活之间进行了关联,当数据有这方面的指示的时候?

对于你的研究对象或那些和他们具有同样背景的人来说,你的扎根理论是否有意义?你的分析是否为他们提供了关于他们生活和世界的更深刻的见解?

(四)有用性(usefulness)

你的分析是否提供了人们可以在日常生活中使用的解释?

你的分析范畴是否展示了某些一般的过程?

如果展示了一些一般的过程,你是否检验了这些一般过程所默认的含义?

你的分析是否激发了其他实质领域进一步的研究?

你的研究对于知识是否有贡献?它是否有助于创造一个更好的世界?

本章小结

(1)扎根理论是一种从下往上建立实质理论的方法,即在系统性收集资料的基础上寻找反映事物现象本质的核心概念,然后通过这些概念之间的联系建构相关的社会理论。

(2)扎根理论的步骤主要包括:研究前准备、资料的收集、编码、理论抽样和备忘录编写等。

(3)理论抽样是指在已成型或正形成的理论(概念)基础上进行的样本选取过程,目的是使概念本身更清晰,概念间的关系更清楚。理论抽样遵循着与传统量化研究设计的抽样技术不同的逻辑。它的目的只是获取数据来帮助你澄清范畴。当你的分类充分时,它们会反映出研究对象经验的质量,并为你理解这些经验提供一种有用的分析工具。

(4)扎根理论的评估标准大致包括以下几个方面:概念或范畴是否来源于经验材料,是否从原始资料中归纳而来;概念或范畴是否为经验材料有力证明并充分发展,且密度较大;概念或范畴之间是否存在系统、有机和主次关联;最终形成的理论是否具有较强的解释力。

(1) 什么是扎根理论？扎根理论的研究步骤有哪些？

(2) 请与同组同学合作，实际操作一次以扎根理论作为研究方法的旅游学研究。

(3) 什么是理论抽样？

(4) 扎根理论的评估标准是什么？

第十二章自测习题

第十三章 实地研究

1. 了解实地研究的概述。
2. 了解并掌握实地研究的操作方法。

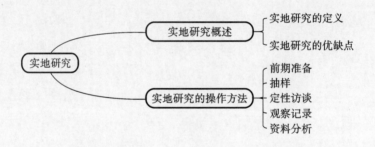

第一节 实地研究概述

一、实地研究的定义

实地研究(field research)指实地观察所研究的事件或过程,对自然状态下的研究对象进行直接观察,收集一段时期内若干变量的数据的研究。从某个角度来说,实地研究是到行为发生的地点,单纯地观察和聆听。自然状态(naturalistic setting)指所研究的变量不会在研究者控制的环境或条件下发生变化,而是顺其自然,保留研究者未出现时的原来面目。采用实地研究方法隐含着一个出发点,即所研究对象受其环境的影响,变量是在一定的情境(context)下发生变化的,要弄清变量之间的变化关联就必须弄清其所处的情境。例如,旅游企业组织内部员工行为必然受到旅游企业组织内外环境的影响。研究现实环境中员工行为,只有辨识出特定的情境因素,研究结果才有应用和推广的可行性。

实地研究是很有潜力而且历史悠久的一种研究方法,它与实验法和问卷法、访谈法等各有长短,相辅相成。

二、实地研究的优缺点

（一）实地研究的优点

实地研究能提供深入的、能为个人实际感受和理解的数据资料。特别适用于研究人们日常"自然状态"下的行为和态度。问卷或访谈法通过受访者的语言或文字回答作出判断,不过人们口头说的和实际做的往往还有差距,实地研究便可避免这种误差,将语言文字信息和实际行为信息联系起来。像观念"开放"或"保守",工作态度"积极"或"消极",光凭问卷难以得出结论,观察才能收集到确切反映这些概念的事实和论据。

实地研究适用于研究群体的行为和特征。其他方法所采用的个人回答问卷的方式,难以发现群体的特征。例如企业文化研究,不深入现场体验就无法概括出该企业的企业文化特征。

多数实地研究都是动态地研究事件的变化过程,有利于弄清事情发生的前因后果。

实地研究对于研究行为和态度的细微差异和考察长时间的社会过程特别有效。

在以上优点中,实地研究方法的主要优势在于其所能到的深度。因此,虽然人们经常指责其他研究方法的"表面化",却很少指责实地研究肤浅。

弹性是实地研究的另一项优势,如前面讨论过的,在这个方法中,你可以随之修正自己的研究设计,甚至可以在任何机会来临时,进行实地研究,却不能轻易地开展一项问卷调查或实验。

实地研究花费相对较少。其他社会科学研究方法可能要求昂贵的器材或高佣金的研究人员,而实地研究,研究者可能只要带一个笔记本和一支笔就够了。

实地研究相对于问卷调查和实验具有效度优势。这些系统的测量,让实地研究能够挖掘概念的深刻含义,如癌症病人普遍的恐惧和"艰难"（或者如自由和保守的概念）,而对问卷调查和实验来说,都是不可行的。实地研究者,一般以举出详尽实例来取代对概念的定义。

（二）实地研究的缺点

实地研究的缺点主要来自非规范性,观察和研究结果取决于研究者个人的经验和技能。观察者的思维定式及所处情境决定了研究结果具有浓厚的主观色彩,不能靠结构化的工具和方法保证结果的客观性。由于观察者和被观察者在工作过程中总会相处一段时间,可能出现观察者过分认同（over-identification）被观察对象的典型性,并急于扩展研究结果的应用范围的情况。

研究的非规范性使得研究结果难以精确地重复,而重复性恰恰是科学研究的重要标志。实地观察的记录都离不开主观选择,在同样的环境下,不同研究者对于同一次调研,选择记录的事件都会不一样。再者,实地研究收集到的一般都是定性和描述性的资料而非定量数据,使得假设检验出现困难。实地研究者在自然状态下观察,不施加控制手段，有时可能遗漏重要变量。

由于是定性而不是定量，因此，实地研究很少能针对大规模群体做精确的统计性陈述。例如，观察乡村里人们随意的讨论，不会对全体选民未来的村干部投票行为产生可信的推论，但是可以对态度的形成过程提出重要见解。

实地研究在信度上也有一些潜在的问题。即使是实地研究的深度测量，通常也是非常个人化的。当然，假设你在充分了解自己最好朋友的基础上，描述他的政治取向，你的预估就不会过于肤浅。你使用的测量方法可以显示一定的效度。然而，我们不能确定经过相同量的观察，别人也能用同样的方式来描述你朋友的政治取向。

第二节　实地研究的操作方法

一、前期准备

假如，研究者去某个企业进行实地研究，事前要掌握有关该企业的知识。有两条渠道：一是收集相关书籍资料，即就像运用其他研究方法一样，先搜寻相关文献，增加自己对研究对象的了解，以及别人对于这个议题的看法。二是寻找曾与该企业有来往的人员，即运用知情人了解企业。我们可以先和对研究议题比较熟悉的人进行讨论。我们会发现和一个或是多个知情人进行讨论，会相当有帮助。

也许我们有朋友就是成员，不然就去认识一个。假如和知情人关系发展超越了我们的研究角色，对准备工作就会更有助益。在和群体成员这样的知情人协商时，注意，不要妥协，也不要限制日后的研究发展。要知道，我们给他留下的印象，以及我们建立的角色，都会影响日后的结果。

对于知情人提供的信息，必须保持警觉。虽然他们对研究对象比我们有更直接的和亲身的体验，且通过与他们交谈，可以形成对该企业的初步印象，进行实地研究方案的构想。但另一方面，这些书面和口头信息都是"事实"和"观点"的组合，因为任何叙述者提供的信息都离不开叙述者本人的价值观念和知识结构，他们知道的可能是事实和个人观点的综合。

在定性实地研究领域，特别是在我们的观察有深入访谈和互动时，需要同研究对象建立密切关系，这一点是至关重要的。密切关系，即指开诚布公的关系。实地研究的研究者该如何做到与研究对象建立密切关系呢？

第一，用真诚的心态去观察、理解研究对象，在交流中让研究对象产生兴趣。这会令他们产生一种自我价值，让他们乐意对你坦诚。假装感兴趣和真的感兴趣不同。事实上，如果从研究对象的角度发现他们对事物不感兴趣，就可以考虑另外的活动，不必浪费研究对象和自己的时间。

第二，做个留心的聆听者、而非发言者。当然，你也不应该保持沉默，而是应该说出引导的话,让他们说出更多信息,或者回答和研究相关的问题。

第三,不要与研究对象争吵。当研究者不同意研究对象的观点时,绝不该争论或试图改他们的观点。时刻提醒自己,研究的真实目的是了解他们的世界以及那个世界对他们的意义。

第四,放松并合理布置。有些人过于正式或者非正式,调查时需要采取研究对象习惯的方式或他们喜欢的、放松的方式。如果能找到让大家放松且享受的方式,就已经建立了与研究对象之间的密切关系,研究者自己也会享受与研究对象之间的互动。

二、抽样

在实地研究中,样本选择的原则和其他收集资料方法一样,不过,随意性更强。实地研究人员期望观察企业内部所有情况,并无抽样概念,然而,全面观察所有情况并不现实,不可能做到,所观察到的现象和人员实际上就是样本,只是这种样本一般并非可控样本。研究人员往往想和企业各类人员交谈,从中挑出若干代表人士,这并非符合研究要求的最好抽样方法。麦卡尔和西蒙斯推荐了四种适合实地研究的抽样方法。

(一)配额抽样法

组织内各类人员如能以某种重要特征进行完备分类,便可能采取配额抽样。如企业可按高层、中层和基层的管理人员,或老、中、青,或男性和女性等不同特征进行分类。样本的分配应和总体中该特征的结构一致。至于按何种特性分类则取决于研究目的。

(二)滚雪球抽样法

先以随机或规定方式选出比较容易辨识的个体或某一组群,然后利用此个体或组群来寻找其他新的个体或组群。企业调研,可以询问企业内对所研究课题最有发言权即最具影响的人,交谈后,对方又可推荐其他有影响的人。也可以按事件的来龙去脉,顺藤摸瓜,找出应该访谈的人。

(三)极端个案抽样法

有时极端个案或现象往往能说明问题。如某个组织内,许多部门劳动纪律松散,凝聚力差或产品质量差,而某个部门却纪律好,凝聚力强或产品质量高,便选择这个部门作为调研样本。

(四)立意抽样法

实地研究一般可采用立意抽样法,按照研究主题事先确定最能反映此主题内容的样本,如最有发言权的人或最能反映出问题的部门等。

研究者在实地研究的抽样过程中,有两个问题始终要注意:第一,从样本观察到的信息能在多大程度上反映所期望解释的现象。第二,实际观察到的样本情况是否反映了所有可观察到的情况。

三、定性访谈

（一）定性访谈特征

实地研究免不了要提出问题和访谈，需要注意的是，访谈法的问卷或问题大纲是结构化的，而实地研究所提问题则是非结构化的，此二者处理提问的方法截然不同。非结构化问题指研究者只准备一般性的调研计划，并不列出已排定顺序、斟酌过措辞的一组具体问题。非结构化访谈实质是一种对话，访谈员提出谈话方向，促使受访者自己确定谈话内容。在交谈中，受访者发言时间应占大部分。鲁宾夫妇（Herbert & Riene Rubin）指出了其中的差异，"定性研究的设计是弹性的、反复的、持续的，并非事前加以准备然后受其束缚"。

定性访谈（qualitative interview）的设计是反复式的。这表示，我们每重复一次收集信息的基本过程，并加以分析、筛选、验证，都更接近研究对象的清晰可信模式。定性访谈的持续性，指的是在研究过程中一再地修正问题的形式。与问卷调查不同，定性访谈是根据大致的研究计划（包括所涉及的话题），存在于访谈员和受访者之间的互动，而不是一组特定的、必须使用一定字眼和顺序来询问的访题。与此同时，不管是定性访谈员，还是问卷访谈员，都必须相当熟悉要访谈的问题。因为只有这样，访谈才可能顺利、自然地进行。

（二）定性访谈技巧

在本质上，定性访谈指由访谈员确立对话方向，针对受访者提出若干具体议题，并加以追问。理想的情况是，大部分时间要让受访者说话。如果访谈员说话的时间超过了5%，那么就要提醒自己是不是太健谈了。

1. 问题的措辞技巧

对所有人而言，提问和记录应答是很自然的过程，简单得不足以让实地研究者将其视作一项技能。然而还是要注意问题措辞的技巧，访谈员询问问题的措辞不同，会使受访者应答出现偏差。有时候访谈员给受访者了压力，有时候又将问题放在特殊环境中，而忽略了其他最相关的答案。

正确使用访谈措辞与用词是一种技能。第一，要防止受访者顺着访谈员的意图回答问题，即"得到的回答即是访谈员主观预期的"。第二，要防止只问事先构思的问题并记录应答，一般来说，照事前拟定的问题宣读，效果不会好。虽然你们可以根据要探讨的概念来设计访问，但实地研究的特殊优势就在于实地情境中的弹性。实地访谈的优点是它的灵活性，访谈员要采取启发式提问，根据受访者对上一个问题的答案形成下一个问题。访谈员要边听、边思考和边交谈，诠释访谈内容对研究的意义，听受访者回答，琢磨对方的中心意思并构想进一步的提问，或者在原来答案基础上深入提问，或者将对方注意力引导到调研的主题。简而言之，你们必须能几乎同时聆听、思考和谈话。

访谈时的交谈和一般群体交谈要求还不一样。常规交谈时，每个交谈者力求使其他人对自己的谈话感兴趣或认为有帮助，形成好印象。如果实地研究中还持这种态度便可能会产生负效应，应该形成一种相反的局面，让受访者感到自己是令人感兴趣和对人有帮助的。

2. 其他技巧

要学好做一个听众的技巧,要感兴趣,但不要陷进去。要学会说"这是怎么回事?""用什么方法?""你们这么说指的是什么?""能不能针对这点举个例子?"要学着很期盼地注视和倾听,让受访者填补沉默的时间。与此同时,在访谈互动中,访谈员不能是被动的接收者,必须用一些希望得到解答的问题和希望得到的议题,来带动访问,必须学会能巧妙导引对话方向的技术。

克维尔(Kyale)列举了访谈的 7 个程序步骤。

（1）定出议题:将访谈目的以及欲探讨的概念明确化。

（2）设计:列出达到目标需经历的过程,包括伦理方面的考虑。

（3）访谈:进行实地访谈。

（4）改写:建立访谈内容文件。

（5）分析:确定收集到的数据与研究之间的联系。

（6）确证:检查数据的信度和效度。

（7）报告:告诉别人你学到了什么。

（三）专题小组访谈法

到目前为止,虽然我们所讨论的实地研究都专注于研究生活过程中的人们,但是研究者有时也会将研究对象带到实验室进行定性访谈和观察。专题小组(focus group)方法,也称专题小组访谈法,就是一种定性方法。专题小组访谈是基于结构化的或半结构化、非结构化的访谈,允许访谈员系统地提问,并同时对几个人提问。专题小组技术,通常用在市场调研中,当然,肯定不是只用在市场研究中。

专题小组通常由 1—15 人组成,他们坐在一个房间里参加一些主题讨论,通常都是根据主题来选择相关的对象的。专题小组的参与者,并不是通过严格的概率抽样挑选出来的。这意味着参与者并不具有统计上的代表性。不过,研究的目的是要探索,而不是描述或者解释。虽然这样,在研究中,一般都会选择多个专题小组,因为一个 7—12 人的小组极有可能太不典型,以致无法提供一般性的认识。

克鲁格(Krueger)指出专题小组访谈法具有 5 个优点:第一,该技术是社会取向的研究方法,试图抓住社会环境中真实生活的资料;第二,很有弹性;第三,具有很高的表面效度;第四,结果来得快;第五,成本低。除了这些优点之外,专题小组访谈还经常引出研究者没有想到的一些内容,这是个体访谈收集不到的数据。比如,某些参与者可能会嘲笑产品的名字中少了一个字母。这就可以帮助厂家避免此后更大的尴尬。

克鲁格也提到了专题小组访谈法的一些不足之处:第一,与个体访谈比较,在专题小组中,访谈员的控制力降低了;第二,数据难以分析;第三,访谈员需要特殊技巧;第四,小组间的差异很难处理;第五,小组之间总是存在差异;第六,讨论必须在合适的环境下进行。

我们可以看到,专题小组访谈法有一些优点,也有不足。跟其他类型的访谈相比,在专题小组访谈中访谈员需要更多作为协调者的技巧。要协调那么多人的讨论,实在是一个很大的挑战。如果让某个受访者滔滔不绝,就会降低其他受访者参与讨论和表达想法的可能性。这会导致群体一致性或说"群体思维",也就是人们倾向于和小组中多数人的意见和决定保持一致。其威胁就是,在只有一两个人说个不停的时候,人们就倾向于对其妥协。访谈员需要意识到这个现象,并努力让每个人都有充分表达自己想法的机会。另外,也不要在引导访谈和受访者时做得太过分了,否则,访谈就成了你展现观点的舞台了。

四、观察记录

实地研究最大的长处,就是研究者能在行为现场观察并思考。即使是录音机和相机,都不能完全捕捉社会行为的所有方面。在直接观察和访谈中,把一切过程完整而真实地记录下来,非常重要。如果可能的话,你们应该在观察时同步记笔记;若不可行,也应该在事后尽快地记下笔记。

观察记录应该有你们的经验观察和你们对观察的诠释,要记下你们"知道"已经发生的和你们"认为"已经发生的事。然而,重要的是你们也要将这些不同的记录加以区别。

当然,你们不可能记录所有观察到的东西,正如你们不可能观察到所有事物一样。你们的观察,是所有可能观察中的一个样本;你们的记录,也是所有可能记录的样本中的一个。因此,记录的目的是记录下最相关的内容。

在研究开始之前,有些特别重要的观察是可以预料的,有些则会随着观察的进展逐渐明显。有时候,如果你们准备了标准的记录格式,会让记录变得简单些。任何事前的准备,都不应该局限于对不在预料之内事件或其他方面的准备。相反地,只有加速处理可预料观察,才可以让你们更自由地观察非预期中的情况。

实地研究的基本工具是笔和记录本。即使有录像和录音等先进设备,还得靠笔记才能抓住所研究事物和过程的重点,将研究者主观的知识框架和现实事件结合在一起。只要条件许可,不影响被观察者的正常行为,应边观察边做记录。如果条件限制,也应事后尽快追记下来。

我相信你们已经很熟悉笔记的过程,就像笼统上说你们已经对实地研究有些了解。实地观察不可能观察到事件或过程的各个方面,同样,记录也不可能记下你所观察到的所有事实。

因此要成为一个好的实地研究者就需要记好笔记。好的笔记,需要小心审慎的注意力原则加一些特殊技巧。

首先,除非不得已,不要过分信赖或过分相信自己的记忆力,因为那是不值得信赖的。即使你们很自豪自己拥有照相机式的记忆力,在观察时或在事后,尽快地做笔记也是好主意。如果在观察时做笔记,就请别太冒失,如果人们看见你们将他们的言行都写下来,很可能会表现得不一样;同时参加同一访谈的几个人,对具体情节、内容、细节的描述必然会有不同,因此记录可以互补。

其次,分阶段记笔记也是一个很好的办法,在第一阶段为了跟上访谈,你们可以做简略的记录(像用字和词组),在离开情景之后,再将记录详细地重写。如果你们在观察事件之后很快地这么做,那么现场简略的记录,应该会让你们回想起大部分们的细节,拖得越久,回想就越难。也就是说,记录要及时整理,间隔越久则遗漏越多;在访谈阶段,应以自己所熟悉的方式记录下所观察和访问到的内容,然后详细整理和重写初始记录。然而,要做到这些并非容易,研究者需要有毅力和经历艰辛。

最后,不可避免地,你们会疑惑到底该记多少。在观察之后,是否值得把所有回想起的细节都记下?一般的指导原则是整理记录别怕做"虚功",应把观察和访谈记录都详细地整理出来。一般说来,在你们有机会回顾并分析大量信息之前,并不能真正确定什么重要或什么不重要,只有等大量信息分析以后才能确定。所以,你们甚至该记录看起来并不重要的东西,也许到最后,它变得很重要。不仅如此,记录这些不重要细节的过程本身,也可能会让你们回忆起重要的事。

整理好的记录应详细描述在某段时期内所观察到的内容,不同的研究问题记录内容应有所区别,但有五项内容必须具备:

第一,"流水账"式描述。"流水账"式描述一般要占去记录中的大部分内容,如实记录下每天观察和访谈所得,不去分析所涉及的人和事,也无须推论和判断。

第二,相关联事件的描述。实地观察和访谈到的事实,可能会唤起记忆中一些相关事件。类似的或相反的事件对下一步的分析有帮助。

第三,分析性的观点和推论。记录整理过程中往往会出现一些新思路和设想,如重要变量的设定、因果关系的设想、变量间关联的设想等"亮点",这很宝贵,应及时记录下来,供进一步观察分析数据和撰写研究报告之用。

第四,个人印象和感受。每个都是凭着自己的知识结构来观察问题,各人之间不可避免地有接收和处理信息的行为差异。写下个人印象和感受,可以比较分析各研究者看问题的角度和侧重。

第五,后续需求。后续需求包括下一步计划观察、调查哪些事件和人员。

五、资料分析

实地研究中最关心的问题是如何判别和发现观察中的重要事实,如何分析观察事实并引出结论。事实上,分析和观察是相互交叉进行的。在观察和分析现象时,最常采用也最有效的思路是找出现象的相似点和差异点(similarities and dissimilarities)。被观察对象的行为中哪些相互之间有相似属性、该实地研究现象与其他背景下的现象有何相似之处等,都是资料分析中所要考虑的问题。如发现事件的相似性便可找出观察对象之间的共性或找出研究的参照点和参照模式。同时,研究者要注意事物的差异,被观察个体反映出的与总体的某种差异往往是新发现的开端。相似和差异的思路意味着研究者对所观察的事实和现象要自觉或不自觉地进行归类,归类以后,才能厘清相似和差异现象,发现新的种属和特征。

实地研究和其他观察方法一样,实际事件的观察需以研究假设为引导。研究人员实地观察时,耳闻目睹的事情很多,眼花缭乱,无休无止,若不自觉地找出重点,便会陷入漫无目的的历程,耗费时光。研究开始时就需有初步的假设,根据此假设可以有效和敏感地收集信息,发现各种支持或不支持假设的事实和证据。当然,研究者不能过于执着于初始的研究假设,实地环境最能丰富研究者的思路,研究者要不断反省自己的观察视角(perspectives),包括自己所提出假设的局限性,从不同观点出发去比较各种假设,按事实和证据调整初始假设。

实地研究可以将数据收集和数据分析结合起来。问卷法只能通过问卷收集数据，如果后续的数据分析中发现遗漏了某些重要变量，重新调查便相当困难。而实地研究便可及时修正和补充原定研究设计，继续观察。

实地研究人员的经验很重要，从懂得数据收集和分析技术知识到真正具备有效地运用这些知识的技能，其间还是有鸿沟，经验是唯一有效弥补此鸿沟的手段。实地研究人员和案件侦探人员很类似，阅历和洞察力将优秀侦探和初出茅庐的侦探区别开来。实地研究者也只有积累经验才能成为行家里手。

(1) 实地研究是对自然状态下的研究对象进行直接观察，收集一段时期内若干变量的数据的研究。实地研究的优点在于能提供深入的、有关个人实际感受和理解的数据资料。特别适合研究人们日常"自然状态"下的行为和态度。实地研究的缺点主要来自非规范性，观察和研究结果取决于研究者个人的经验和技能。研究者的思维定式及所处情境决定了研究结果具有浓厚的主观色彩，不能靠结构化的工具和方法保证结果的客观性。

(2) 实地研究的操作步骤包括：前期准备、抽样、定性访谈、观察记录、资料分析。

(1) 什么是实地研究？相比较于其他的研究方法，实地研究有哪些优缺点？
(2) 在实地研究之前，需要进行哪些前期准备？
(3) 请与同组同学一起进行一次旅游领域的实地研究。

第十三章自测习题

SECTION

5

第五部分　研究撰写与伦理问题

第十四章 参考文献和引用

学习目标

1. 了解参考文献的定义和作用。
2. 了解并掌握如何引用参考文献。

知识体系

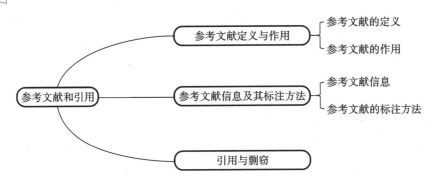

第一节 参考文献定义与作用

  论文的参考文献是论文中为以说明问题、引证论据等为目的而直接或间接引用的他人的研究成果而做的必要标注,用来表明所引用内容的所有者和出处,可以保护文献作者的知识产权。完整的参考文献是论文研究不可或缺的组成部分,它与论文一起构成了严谨的科学研究过程的完整表达形态。它既能体现论文在学术上的承接关系和作者的科学态度和品质,又能反映论文本身的内涵和价值,还能为读者的进一步研究指引方向,可避免重复劳动,有重要的学术价值和情报价值。另外,作者列出已读过的参考文献资料,可以提供特定主题的相关资料,方便读者研究。

一、参考文献的定义

参考文献是指在学术研究过程中,对一个信息资源或其中一部分进行准确和详细著录的数据,是位于文末或文中的信息源。按照GB/T 7714—2015《信息与文献 参考文献著录规则》的定义,文后参考文献是指:为撰写或编辑论文和著作而引用的有关文献信息资源。

论文引用文献和参考文献清单内容要匹配。在论文写作过程中引用到的所有文献,都应该在参考文献部分罗列出来,以方便读者了解论文材料和观点的来源。同样的,参考文献中列出的每一项文献都应在论文中找到引用之处。切忌将论文写作过程中作为基础知识阅读过但未在文中引用观点的书籍列入参考文献,更不能出现与论文中内容毫无关系的参考文献,这些做法严重削弱了参考文献的作用,给读者以为凑数而列的印象。

二、参考文献的作用

参考文献是论文研究中必不可少的组成部分,它的作用主要体现在以下几个方面:

首先,反映了研究者的研究基础。科学研究具有继承性,绝大多数的研究都是在过去研究的基础上继续、深化和发展的。在论文中涉及的研究背景、理论、目的等方面的阐述,都需要对过去的研究工作进行评价。参考文献能够反映出论文中涉及的研究有真实依据可查,从内容上也反映出该论文的起点和深度。

其次,体现了对知识索引和他人成果的尊重。在研究过程中引用、参考、借鉴他人的研究成果是正常且不容回避的,如实、规范地标注参考文献是每一位研究者必备的素养。完整的参考文献可以清楚地把论文中自己和前人的研究成果区分开来,表明了论文作者尊重科学、尊重知识产权、尊重他人成果的学术道德修养,也能更清晰地展示论文作者自己的研究成果,体现自己的能力和价值。

最后,精练了论文的篇幅,方便读者获取精选文献。使用参考文献标注的方式引用或借鉴别人的方法和观点来佐证自己将要展开的讨论,能有效避免大篇幅的详述带来的论文内容庞杂、个人重点不明等问题,使论文内容更精练,提升可读性。精选的参考文献列表还能为同一研究方向的读者提供相关原始文献线索,避免重复劳动,方便读者研究。

第二节 参考文献信息及其标注方法

完整的参考文献引用分为两部分:一部分是在论文正文中标注引用文献的出处。另一部分是在论文最后的"参考文献"中罗列出的参考文献信息。如前面所讲,文中引用的源自他人的研究成果均需要标注,并且在参考文献列表中著录文献信息。

参考文献的标注引用和文献信息的著录要遵循一定的格式规则。但引用格式并没有统一的要求,通常根据学科、语言、高校或机构要求使用不同的格式。Harvard 是较为常见的一种格式,英国很多高校都根据 Harvard 文献引用的规则,推出了各自的引用规则。APA(American psychological association)格式是美国心理学会的文献引用格式,社会科学论文中的文献引用一般使用此格式。MLA(Modern language association)格式是美国现代语言学会的文献引用格式,人文学科论文中的文献引用一般使用此格式。Chicago 格式是由 The Chicago manual of style 推出的文献引用格式,建筑学、计算机科学等一般推荐使用 Chicago 格式。Vancouver 格式在医学、物理科学领域的论文中最为常见。

中国国家标准化管理委员会制定推出的《文后参考文献著录规则》GB/T 7714—2015《信息与文献 参考文献著录规则》是一项专门供著者和编辑编撰文后参考文献使用的国家标准。该标准在著录项目的设置、著录格式的确定、参考文献的著录以及参考文献表的组织等方面都尽可能地与国际标准保持一致,以达到共享文献信息资源的目的,是目前国内环境下中文论文中使用普遍的一种标准格式。

本书介绍的文献标注引用以及参考文献信息的著录格式均参照 GB/T 7714—2015《信息与文献 参考文献著录规则》。

一、参考文献信息

对于以不同形式存在的文献,在参考文献部分应该给出相应的参考文献信息,以便读者能够快速清晰地对参考文献进行区分和了解。GB/T 7714—2015《信息与文献 参考文献著录规则》中分别规定了专著、专著中的析出文献、连续出版物、连续出版物中的析出文献、专利文献以及电子资源六大类的著录项目和著录格式。其中专著是指以单行本或多卷册(在限定的期限内出齐)形式出版的印刷型或非印刷型出版物,包括普通图书、古籍、学位论文、会议文集、汇编、标准、报告、多卷书、丛书等。连续出版物是指载有年卷期号或者年月日顺序号,并计划无限期连续出版发行的印刷或非印刷形式的出版物,通常包括期刊、报纸等。析出文献是指从整个信息资源中析出的具有独立篇名的文献。

接下来,我们将分别说明常用文献,诸如期刊、学位论文、会议集、报纸、年鉴、图书、专利、标准文献、科技报告,以及互联网电子资源的文献在参考文献部分通常应该呈现的项目信息、格式并给出示例。

(一) 期刊

期刊是一种定期或不定期连续出版的文献载体,每种期刊拥有固定的名称、国内统一连续出版物号(CN 号)或国际标准连续出版物号(ISSN 号)。学术期刊是一种经过同行评审的期刊,发表在学术期刊上的文章通常涉及特定的学科。学术期刊展示了研究领域的成果,并起到了公示的作用,其内容新颖,以原创研究、综述文章、书评等形式的文章为主,能反映学科热点和研究前沿。旅游学科的著名学术期刊有《旅游学刊》、《旅游科学》、*Tourism Management*、*Annals of Tourism Research* 等。

期刊著录项目信息、格式及示例:

析出文献主要责任者.析出文献题名[J].连续出版物题名,年份,卷(期):页码.

[1] 陈楠.旅华韩国游客文化旅游动机特征分析:以北京市为例[J].资源科学,2011,33(5):881-888.

[2] Shang W, Qiao G, Chen N. Tourist experience of slow tourism: from authenticity to place attachment-a mixed-method study based on the case of slow city in China[J]. Asia Pacific Journal of Tourism Research,2020,25(2):170-188.

(二)学位论文

学位论文是指高等学校或研究机构的学生为取得某种学位,撰写的研究报告或科学论文,包括学士学位论文、硕士学位论文、博士学位论文。学位论文能体现不同的学识水平,是重要的文献情报源。学位论文具有选题新颖、引用材料广泛、阐述系统、论证详细的特点。它一般不在刊物上公开发表,只能通过学位授予单位、制定收藏单位和作者私人途径获得。国内的论文收藏单位有中国科学技术信息研究所和中国国家图书馆。常用的查询系统有中国知网CNKI(http://www.cnki.net)和万方数据知识服务平台(http://wanfangdata.com.cn)等。

学位论文著录项目信息、格式及示例:

主要责任者.题名[D].颁发学位的院校的地点:院校名称,年份.

[1] 韦瑾.民族节事旅游场域中的主客权力感对其交往意愿及效应的影响[D].广州:华南理工大学,2018.

[2] 张春草.网络旅游信息质量对旅游目的地形象影响研究:以开封市为例[D].开封:河南大学,2018.

(三)会议录

会议录是指在学术会议所发表的论文或报告及其他有关资料的合集,随着学术会议的召开而产生。通常在一定程度上反映了某一学科研究的水平动向,代表着最新研究成果,具有新颖和原创性特点,属一次文献,是重要的文献情报源。国内旅游学术会议有中国旅游科学年会、中国旅游研究年会、中国旅游集团化发展论坛等。

会议录论文著录项目信息、格式及示例:

主要责任者.题名[C]//会议名称,年份:页码.

[1] 许云华,罗润.新冠疫情对于旅游景区的影响及疫后景区振兴对策研究[C]//2020中国旅游科学年会论文集,2020:11.

[2] 黄超,李云鹏."十二五"期间"智慧城市"背景下的"智慧旅游"体系研究[C]//2011《旅游学刊》中国旅游研究年会会议论文集,2011:14.

(四)报纸

报纸是以刊载新闻的时事评论为主的定期向公众发行的印刷出版物,具有学术性与新闻性共存的特点。旅游学术研究通常以旅游、经济等行业报纸作为文献来源之一收集研究数据。

报纸文献著录项目信息、格式及示例:

析出文献主要责任者.析出文献题名[N].报纸名称,出版日期(版次).

[1] 丁文详.数字革命与竞争国际化[N].中国青年报,2000-11-20(15).

[2] 乐琰.疫情之下的旅游产业如何转危为机[N].第一财经日报,2020-02-25(A09).

（五）普通图书

普通图书指以印刷方式刊行的单行本、多卷书、丛书等现代出版物。不包括线装古籍、连续出版物和各种非印刷型出版物。

图书著录项目信息、格式及示例：

主要责任者.书名[M].出版地:出版社,出版年.

[1] 程遂营,等.沿黄黄金旅游带构建与可持续发展[M].北京:科学出版社,2020.

[2] Chen N. The Research on Mega-event Impacts on National Image: Focused on 2008 Beijing Olympic Games[M]. Seoul: Mir Press, 2016.

（六）专利

专利是记载专利申请、审查、批准过程所产生的各种有关文件,是技术信息最有效的载体,它囊括最新技术情报。相对于其他文献形式,专利文献更具有技术性、独创性和实用性的特征。通常意义上的专利文献主要是指专利说明书。常用的专利检索系统有国家知识产权局（http://www.cnipa.gov.cn）、中国专利信息中心（http://www.cnpat.com.cn）、世界知识产权组织 WIPO（http://www.wipo.int）、美国专利商标局（http://www.uspto.gov）等。

专利文献著录项目信息、格式及示例：

专利申请者或所有者.专利题名:专利号[P].公告日期或公开日期.

[1] 徐平.旅游数据的管理方法、推荐方法、系统、存储介质及设备:CN112241485A[P].2021-01-19.

[2] 蒋涛,刘轩.一种智慧旅游管理系统:CN112446755A[P].2021-03-05.

（七）标准文献

标准文献是指按规定程序制定,经公认权威机构批准的一整套在特定领域内必须执行的规格、规则、技术要求等规范性文献,简称标准。按照性质可分为技术标准和管理标准。标准的格式整齐划一,有固定的代号,有一定的约束力,时效性强。常用的标准检索系统有中国标准服务网（http://www.cssn.net.cn）、国家标准全义公开系统（http://openstd.samr.gov.cn）、全国标准信息公共服务平台（http://std.samr.gov.cn）等。

标准文献著录项目信息、格式及示例：

制定机关.标准名称:标准编号[S].公示年份:页码[引用时间].

[1] 全国旅游标准化技术委员会.旅游规划通则:GB/T 18971—2003[S].北京:中国标准出版社,2003.

[2] 全国旅游标准化技术委员会.旅游景区服务指南:GB/T 26355—2010[S].北

京:中国标准出版社,2010.

(八) 在线科技报告

科技报告指各学术、科研团体组织、国家部门在科研活动的各个阶段,以实现科技知识的积累、传播和交流为目的,完整而真实地反映科研活动的技术内容和经验的特种文献。科技报告具有内容广泛、翔实具体、理论性强、技术含量高的特点,能够反映新兴学科和尖端科学的研究成果。国家科技报告服务系统(http://www.nstrs.cn)已经开通了针对社会公众、专业人员和管理人员三类用户的共享服务。通过实名注册的用户即可检索国家科技计划项目所产生的科技报告,并在线浏览公开科技报告全文。系统实现科技报告向社会开放共享,同时采取了相应的技术措施,确保科技报告作者相关知识产权权益。

在线科技报告著录项目信息、格式及示例:

主要责任者.题名[R/OL].(公示时间)[引用时间].来源网址.

[1] 世界旅游城市联合会,中国社会科学院旅游研究中心.世界旅游经济趋势报告(2021)[R/OL].(2021-03-01)[2021-03-12].https://cn.wtcf.org.cn/20210312/38f6ec07-6ec3-4895-bf7e-c49fec56845b.html.

[2] 中华人民共和国文化和旅游部.文化和旅游部政府信息公开工作2020年度报告[R/OL].(2021-01-29)[2021-04-22].http://zwgk.mct.gov.cn/zfxxgknb/2020n/202101/t20210129_921143.html.

(九) 电子资源

除电子期刊、电子专著、电子报纸、电子专利之外,以数字方式将图、文、声、像等信息存储在磁、光、电介质上,通过计算机、网络或相关设备使用的记录有知识内容或艺术内容的信息资源称为电子资源,如企业或政府部门的电子公告、网络头条、网络评论等。

电子资源著录项目信息、格式及示例:

主要责任者.题名[文献类型标识/OL].(公示时间)[引用时间].来源网址.

[1] 河南省文化和旅游厅.河南省2021年清明节文化和旅游假日市场综述[EB/OL].(2021-04-05)[2021-04-13].https://hct.henan.gov.cn/2021/08-09/2198576.html.

表 14-1 文献类型和标识代码

文 献 类 型	文献类型标识代码
普通图书	M
会议录	C
汇编	G
报纸	N
期刊	J
学位论文	D
报告	R

续表

文献类型	文献类型标识代码
标准	S
专利	P
数据库	DB
计算机程序	CP
电子公告	EB
档案	A
舆图	CM
数据集	DS
其他	Z

表 14-2　电子资源载体和标识代码

电子资源的载体类型	载体类型标识代码
磁带(magnetic tape)	MT
磁盘(disk)	DK
光盘(CD-ROW)	CD
联机网络(online)	OL

参考文献的信息源是被著录的文献本身。专著、论文集、学位论文、科技报告、专利文献等可依据书名页、版本记录页、封面等主要信息源著录各个著录项目;专著、论文集中析出的篇章与报刊上的文章依据参考文献本身著录析出文献的信息著录,并依据主要信息源著录析出文献的出处;电子资源依据特定网址中的信息著录。

参考文献著录格式中可使用下列规定的标志符号:

【.】用于题名项、析出文献题名项、其他责任者、析出文献其他责任者、连续出版物的"年卷期或其他标识"项、版本项、出版项、连续出版物中析出文献的出处项、获取和访问路径以及数字对象唯一标识符前。每一条参考文献的结尾可用【.】号。

【:】用于其他题名信息、出版者、引文页码、析出文献的页码、专利号前。

【,】用于同一著作方式的责任者、"等""译"字样、出版年、期刊年卷期标识中的年或卷号前。

【;】用于同一责任者的合订题名以及期刊后续的年卷期标识和页码前。

【//】用于专著中的析出文献的出处项前。

【( )】用于期刊年卷期标识中的期号、报纸的版次、电子资源的更新或修改日期以及非公元纪年的出版年前后。

【[ ]】用于文献序号、文献类型标识、电子资源的引用日期以及自拟的信息前后。

【/】用于合期的期号间以及文献载体标识前。

【-】用于起讫序号和起讫页码间。

关于参考文献著录格式中使用全角和半角问题。应遵循:英文标点使用半角,占一个字节;中文标点使用全角,占两个字节。

二、参考文献的标注方法

正文中引用的文献的标注方式可以采用顺序编码制,也可以采用著者-出版年制。文后的参考文献表也应该与文献标注采用相同的制式组织。

(一) 顺序编码制

顺序编码制是按正文中引用的文献出现的先后顺序连续编码,将序号置于方括号中。同一处引用多篇文献时,应将各篇文献的序号在方括号内全部列出,各序号间用","。如遇连续序号,起讫序号间用短横线连接。

示例:

……Kole 指出,旅游演艺、节事活动等也是旅游与文化产业融合而形成的重要产品形式,如美国夏威夷塔希提舞蹈、英国爱丁堡火把节等,为当地旅游与文化产业的发展带来了更多生机[3];Connell 认为,作为文化产业的主要组成部分,成功的影视作品能够催化以此为主题的主题公园的形成与发展[4]。国内学者则主要从融合发展动力机制及发展对策、融合发展的模式评价、产业边界及互动机制、融合路径等方面对旅游与文化产业的融合问题进行探讨[5-8]……

参考文献表采用顺序编码制组织时,各篇文献应按正文部分标注的序号依次列出。

示例:

……

[3] Kole S K. Dance, representation and politics of bodies:"thick description"of Tahitian dance in Hawaiian tourism industry[J]. Journal of tourism and cultural chance,2010,8(3):183-205.

[4] Connell J. Film tourism-evolution, progress and prospects[J]. Tourism Management,2012,33(5):1007-1029.

[5] 兰苑,陈艳珍.文化产业与旅游产业融合的机制与路径——以山西省文化旅游业发展为例[J].经济问题,2014,4(9):126-128,F0003.

[6] 张琰飞,朱海英.西南地区文化演艺与旅游流耦合协调度实证研究[J].经济地理,2014,34(7):182-187.

[7] 张海燕,王忠云.旅游产业与文化产业融合发展研究[J].资源开发与市场,2010(4):322-326.

[8] 程晓丽,祝亚雯.安徽省旅游产业与文化产业融合发展研究[J].经济地理,2012,32(9):161-165.

……

(二) 著者-出版年制

正文引用的文献采用著者-出版年制时,各篇文献的标注内容由著者姓氏与出版年构成,并置于"( )"内。倘若只标注著者姓氏无法识别该人名时,可标注著者姓名,例如中国人的姓名。集体著者著述的文献可标注机关团体名称。倘若正文中已提及著者姓名,则在其后的"( )"内只著录出版年。

示例:

……随着旅游文化不断向商业化、产业化发展,文化遗产旅游地商铺越来越多,产品也越来越同质化(保继刚,等,2004),消费空间的复制和历史街区等城市遗产化造景导致"无地方性"(包亚明,2005)和"无景观"(Short J R,1991),游客很少或完全不可能获得真实性体验(Maccannell D,1973),文化体验的真实性或原真性问题成了另一个批判的焦点……

参考文献表采用著者-出版年制组织时,各篇文献首先按文种集中,可分为中文、日文、西文、俄文、其他文种五部分;然后按著者字顺和出版年排列。中文文献可以按汉语拼音字顺排列,也可以按笔画笔顺排列。

示例:

……

保继刚,苏晓波.(2004).历史城镇的旅游商业化研究[J].地理学报,59(3):427-436.

包亚明.(2006).消费文化与城市空间的生产[J].学术月刊,38(5):11-13.

//MACCANNELL D.(1973). Staged authenticity:Arrangements of social space in tourism[J]. *American Journal of Sociology*,79(3):589-603.

SHORT J R.(1991). *Imagined Country:Society, Culture and Environment*[M]. London:Routledge:221.

……

注,以上参考文献条目采用 APA 格式编撰,常用于国际期刊。

第三节 引用与剽窃

科研论文写作通常是在前人研究成果的基础上进行的,不可避免地需要借鉴他人的成果。通过正确的引用可以为作者研究的论点提供有力的论据,精练行文,增加论文的信息量,方便读者通过参考文献列表检索查阅,以达到共享信息资源和推动科技进步的作用。同时表明学科的继承性和作者对他人劳动成果的尊重。

引用的过程中应严格遵循标注及著录的格式及信息内容要求,并且所有的引用都需要具备合理性。不按规范引用而随意抄袭摘录,或引用格式错误而达不到引用效果,以及不合理引用都是错误的行为,存在剽窃的嫌疑。

剽窃是指在没有承认他人研究成果的前提下占有和使用他人的研究成果。尽管大多数研究者都知道剽窃的意义,但是现实中很多研究者尤其是学生研究者常在非主观意愿的前提下做出了剽窃的行为。因此,有必要清楚地指出剽窃的各种形式,主要包括:

第一,将他人文献列入文末参考文献,但未在文中标注引用位置;或文中标注了引用却没有在文末参考文献中列出出处;甚至只抄录而未做任何标注和文献出处。

第二,未经授权引用了他人注明"未经许可,不得引用"的内容观点;引用了未公开发表的内容。

第三,虽做了标注及文献出处,但无限制地大篇幅引用;没有很好地对他人观点进行组织,将自己的观点隐藏在他人观点中,或直接原文大篇幅复制。

避免剽窃的唯一办法就是将自己的研究成果与他人的研究成果进行严格区分,对以任何方式使用的来自他人的任何观点——无论是文字,还是图表的引用,都应说明它们的来源,确保读者拥有所需要的全部信息能够找到他人的研究成果并自行阅读。通过承认他人的研究成果,表达对原作者的感谢,也能够做到有意识地避免剽窃。

本章小结

(1)论文的参考文献是在进行论文研究中为以说明问题、引证论据等为目的而直接或间接引用的他人的研究成果而做的必要标注,用来表明所引用内容的所有者和出处,可以保护文献作者的知识产权。完整的参考文献是论文研究不可或缺的组成部分,它与论文一起构成了严谨的科学研究过程的完整表达形态。

(2)完整的参考文献引用分为两部分:一部分是在论文正文中标注引用文献的出处;另一部分是在论文的最后"参考文献"中罗列出的参考文献信息。

(3)科研论文写作通常是在前人研究成果的基础上进行的,不可避免地需要借鉴他人的成果。通过正确的引用可以为作者研究的论点提供有力的论据,精练行文,增加论文的信息量,方便读者通过参考文献列表检索查阅,以达到共享信息资源和推动科技进步的作用。同时表明学科的继承性和作者对他人劳动成果的尊重。

章节练习

(1)参考文献主要分为哪两个部分?

(2)不同的刊物、文章所采取的引用格式并不统一,旅游学研究一般采用哪种格式?

第十四章自测习题

第十五章 研究报告与学术论文撰写

1. 了解并掌握如何撰写研究报告。
2. 了解并掌握如何撰写学术论文。

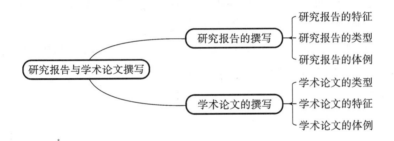

第一节 研究报告的撰写

一、研究报告的特征

撰写研究报告是科学研究过程中非常重要的环节。研究报告是以文字语言的形式向读者呈现自己的研究方法、研究过程,以及研究成果等。作为科学论文的一种形式,研究报告是信息存储、知识交流的载体,供特定的读者阅读。研究报告的质量不仅取决于撰写者的写作能力,更取决于研究的设计,以及对资料的分析和理论解释能力。因此,一份优秀的研究报告并不是在资料分析以后才进行的(虽然在形式上是在对资料的分析之后才开始的)。从研究开始时,研究者就要考虑自己的研究将会有什么贡献,要运用什么方法达到自己的研究目的,如何向读者呈现自己的研究成果。甚至可以说,一个规范的研究在它完成之前研究报告的结构或布局就已经决定了,撰写者的工作就是在正确理解资料的基础上,运用准确的语言进行表述。虽然研究报告在不同的撰写者笔下会呈现出不同的风格或文风,但一般而言,研究报告还是有其共同的特点和要求。

二、研究报告的类型

正式的研究报告是学生传播其研究成果的主要媒介。研究报告一般刊载于覆盖研究领域所有主要问题的学术期刊。这些学术期刊通常被冠以"……研究",或者类似的名字,并且,每隔一定时间就会出版一次,称为一期,而每期中都会刊登数量不等的学术论文,或者是与研究领域相关的书评。研究报告的其他形式还包括会议论文集和内部出版物,比如:技术文章(technical papers),以及正在开展的工作报告(work in progress reports)等。

三、研究报告的体例

研究报告的撰写体例是指一篇报告在写作时应该遵循的通用准则或惯例,虽然不少人认为"文无定式、水无常形、境由心生、文由心造",只有心灵自由了,文章才能自由。其实这样的说法是片面的,且不说中国古代诗词对仗、平仄的要求并没有抹杀诗人的创造力和想象力,即使白话诗歌也有押韵的要求,因此任何文章都有一定的规则和格式。作为科学论文的重要形式——研究报告也有大家都应该遵守的准则或惯例。研究报告的撰写体例与一般科学论文一样,主要包括行文要则、撰写格式、子目、分段、引用与注释等。本章主要介绍行文要则、撰写格式和引用与注释。

(一)行文要则

这里所讲的行文要则是根据研究报告的文体特征而提出的对语言、文句、人称等方面的要求。由于研究报告是科学论文,因此在语言、文句表述方面不需要像文学作品那样强调辞藻的华丽和优美,不要采用夸张、比喻等文学写作手法,而是注重语言和对事实的陈述的准确性。一般要注意以下几点:

1. 语言要准确,语句要简短

作为科学论文,研究报告是以它严谨的论证和严密的逻辑"吸引"读者的,因此语言和语句是以准确性和简明性为主要特征的。所谓准确,就是判断要精准,推论要严密,语言的运用要一词一句斟酌。阐述对象状况时,要能够恰当地表现出事物不同的性质和特征,做出评价时,要能够精确地区分事物的程度和特点。避免使用那种"大体是""大概""也许""可能"等含糊其词、模棱两可的不确定语言。

所谓简明性,就是指报告的语言和语句要简明扼要,对事物的描写不作任何渲染,以清楚表达事实为标准,并按照中文表达习惯,语句尽量简短,尽量不要采用长句表述,该断开的地方要断开,一句话写不清楚的,可以分为两句。

对于普通研究报告,语言和语句的表达力求通俗,不要过多地使用专业术语,可以用通俗的语言解释术语。但是研究报告的通俗性并不是像文学那样追求"形象逼真、栩栩如生",仍然要求语言真实朴素,有时可以用各种彩色图表显示研究结果。因此,作为科学论文的研究报告应该减少烦琐的叙述,杜绝夸张的描述,切忌华而不实的辞藻。

2. 对事实的陈述要做到客观,不要对事实做价值判断

不要在叙述过程中使用主观的、带有情感成分的语言,只求做到将事实告诉读者,而不是去说服读者,要相信读者具有自己的判断能力。例如,某项研究发现被调查者对某件群体性事件的评价是不同的,研究者不需要对这些评价做出正确或错误的判断,也不必告诉读者应该怎么办,他的任务只是告诉读者被调查者对这样一件群体性事件的评价,不同被调查者的特征是什么,事件真相是怎样的,为什么被调查者会对这件事件有不同评价,背后是否存在着不同的利益冲突。当然涉及对策性研究,必然会存在研究者自己的价值判断,但是这已经不再是对事实的陈述了。

3. 行文过程中尽量避免使用第一人称

为了体现研究报告的客观性和正式性(非私人的),在陈述时一般采用第三人称或非人称代词,例如,"本研究认为……""根据资料,可以发现……""以上数据表明……"等,不宜采用"我认为……""我们的研究表明……"等陈述方式。

4. 在质性研究报告中,允许采用第一人称的表述方法

例如,"我在现场观察时发现……""我的访谈对象是一位……""通过观察和访谈,我感觉……"。这是因为质性研究的客观性程度相对较低,研究者直接介入研究情境,研究者本身需要对"测量"进行判断,并且这样的表述方法可以增加"现场感"。从方法论的角度看,这样做能"让自己在文本中看得见"或"让研究者出来",即把"自我工作"看作是研究和表述过程中的一部分,使研究结果成为所谓的"坦白的故事"(曾群,2007)。

(二) 撰写格式

规范性的研究报告尤其是学位论文的文稿排序主要是首页、摘要、正文、参考文献、附录(仇立平,2015)。

1. 首页

首页内容主要是论文题目(包括英文标题)、作者姓名、任职或就读单位、通信地址、电话、电子邮件地址、致谢、文稿总字数等。学位论文的致谢词可以放在后面,但供发表的论文应该放在首页。

2. 摘要与关键词

摘要前要有论文题目,中文摘要控制在 500 字以内,英文摘要控制在 300 字以内,关键词一般有 3—5 个。供发表的论文中英文摘要字数一般在 300 字以内。

3. 正文

为了便于匿名审查,正文不应该含有关于作者信息的文字。外来术语尽量采用通用的中文译名,常用的除外。首次出现时要在中文译名后用括号注明外文术语,非通用的外国人名可直接用原文,第一次出现时写全名,以后写姓氏即可,年代、统计数据都用阿拉伯数字表示(年代也可以用中文数字,但全文要统一)。各级标题中,一级标题前加"一""二""三"等中文数字,顿号断开后接标题名;二级标题前加"(一)""(二)""(三)"等

带括号的中文数字接标题名;三级标题前加"1""2""3"等阿拉伯数字,点号断开后接标题名。"(1)""(2)""(3)"等带括号的阿拉伯数字用于正文(注意,括号后不应加标点符号)。独占一行的标题后不加标点符号;一级标题顶格,其他标题前空两格。统计表、统计图或其他示意图、公式等,分别用阿拉伯数字连续编号后间隔注明图、表名称,末尾不加标点符号。各种表格插在与文字分析最近的下方,并在分析文字后的括号内注明表号。

4. 参考文献、附录

这里的参考文献是指在正文里被引用过的、列于报告或论文结尾处的具体的文献信息,凡是没有被引用的文献不必列出,也就是说参考文献目录中的具体文献必须和文中的引用相对应。有些学位论文还有附录部分,附录主要是与研究有关的问卷、量表、没有列入正文的统计资料、相关统计公式、观察记录、访谈记录和撰写者认为必要的其他材料等。

(三) 引用和注释

研究报告中一般都会大量引用他人观点、数据和资料,引用方法主要有直接引用和间接引用。直接引用即原文引用,用引号表示;间接引用即撰写者运用自己的语言对原文进行概括后再陈述。无论是直接引用还是间接引用都必须采用注释的方法说明原文或数据的出处,注明原文或数据出处是学术规范最基本的要求。

注释方法主要有夹注、脚注和尾注。夹注即夹在正文中间的注解,中文的夹注是在被注的概念或语句后用括号说明概念或语句的意义,以帮助读者更正确地理解正文,如中国古代文献的夹注最初多用来注疏"经义",后来发展为标明读音、训诂文字、辨别语词、分析章句、考证名物、推求义理、校勘异文,以及注明出处甚至提供资料性的附录等。

现在的科学论文或研究报告,夹注主要用于说明引文出处,是受英文写作的影响,与原来中文夹注形式相比,是不一样的,即采用夹注和参考文献相结合的方法进行注解。也就是说,撰写者在引用他人成说后用括号说明原文作者、出版或发表时间,在报告结尾的"参考文献"下列出相应的作者名、出版年份、文献名以及出版单位等。这种注释方法一般为社会科学专业(非人文学科)学位论文或一些学术刊物所采用。它的具体要求是:

(1) 引文后以夹注注明作者名、出版年份,夹注置于引号之外,西文标法相同。

例 12-1　(引文内容)……(费孝通,1981)

如果引文之前已出现作者名,则在其后用括号注明出版年份即可。

例 12-2　费孝通(1995)认为"×××……。"

引用论文集中的文献,直接注明作者姓名,不必另标主编姓名;如果引用相同作者同一年份内的不同文献,则在年份后标出小写英文字母。

例 12-3　(引文内容)……(费孝通,1981a)

(引文内容)……(费孝通,1981b)

中译本(包括其他语种译本)或重版本如果可能的话须用框号标明原著的出版年份。

例12-4　（引文内容）……（费孝通，[1947]1981）

（2）详细文献出处列于文后"参考文献"下，凡文中出现的夹注须与文末参考文献名相对应；参考文献排列须按"著者-出版年制"编排，文献按文种归类，中、日文在前，西文在后。

（3）中西文献一律按作者姓氏拼音或英文字母顺序（A—Z）排列；文后参考文献著录格式参考第十四章参考文献和引用。

（4）外文作者人名中姓氏的各种译法按先姓后名著录。参考第十四章参考文献和引用。外文作者人名未译出的中译文献，作为中文参考文献，按第一作者姓氏首个字母的顺序排在中文参考文献中。

例12-6　昂温G，昂温PS，乔纳斯

这里的参考文献是指与夹注并用的一种注释方法。对于参考文献，学术界还有一种比较宽泛的认定，即所有被阅读过的与课题有关的文献均为参考文献，不考虑这些文献是否在正文中被引用过。这类参考文献也许可以理解为"参阅文献"，如果以此为参考文献的定义，那么必须采用例如尾注的方法建立专门的注释体系，以此说明哪些文献是被正文引用过的。从社会研究报告的撰写体例看，现在的参考文献主要采取与夹注并用的注释方法列出。

脚注和尾注是中文文献最常用的注释方法。脚注也称为页注，即在所引资料后的标点符号上方，用上标的形式在框号内标示阿拉伯数字编号，然后在当页下进行注释：

例12-7　"×××……。"[1]

当页下：

[1]　作者名.文献名[析出文献符号].杂志或地名：出版社.出版或发表年份，期数：（页数）.

脚注除了可以说明文献出处之外，还可以对论文中的某些概念或观点、数据进行补充说明。一般来说，研究报告中引用的数据资料或引自报刊的资料采用脚注方法标注来源。

尾注方法与脚注相似，但是详细文献出处列于文后的"注释"下；如果一篇文献的不同资料或观点在文章中被多处引用，则在上标的编号旁用括号标明页数：

例12-8　"×××……。"[1](P66)

在中文写作中，研究报告（论文）宜采用尾注的方法，注释号码连续编号；著作宜采用脚注方法，注释号码每页重新编号。不同出版社和杂志可能会对注释方法提出自己的要求，因此若要出版著作或发表论文，还需了解他们对撰写体例的具体规定。

另外要学会运用Word文档软件中的注释技巧，在Word文档中运用脚注或尾注只要下拉"插入"，点击"引用"右边的"脚注和尾注"，打开后根据需要就可选择。脚注、尾注还有文末参考文献所用文字字号都要比正文字号小一号。

以上我们比较详细地介绍了社会科学专业论文常用的撰写格式尤其是注释方法，这是因为有相当多的学生在撰写论文时格式不规范，注释混乱。虽然一项研究能否获得成功主要是由课题的研究质量决定的，但是注释规范也是学术规范的一部分，如果注释不准确、不规范，就会影响研究成果的可靠性和严肃性。

第二节　学术论文的撰写

一、学术论文的类型

学术论文也叫科研论文、研究论文、专题论文，简称论文，它是在对研究对象进行研究的基础上，以议论、分析论证的方式提出作者见解、描述科学研究成果的理论性文章。从不同角度可以将其划分成多种类型。

（一）按写作目的和社会功能划分

学术论文按照写作目的和社会功能不同可划分为专题研究论文、学位论文和研究报告三种类型。

1. 专题研究论文

专题研究论文是各学科领域中专业人员根据自己对所从事的领域进行科学研究而撰写的专业论文。它可以发表在各种专业刊物或报纸上，也可在各种学术会议上宣读、交流或讨论。这类论文要求探索各学科领域中的新课题，反映各学科领域中的最新学术水平。

2. 学位论文

学位论文是高等院校或科研机构的学生（包括本科生、硕士生和博士生）毕业时为申请学位而提交的学术论文，即提出申请授予相应学位时供评审用的学术论文，也叫毕业论文。学位论文分学士论文、硕士论文和博士论文三级。

学士论文是本科毕业生为取得学士学位撰写的论文。它应当体现作者已经准确地掌握大学本科阶段所学的基础理论、专业知识及基本技能，已经掌握综合运用所学知识进行科学研究的方法，并具有从事科学研究工作或负担专门技术工作的初步能力。

硕士论文是为取得硕士学位所撰写的论文。它应表明作者确已在本门学科上掌握了坚实的基础理论和系统的专门知识，并对所研究课题有新的见解，有从事科学研究工作或独立负担专门技术工作的能力。

博士论文是为取得博士学位所撰写的论文。它应表明作者确已在本门学科内掌握了坚实而宽广的基础理论和系统深入的专门知识，并具有独立从事科学研究工作的能力，在科学或专门技术上做出了专门性的成果。

3. 研究报告

研究报告是科学技术工作者用来描述研究过程、报告研究成果的论文。它主要提供给各级科研管理部门，可作为科研验收、成果鉴定和申报奖项的主要材料；还可以作为学术论文公开发表在学术期刊上；有些大型研究报告还可编辑出版学术专著。研究报告不同于简单的实验报告，它有理论阐述，也有实践的描述。内容大多是报告人科学实践的总结。

(二）按照形式和研究层次划分

学术论文按照形式和研究层次可划分为纯理论型学术论文、应用型学术论文和综述型学术论文三类。

1. 纯理论型学术论文

纯理论型学术论文是指在社会科学和自然科学基础理论领域，研究社会及自然的现象和行为所获得的具有系统性、规律性的认识成果，其目的是帮助人们认识社会和自然，揭示社会和自然界的发展、变化规律，探索客观事物的本质及特征等，这样的学术论文能建立起一种理论体系。其研究方法主要是理论证明、数学推导和综合考察等。

2. 应用型学术论文

应用型学术论文是指能够直接应用到社会生活和生产实践中去的科学研究成果的文字资料。它的特点是具有明确的目的性和针对性，一般都是就实践中存在的问题开题的，所以这种学术论文的社会和经济效益都比较明显，而且它本身具有理论和实践的直接结合性。所谓开发性研究就属于这一类。

3. 综述型学术论文

综述型学术论文是指作者对某一专题在某一时间内的大量原始研究论文中的数据、资料和主要观点进行归纳整理、分析提炼而写成的论文。综述属三次文献，专题性强，具有一定的深度和时间性，能反映出这一专题的历史背景、研究现状和发展趋势，具有较高的学术价值。撰写综述也是再创造性研究。阅读综述，可在较短时间内了解该专题的最新研究动态，可以了解若干篇有关该专题的原始研究论文。国内外大多数期刊都辟有综述栏目。

二、学术论文的特征

（一）理论性

学术论文的理论性，首先体现在论证的严谨性上。它侧重于从理论高度进行严密的分析论证，不论立论或反驳，都力求论点中肯，论据充足，以理服人；从提出问题到解决问题，从论述的展开到观点的归纳，都应环环相扣。论文的理论性还体现在内容的深度上。学术论文不是浅显的经验之谈，而是力求给予理论上的阐述，具有浓厚的理论色彩。

（二）严密性

学术论文不能停留于事实、现象的罗列上，必须通过对事实的抽象、概括、分析阐述和严密的逻辑论证、推理将其上升到理论高度。这是一篇论文所应具备的起码的条件，是作者学术水平的体现，具体体现在论点客观、正确，论据可靠、充分，论证周密、严谨上。它要求作者具有科学的研究态度，立论上要求杜绝主观臆造，要公正客观地分析问题、解决问题；在论据上，需经过周密的观察、调查、实验和论证，选择最充分、最确凿、最有力的论据作为立论的依据；在论证上，要求作者做周密的思考和严谨的推理。

（三）独创性

论文不仅要进行专业化的研究，而且还要阐述自己对论题的独特的发现或独到的见解。它可体现为对已有结论提出新的见解，自成一家和一得之见；纠正或补充前人的观点；综合前人的研究；为前人的理论提供新的事实材料；采用新的研究方法；对某一个问题提出与众不同的全新的观点等，总之具备资料借鉴或应用的价值。

对初学撰写论文者来说，起码要使用别人没有用过的材料，或者采用新的研究方法，从一个新的角度，重新对已有的理论观点加以阐释。学术论文要求作者有独立的见解、有创见，这是论文的生命和价值所在。《科学技术报告、学位论文和学术论文的编写格式》对学术论文的编写格式规定："学术论文应提供新的科技信息，其内容应有所发现、有所发明、有所创造、有所前进，而不是重复、模仿、抄袭前人的工作。"

三、学术论文的体例

在各类学术成果的呈现方式中，学术论文是一种重要的呈现形式。当前，各种各样的学术思想的发现和传播，主要都是通过专业的学术论文来实现的。

学术论文一般包含八个基本的组成部分：标题，署名，摘要、关键词和分类号，正文，引文和注释，图表、符号和计量单位，参考文献，致谢。有人不重视格式，认为这只是形式而已。其实，形式是为内容服务的，学术论文格式不仅反映出作者的学术素养，而且也往往与学术示范有关。

（一）标题

标题，是一篇学术论文内容的高度概括。标题可以形成读者的第一印象，直接影响读者的阅读选择和文章的传播效果。一个好的标题不仅可以提示论文的议题、反映事物的本质，而且可以表明作者的观点和态度，吸引读者，使其产生阅读兴趣。所以，标题应该以最恰当、最简明的词语，反映论文中最重要的内容。

好的标题应该准确得体、简短精练、新颖醒目。

1. 准确得体

论文标题的选择，应该准确地反映论文的内容以及所研究的范围和深度，既不能题不对文，也不能夸大或缩小。论文标题应该紧扣论文主题，切忌过于笼统。比如 *Journal of Electric Power Vocational Technology* 在2009年的第一期和第三期分别刊发了两篇关于工程制图课程教学的文章：一篇名为"工程制图课程教学的探讨"，另一篇名为"浅谈工程制图教学中多媒体教学和传统教学的融合"。就题目本身而言，后者与前者相比，就让人感觉更为明确具体。再比如，关于从学制角度研究中国香港地区大学教育模式的论文，若取名为"香港地区的大学教育"，就显得过于笼统，很难体现出作者对这一问题的研究深度。若将题名改为"从学制角度谈香港地区的大学教育"就显得更为准确得体。

2. 简短精练

论文标题是论文内容的高度浓缩，一些无关紧要的字、词就不应出现，否则既不利于读者迅速作出阅读判断，也不利于排版上的便利和美观。如原题为："关于可用于新一代无线移动通信系统中终端的小型化多天线系统中天线单元间去耦合新技术的研究",可修改为:"小型便携终端中多天线系统的去耦技术"。一般来说,"关于""研究"等词在题目中是多余的。任何一篇论文必然是"关于……的研究",这些词并不能在反映论文主题方面起作用,能避免时应尽量避免。

3. 新颖醒目

题目是否新颖醒目,会直接影响读者的阅读兴趣和阅读信心。值得注意的是,标题的新颖醒目,应该在准确得体、简短精练的前提下仔细推敲,不能不顾文章的实际内容而刻意追求。此外,要恰当使用副标题。副标题的作用一般是为了进一步明确文章讨论的内容。国家标准GB/T 7713—1987规定:当标题语意未尽时,用副标题补充说明报告、论文中的特定内容;报告、论文分册出版,或是一系列工作分几篇报道,或是分阶段的研究结果,可用不同的副标题区别其特定内容;其他有必要用副标题作说明的时候,均可以有副标题对主标题作进一步的说明。在许多情况下,中文文献还要标以外文(最常见的是英文)标题,这时一定注意保持不同语言标题在意义上的一致性。从学术道德规范的角度,还要避免与已有文献的标题重复,哪怕两文讨论的是同一问题。

(二) 署名

《中华人民共和国著作权法》第十条第(二)款规定:"署名权,即表明作者身份,在作品上署名的权利。"署名可以署个人的名称,也可以署机构的名称。

1. 署名的作用

论文署名的作用大致有如下三个方面。

第一,表明负责。论文署名需要慎重,论文一经发表,作者即对论文负有政治上、法律上、道德上的责任。

第二,表明所有权。署名人应当拥有作品著作权,包括发表权、署名权和修改权以及保护作品完整权、复制权、发行权、出租权、展览权、表演权、放映权、广播权、信息网络传播权、摄制权、改编权、汇编权等。

第三,方便交流。读者与作者商榷,或者向其询问、表达质疑、寻求帮助等,都可以借助作者在论文中的署名而得以实现。

2. 署名的原则

国家标准GB/T 7713—1987规定,在封面和标题页上或学术论文的正文前署名的个人作者,只限于那些对于选定研究课题和制定研究方案有主要贡献,直接参加全部或主要部分研究工作并做出主要贡献,以及参加撰写论文并能对内容负责的人,排名顺序按照贡献大小或依约定确定。当多名作者属于不同单位时,应注明不同作者的所属单位。参加部分工作的合作者、按研究计划分工负责具体小项的工作者或某一项测试的承担者,以及接受委托进行分析检验和观察的辅助人员等,均不列入署名。这些人可以作为参加工作的人员一一列入致谢部分,或排在脚注。

对于学位论文,一般要署明作者和指导者,指导者对学位论文负有指导责任。

从学术道德规范的角度,要避免不当署名和排序。在署名及其排序上一定要征得每个对于该研究成果做出主要实质性贡献的研究者的同意,既不得忽视或剥夺相应研究者应有的署名权,也不得违反学术规范为不具备署名资格的人署名。有些作者会在未征得自己导师或者一些知名的专家、学者认可的情况下,就盗用他人名义,以联合署名的方式,企图借此使其论文更加顺利地发表。这种做法不仅会损害作者自己的信誉,而且会损害他人的信誉,属于学术不端行为。有的作者为自己的亲属朋友署名,或不当地确定排序,也是学术不端行为。论文的通信作者,是与编辑和审稿人的联系作者,应是对论文的内容和写作负主要责任的作者。

学术论文的署名如无特殊原因应署真名。此外,还要注意单位(即作者的单位)署名问题。大多数的研究都是职务性工作,要使用单位提供的直接与间接的支持,因而其成果其实是职务性的成果,单位是有权署名的。所以,作者在署名的同时标明其所在单位,是国际通行做法。署明作者单位不仅是为了通信方便,更体现了该单位对于成果的贡献。问题在于,当论文工作不是在作者目前所在单位所做的,那么应该署哪个单位呢?类似的还有作者在其他单位访问进修期间的成果如何为单位署名的问题。特别是,由于当前单位在成果统计上的要求,使得不少作者不顾当前单位是否确实对论文成果做出实质性的支持,而将其署名。应该说,这样做是有悖于学术道德规范的。正确的做法是,哪个单位对于成果做出了实质性贡献就应该为哪个单位署名,如果多个单位共同为成果做出实质性贡献,就应为多个单位署名。

总之,学术规范的真实性原则体现在署名上就是以实质性贡献为依据,对个人、对单位均以此为准。

(三) 摘要、关键词和分类号

1. 摘要

国家标准 GB/T 7713—1987 规定,报告、论文一般均应有摘要,为了国际交流,还应有外文(多用英文)摘要。摘要应具有独立性和自含性,即不阅读报告、论文的全文,就能获得必要的信息。摘要中有数据、有结论,是一篇完整的短文,可以独立使用,可以引用,可以用于工艺推广。摘要的内容应包含与报告、论文等量的主要信息,供读者判定有无必要阅读全文,也供文摘等二次文献采用。

摘要是论文内容的不加注释和评论的简短陈述。一般应包含:研究的目的、意义和重要性;研究的主要内容和方法;研究的创新性成果及其意义等。摘要要客观严谨,既要防止空泛无物,也要避免顾此失彼,更不能自吹自擂。

2. 关键词

关键词是为了文献标引工作从报告、论文中选取出来用以表示全文主题内容信息款目的单词或术语。关键词选取要注意代表性、关联性和准确性,切不可用关联性不强的热门术语为论文充门面。

3. 分类号

分类号通常是指《中国图书资料分类法》(第四版)和《中国图书馆分类法》(第四版)中的分类号。除收录文献单位特殊注明外,科技期刊中论文的分类号应使用《中国图书资料分类法》(第四版)进行分类。分类号和关键词的作用及功能是互补的,都是便于文献的检索、存储和编制索引。

(四) 正文

正文是一篇学术论文的主体部分。

1. 正文的结构

学术论文的结构应该体现或追求逻辑和研究过程的统一，应该根据论文内容的内在逻辑关系，灵活、合理地安排正文的结构。正文写作通常可以分为四类基本结构：并列结构、串式结构、树式结构和复式结构。

并列结构是指将论文的材料内容加以排列，各材料单元之间无逻辑制约关系，调换各材料单元的先后次序，不影响表达效果的结构。

串式结构是将所选取的材料依次排列，各材料单元之间有依次的逻辑关系，不可随意调换的结构。串式结构的最基本形式是制约型串式结构，其模式结构示意如下：

$$A_1 \to A_2 \to A_3 \to \cdots\cdots \to A_i (无\ A_i\ 便无\ A_{i+1})$$

树式结构是指某一层次的论点由两个或两个以上的论据支撑，即只有同一层次的两个或两个以上的材料单元同时成立时，上一层次的结论才能成立的结构。

复式结构就是在实际撰写论文时，将以上三种结构模式混合的结构，这便成了复式结构。

2. 正文的构成

论文正文的实际构成通常有：引言、论证、结论和讨论。

(1) 引言。

引言又称前言（或绪论），其作用是简要说明研究工作的目的、范围、相关领域内前人工作的成果和本文要研究的问题；研究的设想、方法；实验设计和理论基础分析以及预期的结果和意义等。换言之，引言就是要回答该项研究的必要性、重要性和创新性的问题。许多年轻作者不重视引言，其结果可能是使评审者或读者对于该研究的重要性不甚了解，导致不被接受或是发表后无人问津。有时由于不重视又图省事，就从相关文献中复制，不仅不能很好地说明自己的研究，甚至造成学术失范。

引言写作中的常见问题：作者论述的背景信息过于空泛，与作者的创新点无关联或关系不大；不能做到开门见山，直接切入主题，讲一大堆空话套话；不会处理自己的创新成果与别人的成果的关系，表达时含糊不清。

从学术道德规范的角度，要注意防止歪曲或不客观地贬低别人的研究和不适当地抬高或夸大自己的研究。

(2) 论证。

论证是学术论文最为核心的部分，作者应充分利用自己所拥有的理论依据、材料或所建立的数学模型对所提论点进行论述，说明自己是"怎样研究的"。其内容可以包括研究对象、实验和观测方法、仪器设备、材料、实验和观测结果、计算方法和编程原理、数据资料、经过加工整理的图表论证过程、形成的论点和导出的结论等。由于研究工作所涉及的学科、选题、研究方法、工作进程、结果表达方式等都有很大的差异，对正文内容不宜作统一的规定，但必须做到实事求是、客观真实、准确完备、合乎逻辑、简练可读。

该部分内容是作者利用论据对论点进行说理的过程。在该部分写作的要点是：

第一，对于理论分析论文，要阐明论据和方法来说明论点的推理过程；

第二，对于实验研究类论文，要阐明结论所依据的条件、事实、实验方法、实验材料和实验及测定的具体过程；

第三，对于计算仿真研究类论文，要阐明数学模型的建立过程、仿真条件、采集数据及用软件进行仿真的具体过程；

第四,对于调查报告类论文,要给出利用分类或统计方法对问题进行调查研究的具体过程,包括对因素的选取及方差、标准差的验证和数据的合理性证明等过程;

第五,对于技术类研究论文,要有应用实例及其适用的具体条件、要求及进行可行性论证的过程等。

一篇成功的学术论文,在论证部分应满足以下四个要求:

第一,尊重事实。用科学的态度恰当地反映论文的客观本质,而不是主观臆断,更不能弄虚作假。论文中的数据要经过反复的核实、验证;实验的结果不但要经得起自己的检验,而且要经得起他人的复验。得出的研究结果应是必然的,而不是偶然的,即在相同的实验条件下,任何人在任何时间、任何地点进行同一实验,都可以取得相同的结果,也就是说,不会因为实验者不同而得出不同的结果。从学术道德规范的角度,最要紧的是不能制造、篡改实验数据,不能把别人的东西当作自己的东西。必要的引用一定要予以明示。还有一个重要要求就是,不要忽略更不能隐瞒不好的事实,比如所研究的技术的负面影响。一个突出的例子就是"瘦肉精"。

第二,体现创新。这里所说的创新有两种:一是提出新问题或发现新现象,即研究的内容是新的;二是建立新方法,如提出一种新方法、新算法,或是将已有的方法移植到新的学科领域,或是对已有方法或算法进行某种改进等或实现新应用。从学术道德规范的角度,要避免夸大和渲染创新,不要动辄就宣称"首次提出""创造性地"等。

第三,论证充分。论证是为了说服读者接受自己的观点,即"以理服人"。作为科技论文,要说明的主要问题不只是"是什么""怎么做",而且要说明"为什么是这样"和"为什么这么做"。

第四,论点突出,表述准确。论点是文章的灵魂和统帅,因此论点仅仅是正确的还不够,还需要深刻鲜明。论点不突出是遭到退稿的一个重要原因。观点模糊、浮浅、牵强等都属于论点不突出的范畴。准确不仅要求文字叙述要明确、具体,不用含糊不清、模棱两可的字和词;更要求材料没有虚假,因为只有真实的材料才能有力地表现主题。因此,数据的采集、实验的记录和分析整理都不能出现"失准"错误,更不能"失真"。

叙述事实、介绍情况、分析和论证时,遣词造句要准确,力求避免含混不清、模棱两可、词不达意的现象。给出的表达式、数据、图表及文字、符号等都要准确无误,不能出现任何微小的疏漏。数字多一个0,或少一个小数点,或一个正负号弄错都可能导致文章出现严重的错误。更重要的是,材料不能失真。具备真实和准确的材料是对文章的基本要求。要做到真实而准确,就要求作者必须树立严肃认真的科学态度和实事求是的良好学风,要尽量用自己亲自调查研究的第一手材料。在科学实验中要尊重科学,一丝不苟;引用别人的材料要核对原文,不能断章取义,更不能歪曲原义;对所得结果既不能夸大,也不能缩小,更不能捏造;不能将道听途说的材料写进文章,更不能以讹传讹。

(3) 结论和讨论。

结论或结语是对整篇论文的归纳,是作者通过观察、分析、判断及逻辑推理得出的对于所研究问题的本质的规律性的认识。

从学术道德规范的角度,结论一要言之有据,二要言之合理。有据就是依据事实和严谨的实验和计算推理;合理,就是逻辑正确、推理严密。

(五) 引文和注释

规范的引文和注释也是作者学术素养的体现。

引用借鉴他人的研究成果,无论是对原文原句引用,还是对观点和思想的引述,都必须注明,否则就构成剽窃。一般而言,"引用"强调的是"引","注释"强调的是"释",是对文中出现的术语和观点的"解释和发挥",因为不适合直接出现在行文中,故有时放在页面当页正文之下或正文之后。此外,在标注引用的字句和观点的时候,文献的出处要加以规范的明示。

引文是借鉴前人研究成果的一种方法,引文一般可以分为"引用原文"和"引用原意"这两种情况。不管是哪一种,在明示出处的前提下,把握"必要"和"得当",切忌堆砌和曲解。

注释是对文字作品中的字、词、句进行必要的解释。文中借用他人的理论、论断、思想、语句,首先应注明出处,而且必须做到在引用时,文字的准确、完整;在评价他人观点时,应力求客观、公正。否则,不仅会违反学术道德,而且可能违反《中华人民共和国著作权法》,因此必须高度重视。

(六) 图表、符号和计量单位

在学术论文的写作中,不可避免地会碰到图表和计量单位的使用问题。长期以来,对于图表和计量单位的使用,已经逐渐形成了一套比较完整的规范。遵循正确的方式使用图表和计量单位,也是一篇论文的学术水平的体现。

1. 插图与表格的使用

插图的使用,在学术论文写作中,是非常重要的。它不仅具有活跃、美化版面的作用,而且是表达作者意图的一种重要手段,不仅能够起到辅助表达的作用,而且是准确表达作者意图所必需的一种方式。在学术论文,尤其是科技论文中,有些内容是难以用文字表达清楚的,或者文字表达无法做到与插图同样的清晰和简明,如某些现象或操作过程等。此时,插图的使用就是必要的。从学术道德规范的角度,要特别注意指明插图或图中数据的来源。另外,还要注意可能的版权问题。

表格是论文表达内容的重要辅助手段,表格可以包含众多数字和其他信息,可以替代冗长的文字叙述,让文章显得简洁、鲜明。

2. 符号的使用

对于数学符号的使用,1993 年国家技术监督局对 GB/T 3102.11—1986 做了重要修订,发布了新标准 GB/T 3102.11—1993。新标准中对一些常用的数学符号做了明确的规定,是使用数学符号的依据。从学术规范的角度,一要符合规范,不要自作主张、标新立异,造成误解。二要前后一致,特别是在分头写作的情况下,应先对符号作出统一约定,同一符号在同一文章的前后不应代表不同的事物。

3. 计量单位的使用

计量单位是为定量表示同种量的大小而约定采用的特定量。世界上多数主权国家都有自己的法定计量单位,要按照专业标准使用计量单位及其相应符号。《中华人民共和国法定计量单位》(以下简称法定计量单位)以国际单位制(SI)单位为基础,同时根据我国的实际情况适当选用了一些非国际单位制单位。目前,我国的法定计量单位的具体应用形式是 1993 年 12 月 27 日由国家技术监督局发布、要求于 1994 年 7 月 1 日起施行的《量和单位》系列国家标准 GB/T 3100~3102—1993(以下简称新标准)。还要注意文中计量单位的一致性,特别要注意引文中的计量单位与其他部分所用计量单位的一致性。

(七) 参考文献

学术文献的利用贯穿于科学研究的全过程,从选题开始,就需要文献提供学术和应用背景的信息。在研究过程中需要比较借鉴别人的方法、设备、数据,以便证明自己的创新性。在总结成果、撰写研究报告或论文阶段,更需要参考大量的文献。

《中华人民共和国著作权法》第二十四条规定:"在下列情况下使用作品,可以不经著作权人许可,不向其支付稿酬,但应当指明作者姓名或者名称、作品名称,并且不得影响该作品的正常使用,也不得不合理地损害著作权人的合法权益:(一)为个人学习、研究或者欣赏,使用他人已经发表的作品;(二)为介绍、评论某一作品或者说明某一问题,在作品中适当引用他人已经发表的作品……"

(八) 致谢

根据国家标准《科学技术报告、学位论文和学术论文的编写格式》(GB/T 7713—1987),可以在正文后对下列方面进行致谢:协助完成研究工作和提供便利条件的组织或个人;在研究工作中提出建议和提供帮助的人;给予转载和引用权的资料、图片、文献、研究思想和设想的所有者;其他应感谢的组织或个人。

从学术道德规范的角度,致谢时应体现诚信原则。一方面,对于给予作者支持和帮助的个人和机构,应在必要时被明确提及(如资助作者研究的组织机构、基金项目等);另一方面,不应把并未给予作者实质支持的个人和机构列入致谢之中。

【案例】

有人为了便于论文发表,在致谢中列出相应领域的名人。不料被作者致谢的专家正是论文的审稿人,当他看到对自己的"致谢"时感到非常惊诧,因为他从未与作者打过任何交道,更谈不上"悉心指导"。显然,这是一种"狐假虎威"式的学术不端行为。

本章小结

(1) 撰写研究报告是科学研究过程中非常重要的环节。研究报告是以文字语言的形式向读者呈现自己的研究方法、研究过程,以及研究成果等,是科学论文的一种形式,是信息存储、知识交流的载体,供特定的读者阅读并加以评判。

(2) 规范性的研究报告尤其是学位论文文稿排序主要是:首页、摘要、正文、参考文献、附录。首页内容主要包括论文题目(包括英文标题)、作者姓名、任职单位、通信地址、电话、电子邮件地址、致谢、文稿总字数等。

(3) 学术论文主要分为纯理论型学术论文、应用型学术论文、综述型学术论文三类。

(4) 学术论文一般包含八个基本的组成部分:标题,署名,摘要,关键词和分类号,正文,引文和注释,图表、符号和计量单位,参考文献,致谢。

(1) 学术论文主要包括哪几部分?
(2) 研究报告主要包括哪几部分?

第十五章自测习题

第十六章
研究伦理问题

学习目标
1. 了解科学研究的伦理准则。
2. 了解社会研究中的伦理问题。
3. 了解旅游研究中的伦理问题。

知识体系

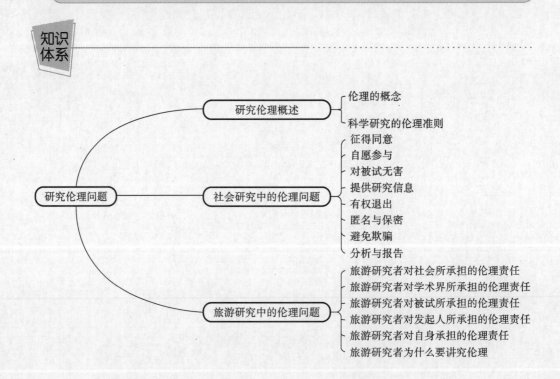

第一节 研究伦理概述

一、伦理的概念

处理人类行为及品格的哲学分支被称为道德哲学,也被称为伦理。简单地讲,伦理实际上就是了解正确或者错误的标准,然后做出正确的选择。但是,正确的选择并不像许多伦理文献所描述的那样直截了当。研究中遇到的绝大多数伦理问题都不会像"旅游者在景区内可以随意扔垃圾吗?"或者"导游应该强迫旅游者购物吗?"这样直截了当。

许多伦理学家认为:基于道德准则总是存在需要做的正确选择。另一些伦理学家认为,需要做的正确选择最终还得依赖个人。而许多哲学家则认为:伦理是一种行为科学。Twin 认为:"伦理涉及人类生活依赖的最基本准则"。有关伦理问题,从 Socrates 到 Plato,哲学家已经讨论了 2500 年。许多伦理学家将正在形成的伦理信仰看作当代的法律问题,比如:正在成为伦理指南的准则经常被转换为明天的法律和规章制度。指导人类产生应有行为的价值则被认为是道德价值,比如,文明、尊敬、诚信、公正、责任等的价值。

综上所述,伦理是一个哲学分支,它涉及人类的行为规范,是一门规范科学。因此。伦理始终与行为规范、道德标准,以及行为指南紧密相连,涉及人类对于"正确"和"错误"的判断。

二、科学研究的伦理准则

(一) 受益而无害

受益指的是科学研究中的被试及相关个人和群体的利益最大化,无害指的是使被试受到的伤害最小化。在旅游研究过程中,研究者在这一点上会面临极大的挑战。一些需要在旅游世界、旅游情境或旅游场景中实施的研究过程,可能明显地对旅游者的个体体验过程产生介入效应,这不仅会导致旅游者的体验受到影响并从而引发研究过程中的矛盾甚至冲突,而且还会对研究结果的真实性产生影响。

(二) 知情同意

在研究过程中如果存在对被试产生伤害(包括身体、心理、法律等意义上的伤害)的风险,就需要保证被试的自愿参与和知情同意。"知情同意是研究中最基本的伦理准则。被试应该完全了解研究的目的和本质,并且是在不受强制情况下同意参与。"这一准则强调参与研究的被试在整个研究阶段都具有自由地进入和退出、质询和了解的权利,知悉参与研究可能给自己甚至他人带来的所有潜在危险和危害。

知情同意准则在强调研究伦理的同时,也给一些科学研究建立了进入障碍,尤其是给一些自身本来就包含欺骗性问题的研究带来了挑战。在这种情况下,研究者会面临两难的处境。但无论如何,研究者有保护被试安全的特殊责任。

(三) 诚实与完整

很多科学研究过程本身就是一种公开的社会行为,而科学研究成果在社会上予以发布更是和公开性密不可分的。在这种情况下,科学家对自身工作及其成果的诚实态度就十分重要。在正规的研究流程当中,每个阶段都会涉及研究者对被试、研究的委托人、社会、学术界同行的诚实问题。在研究的所有流程中,研究人员都需要诚实,应当追求真实、准确、客观、完整地从事研究并报告科学研究的成果。

有违诚实与完整伦理准则的突出表现是欺诈和抄袭。欺诈是在发表研究成果时有意捏造数据，或篡改实验结果。而抄袭则涉及把别人的研究成果、思想或数据的大部分内容当作自己的研究并发表。抄袭和欺诈一样，也是科学研究中的严重的道德错误。虽然有些抄袭较为隐晦，机器识别不出来，但科学工作者应当始终怀有一颗"科学良心"，对抄袭伎俩自警而不取。

（四）对被试及其权益的尊重

在很多关于人的社会科学研究当中，保护被试的权益是另一条重要的伦理准则。站在研究者的角度来说，科学家为了准确地把握被试的行为特征，包括态度、意见、行为及他们的人口统计特征，在研究过程中往往会谋求获得一些个人私密信息，甚至将被试置于某种尴尬的境地。例如，在一些社会调查当中，对于经济状况、财产状况、婚姻状况等信息的调查，就属于一些个人隐私，很多被调查者并不情愿向外人透露。在这种情况下，调查者应努力遵守保密原则，设法通过一些技术手段（如向所有被调查者分发一个保密的身份号）解决被调查者对自己身份泄露的担心。这种在保密性上所做的努力，对研究者和被试都有好处。对于被试来说，可以使他免受因信息公开而感到窘迫和情绪紧张，而对研究者来说，也比较容易得到被试的积极配合。从这里可以看出，要想做到保密，可能最重要的方法就是匿名。

第二节 社会研究中的伦理问题

在大多数的字典和日常用法中，伦理通常和道德相提并论，两者都涉及对与错的问题。但什么是对？什么是错？根据什么标准来区分？每个人都有自己的一套标准。这些标准也许是宗教或政治意识形态，也许是对什么可行、什么不可行的实际观察结果。《韦氏新世界辞典》(Webster's New World Dictionary)对伦理的定义就很典型，它把伦理定义为"与特定职业或群体相一致的行为标准"。虽然这个说法会让追求绝对道德的人感到不满，不过，我们在日常生活中就把道德与伦理当作群体成员的共识了。不同群体有不同的道德标准，这一点毫不意外。如果你们要在某个社会里好好生活，了解那个社会的道德标准是十分有用的。对从事社会研究的学术共同体来说，亦是如此。

如果你们要从事社会研究工作，那么，了解一些共识就相当重要。这些共识是判断研究者在社会调查中的行为是否得体的标准。这一节将概括一些社会研究中最重要的通行准则。

一、征得同意

经常会听到这样的案例：有人被劝说参加了一项研究，但是最终受到了伤害。其中，明显最坏的案例是涉及药物或者军事的研究。幸运的是，这样的事情现在很少发生，因为通过普遍存在的正式以及非正式的检查，这类事情发生的概率已经被最小化。

但是,如果发生了这样的事情,其原因通常都是因为破坏了研究所需要遵守的一个重要伦理原则——征得同意原则,即在进行研究之前,应该首先征得研究对象的同意,比如,在研究对象是那些将被调查的个人或者被研究的群体时,研究对象有权从调查或者研究中退出,并有权拒绝回答问题或者拒绝被研究。因此,在研究的每个步骤开始之前,学生都应该首先征得研究对象的同意,这点是非常重要的。

二、自愿参与

社会研究经常(虽然并非总是)要介入他人的生活。访问员登门拜访或是将问卷寄到家中,都标志着在受访者没有提出要求的情况下,一项会让他耗时费力的活动就要开始了。参与社会实验,甚至还会干扰被试的日常活动。

更有甚者,社会研究经常要求他人透露其私人信息——有些甚至是其亲友都不知道的信息。而且,社会调查还经常要求受访者把这些信息告诉陌生人。虽然其他的专业人士,例如医生和律师,也需要类似的信息。然而,医生和律师提出这样的要求,被视为是合理的,因为他们需要这些资料来维护当事人的切身利益。但是社会研究者则无法作出如此保证。他们只能像医学家一样,申明这些研究最终将帮助全人类。

另外,自愿参与原则又直接违背了很多科学方面的考虑。一般来说,如果被试或调查研究的受访者都是自愿的,科学上所要求的一般性就受到了威胁。因为这样的研究可能会反映那些愿意参与的人的特性,而不能概括所有的人。最明显的例子就是描述性调查,除非受访者是经科学抽样的并包括了志愿者和非志愿者,否则研究者就不能把抽样调查结果推论到总体。

自愿参与是重要的原则,却难以真正地完全遵循。当你们认为有充分正当的理由违反这项规范时,那么,遵守科学研究的其他道德规范就显得更重要了,例如不能伤害被试等。

三、对被试无害

1974年美国颁布《美国国家研究法案》(National Research Act),并相应成立了美国国家生物医学和行为科学研究人类被试者保护委员会。该委员会被授权负责规定,当涉及人类被试时,研究者应该遵循的基本伦理准则。随后该委员会发布了《贝尔蒙特报告》(The Belmont Rebort),详细规定了三大核心原则。对人的尊重——参与研究必须出于自愿并且基于对所参与研究内容的完全知情;进而要求研究人员,特别注重对弱势群体及缺乏完全自主能力的被试的保护。受益原则——研究活动不得伤害被试,理想化的做法是,能够让他们从研究中获益。公正原则——研究所带来的负担与利益必须在社会成员中公平地分担与分享。

社会研究还可能迫使被试面对平常情形下鲜有考虑的问题。即使这类信息并不直接透露给研究者,类似的问题也会发生。回首过去,某些可能不正义、不道德的往事会浮现在眼前。如此一来,研究本身就可能成为被试无休无止的痛苦根源。例如,如果研究项目事关伦理规范,那么被试也许会质疑自己的道德,也许在研究结束之后,质疑还会延续下去。再譬如,不断深入地提问会伤害被试的自尊。

"自愿参与"和"对参与者无害"的伦理规范,已经越来越正式化,形成了"知情同意"的共同理念。该理念要求,基于自愿参与的原则而进入研究的被试,必须完全了解他们可能受到的危害。例如,参与医学实验的被试,会在事前的讨论中被告知实验的内容,以及所有可能遭遇的危险。实验执行者会要求他们签署一份声明,表明他们已了解实验的危险,但仍选择参加。当被试被注射会引起生理反应的针剂时,这个过程的价值,就更加明显。然而,打个比方,当参与观察者赶往某个城市暴动现场以研究越轨行为时,还要来一套手续就不现实了。在后一种案例中,虽然研究者必须不对被观察者造成伤害,但实现这一承诺的方式并非通过"知情同意"。

就像自愿参与原则一样,对参与者无害原则,在理论上,很容易为人们所接受,却很难在实际中遵循。然而,对这个问题保持敏感度、多一些实际经验,可以让研究者在处理微妙问题时更加老练。

近几年,遵守这项规范的社会研究者受到越来越多的支持。大多数大学现在也成立了人类研究对象委员会,其基本任务就是评估研究的伦理工作。尽管这种事情有时会很麻烦或运用不当,不过,这项要求不仅可以避免不合伦理的研究,还可以显现出某些伦理问题,哪怕是最严谨的研究者,也会有所疏忽。

四、提供研究信息

人类是自治的,他们拥有进行调查以及决定是否参与调查的自由意志。因此,为了实现被试的自由意志,他们需要完全了解研究的性质,以及研究的进展。只有这样,被试才能真正处于同意参加的位置上。换句话说,在给出同意参加研究的决定之前,被试应该被完全地"告知"。由于研究是一项非常复杂的活动,因此,潜在被试希望被告知的方面也会有很多,包括研究人员的姓名、雇主、资金资助者,支持研究的个人或者组织,研究如何启动、研究目的,所收集数据的性质,发布结果的安排,结果是否将被用于政策制定等。上述举例并不能完全包括被调查人员需要知道或感兴趣的信息,研究者在向研究对象提供信息之前,应根据研究内容对信息进行合理选择。

五、有权退出

作为被试的个人或者组织的另一重要权利就是退出研究。在研究开始时,由于认为研究是有趣的,因此,被试同意参加研究。但是,随着研究的进行,被试开始逐渐失去对于研究的兴趣。让作为被试的个人或者组织清楚地知道:无论什么原因,在任何他们不愿意被继续研究的时候都有权退出研究是非常重要的。对于组织来说,退出研究可能要比个人更容易些。有时,个人会开始感到作为被试有强迫感,甚至产生疑虑。因此,研究人员在数据收集时应尽量不使作为被试的个人感到压力或者不安。有时,也会出现这样的情况:调查对象开始感到面谈过程并不像他们开始所想象的那样轻松愉快,调查者却没有注意到调查对象的这种情绪变化。让被试感到,他们可以随时说出他们的想法,并且可以单方面地退出研究是非常重要的。

六、匿名与保密

保护被试的权益与身心健康最首要的就是保护他们的身份,特别是在进行调查研究的时候,如果披露被试的反应,必定会伤害他们,因此,坚守这项规范就显得至关重要。匿名和保密这两种技巧(两者经常被混淆)经常能在这方面帮助研究者。

在一项研究中,如果研究者与阅读者都无法将应答和应答者对应起来时,那么该研究的匿名性就得到了保证。在一个典型的访谈式研究中,受访者不可能是匿名的,访谈员是从一个可识别的受访者那里收集数据的。一个匿名的例子,就是以邮寄方式进行的问卷调查,如果在问卷回收前,问卷上没有任何可识别的标记,那么就保证了匿名性。

当研究者能够识别特定被试的应答,且承诺不会将其公开时,该研究就达到了"保密"的要求。例如,在一项访谈调查中,尽管研究者能够公开某位受访者提供的收入数据,但研究人员会向对受访者保证,绝对不会发生这类事件。

当某个调查项目是保密的、而非匿名的,研究者就有责任向被试说明事实。而且,研究者绝不能将两者的术语与内涵混为一谈。

除了个别例外,研究者对被试所提供的数据必须予以保密。

研究者可以利用几种技巧来避免这些危害,从而更好地保证研究的保密性。首先研究者和其他能够接触到被试可识别特征的人。都要经过伦理责任的教育。此外最基本的方法是删除研究中不必要的被试身份信息。同样在研究中,若研究者需要保留可识别被试的数据,和他们再度联络,以核实已经完成的研究,或取得原先研究中所遗漏的资料。当确认研究已经结束且肯定不再需要有关被试的更详尽资料时,就可以放心地把所有可识别被试身份的数据删除。有很多问卷的设计,都把所有可识别受访者身份的数据放在第1页,当不再需要知道受访者的身份时,就可以把首页撕掉。

七、避免欺骗

征得研究被试明显是为了避免欺骗。但是,也有一些研究人员认为:在揭发一些穷凶极恶的组织或者个人时使用一些欺骗手段是合理的。例如,为了调查某地区导游强迫购物以获取折扣的现象而假装自己的导游身份,为了调查某酒店的餐饮安全问题而假装应聘等。为了开展研究,一些研究人员一直都在准备使用伪装和掩饰等手段。

在能够获取的知识利益超过了通过遵守保密和匿名规范所能够最小化伤害的前提下,使用一些欺骗手段或许是可以被接受的。尽管调查者没有必要为了达到研究目的,总是努力地保持诚实、直接和清晰,但是,调查者也不应该经常地使用欺骗。不应该窃取数据,不应该直接向研究对象撒谎。尽管可以在一定程度上隐瞒个人身份,但是,调查者不应该违背其曾经向研究对象所做出的承诺。在处理明显的欺骗与公开之间的平衡时,调查者应该充分考虑到调查对于研究对象,而不仅仅是自己带来的后果。

八、分析与报告

社会研究者应对被试负有许多伦理上的义务,同时,在学术共同体中,也应对同行担有伦理责任。这些责任与数据分析和报告研究结果的方式有关。在严谨的研究中，研究者应该比任何人都熟悉研究技术的缺点和错误。研究者有责任使读者了解这些缺点，哪怕这些缺点十分愚蠢。

举例来说，如果与研究分析有关，即使是负面的（negative）实验结果也应该报告出来。在科学报告中有一个不合宜的神话，那就是只有正面的（positive）实验发现才值得报告（有时候期刊编辑也会犯相同的错误）。然而在科学上，知道两个变量相关或不相关具有同样的重要性。

同样，还有一种情况应该坚决避免，就是研究者为了顾全面子而把自己的发现说成是周密计划的结果，事实上却并非如此。其实有许多研究发现都在意料之外——虽然这些发现在事后回顾时，似乎都是显而易见的。当研究者意外发现一个有趣的关联时该怎么处理呢？用虚拟假设等手段来粉饰这种情况，不仅不诚实，同时也会误导缺乏经验的其他研究者，让他们误以为所有的科学探索事先都需要经过严谨的计划和组织。

一般来说，科学因开诚布公而进步，因自我保护和欺骗而受阻。只要你们把进行某项研究时经历过的所有困难和问题和盘托出，就可以对自己的同行——甚至对整个科学探索有所贡献。这样才可以帮助他们避免犯同样的错误。

最后还有一点需要补充。有一种观点认为研究者的马虎大意也同样可以被视作伦理问题。如果一个研究项目耗竭了有限的研究资源，并且（或是）错误地将研究强加于那些无益的研究对象，那么，许多学者就会将其视作违背伦理原则的行为。这并不是说所有的研究都必须产生积极的结果，而是说研究应该以一种趋向于积极结果的方式进行。

第三节　旅游研究中的伦理问题

一、旅游研究者对社会所承担的伦理责任

旅游研究通常都是以日常社会生活作为研究背景的，除非研究者利用实验室来研究个体在不同的旅游刺激下的生理反应，或从事数学运算，或给现实世界建立模型。

但总而言之，不管研究是在现实世界还是在实验室进行，旅游研究者都应对社会承担伦理责任，应确保他们的研究不会影响到被试和其他社会成员的日常体验。这是很重要的问题，特别对那些试图从活动参与者处收集资料的旅游研究者来说更为重要，因为旅游活动的本质是脱离日常生活，旅游体验的目的是要在另一个世界中，中断"日常生活"，逃逸、挑战、愉悦、学习和放松。

可以想象一下，你正在树荫下休息，周围很安静，这时一个研究者要对你进行调查，你会愿意参与他们的研究吗？为什么会或不会？如此多的侵扰将导致旅游研究遭到社会的摒弃，也可能引起参与研究的人数减少甚至导致没有人乐意参与研究。

在一些领域,某些管理者会阻止对旅游者和类似的团体进行"过分审问"。地方和国家政府部门都应该遵循这个准则,如需要提出申请、得到政府的许可才能进行研究。一般而言,管理者们可以允许或不允许你接近他们的委托人或成员,而这主要取决于你的研究目的、研究方法和研究结果的潜在用途。有时,即使是出于良好意愿的研究也可能不被允许进行,或者是不能接近潜在的被试,因为管理者认为研究者会改变经营的状况,或者认为该研究可能会干扰他们成员的整体生活质量,或者会产生负面的旅游体验。

二、旅游研究者对学术界所承担的伦理责任

旅游研究者不仅属于旅游接待业研究领域,它还属于一个包括更多学科的科学领域。作为这两个团体的成员,旅游研究者有义务遵循研究的伦理规范。任何与伦理原则相冲突的行为不仅会影响研究者本人,对整个组织成员的声誉也将造成很大的影响。因此,为了确保所有的研究者都按照伦理的原则行事,各个不同的学科领域也已构建了自己的伦理准则。

这些有关研究的伦理准则,保证了研究者在对待被试、使用研究方法以及保证研究结果的公正性方面承担伦理责任。

在学术界,研究中贯穿伦理方针的一个步骤就是实施同行评议。同行评议要求有资历的研究者对研究申请的质量和可行性进行评估,也包括评估研究报告的质量和完整性。特别地,评议专家的目的是要确定所评论的研究者的工作是否维护和尊重被试的权利,不论被试是人类还是非人类都应受到此类保护和尊重。当然他们还要确定研究者是否有进行研究所要求的研究技术和理论知识,收集资料时所使用的方法是否合适,资料的收集和分析是否恰当、符合伦理。

事实上,旅游研究者对学术界所承担的伦理责任涉及三个方面:保护被试的权利,维护学术界的声誉,进行伦理的研究。

同研究者对社会所承担的伦理责任一样,在审阅研究立项、研究设计、研究报告和研究论文时,遇到任何与其中的提示不同的回答,评议专家都可以质疑研究是否符合伦理。当评议专家确信下面的伦理反应不匹配时,被评论的研究者需要做出解释,更有甚者,该研究者可能会被所属的专业组织驱逐或者其行径会被公开披露。

三、旅游研究者对被试所承担的伦理责任

研究者首要的任务就是要保护被试的权利。

(一)保证被试不受伤害

从根本上说,研究者必须保证在进行研究的任何阶段,被试都不会受到伤害。本章所重点讨论的是有关人类被试而不是非人类被试的伦理保护问题(如果没有特别说明),对被试的伤害可定义为四种,即身体上的伤害、心理上的伤害、法律上的伤害和其他伤害。

1. 身体上的伤害

在旅游接待业研究领域,保证被试、研究助手和研究者不受到任何身体上的伤害是研究者应该承担的责任,特别是与旅游研究相关的职业健康和安全的问题。旅游研究应避免使被试和研究工作者身体上处于有危险或受伤害状态。

2. 心理上的伤害

旅游研究不应该使被试产生恐惧或尴尬,同时,也不能让被试感到自卑或压抑。尽管原因很不好鉴定,也许有时候这种情感的产生在有些情况下是有益的。当然,被试拥有了解研究的目的和在研究的任何阶段退出的权利。

3. 法律上的伤害

在进行旅游研究过程中,研究者可能会遭遇到一些令他们陷入进退两难的境地。特别是,研究者可能会获得一些非法活动的信息。在着手研究之前,研究者应该明确他们的责任以及如何看待自己所扮演的角色。作为研究者必须清楚地知道自己所扮演的角色。

4. 其他伤害

在研究过程中,还可能存在对被试或其他与研究间接相关的人造成危害的潜在途径。如评估性研究可能暗示了裁员的必要性,这将迅速导致旅游接待业工作人员丧失工作机会和收入减少。采用比较研究,总会使一方显示出比另一方好,这样会导致其中一方的合同的减少,而根据乘数效应,这将对整个区域造成更为广泛深远的影响,使得该区域人员收入减少。对某旅游目的地的旅游吸引物和旅游设施进行评估研究,发现旅游地安全或标准的执行出现问题时,研究结果可能导致企业倒闭,工作就业机会减少。也就是说研究者需要保护个体的权利,同时又要知道研究会带来的危害。

(二)注意欺骗和隐性研究

知情同意要求正在进行研究的被试完全知晓此研究的性质。当被试被研究活动的某些方面所蒙蔽时,就等于出现欺骗。举个例子来说,发起人的真实身份被伪装,或者用一些含糊的术语来表述整个研究的目的,抑或对其进行歪曲。发生此种欺骗行为的原因,通常是被试已熟悉发起人的真实身份或研究的真正意图,继而他们的反应就会受到这种认识的影响。这种欺骗行为,一定要经研究同行、科学研究团体和道德评价团体认可。道德评价团体负责审核从事研究的道德许可申请。被试不被告知或者压根没觉察、意识到他们已经被研究时,就属于隐性研究。

四、旅游研究者对发起人所承担的伦理责任

所有的研究都应该以一种符合伦理的方式来实施。这在应用性研究中尤为重要,因为委托人或发起人在研究设计和报告中可能存在一种偏见。研究者受到伦理标准的约束,因此这种偏见是不能接受的。研究者必须对自己、学术界、公众和发起人承担相应的伦理责任。

在为发起人或者是委托人工作时,有两种类型的研究:有条件的和无条件的。有条件的研究有很多的限制,这些限制条件可能是时间、资金、人员或研究设计等约束条件,这些约束条件可能会单个地或者是共同影响整个研究设计,当然也包括对伦理问题的影响。研究者应该确定这些约束条件是否会引起伦理的或非伦理的行为和结果。这并

不意味着所有的有条件的研究都是非伦理的。有条件约束的研究需要注明具体的限制条件,但是这些限制条件并不意味着研究可以无视伦理问题。无条件的研究没有什么约束条件,发起人或委托人极少能对研究进行干预。这种研究允许研究者在研究的时间安排和方案设计上有充分的自主权。

为发起人或委托人工作时,应该与其签订合约,并明确地描述各个群体所承担的责任。研究者还应该在合约中明确阐述知识产权的归属问题。一些合约规定研究材料和知识产权的归属权隶属发起人或委托人,倘若研究者签署了这类合约,那么研究者若要使用资料,就必须得到发起人或委托人的同意。在有的情况下,合约要求研究者签订一个"保密条款",因为研究者有时会收集涉及"商业机密"的信息。

五、旅游研究者对自身承担的伦理责任

(一) 对于研究者来说的几个关键问题

作为学术界的一员,研究者必须保证他们没有参与任何不当的研究行为。研究中的不当行为包括:欺骗(造曲研究事实)和剽窃。研究中的欺骗行为既指研究者或研究团体捏造事实进而报告虚假数据,也包括研究设计中出现的代表性偏误,特别是由于研究方法的应用而导致的偏误。剽窃是把别人的作品据为己有。这两种失当行为都是不道德的,不符合伦理的。研究者不能滥用与研究相关的权力。

(二) 研究者与被试之间的关系

对于研究者与被试或其他各"主体"之间的关系,不同的研究范式理论有不同的观点(认识论)。实证主义和混沌理论认为它们之间是客观的关系,而其他理论可能认为是一种主观的关系。我们可以根据使用的方法论来确定研究者与被试之间的关系。研究者必须确定自己应扮演何种角色。

六、旅游研究者为什么要讲究伦理

基本上,旅游研究者都必须遵循伦理的原则,以确保他们保护了被试(包括非人类被试)的权利,维护了学术界的名声。同时也确保了知识的更新与发展是建立在讲究伦理原则的科学发现的基础之上的,因此,这些科学发现应该能推动社会的进一步发展、进步。例如,对研究者来说,讲究伦理意味着他们能够在内心保持自尊,因为他们在研究过程中遵守了伦理道德和职业操守。

> **本章小结**
>
> (1) 科学研究的伦理准则包括受益而无害、知情同意、诚实与完整、对被试及其权益的尊重。
>
> (2) 社会研究中的伦理问题包括征得同意、自愿参与、对被试无害、提供研究信息、有权退出、匿名与保密、避免欺骗、分析与报告等。
>
> (3) 旅游研究者要承担对社会、学术界、被试、发起人、自身的伦理责任。

(1) 科学研究的伦理准则是什么？
(2) 为什么要讲究伦理？

第十六章自测习题

参考文献
References

[1] Bacharach S B. Organizational Theories: Some Criteria for Evaluation[J]. The Academy of Management Review, 1989, 14(4): 496-515.

[2] Carey A. The Hawthorne Studies: A Radical Criticism[J]. American Sociological Review, 1967, 32(3): 403-416.

[3] Ferré F. Introduction to Positive Philosophy[M]. Indianapolis: Hacke Publishing Company, 1988.

[4] Cook T D, Campbell D T. Quasi-Experimentation: Design and Analysis Issues for Fiela Settings [M]. Boston: Houghton Mifflin Company, 1979.

[5] Davis J H, Kameda T, Parks C, et al. Some Social Mechanics of Group Decision Making: The Distribution of Opinion, Polling Sequence, and Implications for Consensus [J]. Journal of Personality and Social Psychology, 1989, 57(6): 1000-1012.

[6] Davis J H, Stasson M F, Parks C D, et al. Quantitative Decisions by Groups and Individuals: Voting Procedures and Monetary Awards by Mock Civil Juries[J]. Journal of Experimental Social Psychology, 1993, 29(4): 326-346.

[7] Merton R K. Social Theory and Social Structure [M]. New York: Free Press, a Division of Macmillan Pub, 1968.

[8] 盖尔·詹宁斯. 旅游研究方法[M]. 谢彦君, 陈丽, 译. 北京: 旅游教育出版社, 2007.

[9] 韦伯. 社会学的基本概念[M]. 顾忠华, 译. 桂林: 广西师范大学出版社, 2005.

[10] 艾尔·巴比. 社会研究方法[M]. 邱泽奇, 译. 北京: 清华大学出版社, 2020.

[11] 艾·爱因斯坦, 利·英菲尔德. 物理学的进化[M]. 周肇威, 译. 长沙: 湖南教育出版社, 1999.

[12] 陈向明. 质的研究方法与社会科学研究[M]. 北京: 教育科学出版社, 2000.

[13] 仇立平. 社会研究方法[M]. 重庆: 重庆大学出版社, 2008.

[14] 风笑天. 社会研究方法[M]. 5版. 北京: 中国人民大学出版社, 2018.

[15] 袁方, 谢立中. 社会学认识论的初步探讨[J]. 社会学研究, 1993(5): 33-43.

教学支持说明

为了改善教学效果,提高教材的使用效率,满足高校授课教师的教学需求,本套教材备有与纸质教材配套的教学课件(PPT电子教案)和拓展资源(案例库、习题库视频等)。

为保证本教学课件及相关教学资料仅为教材使用者所得,我们将向使用本套教材的高校授课教师免费赠送教学课件或者相关教学资料,烦请授课教师通过电话、邮件或加入旅游专家俱乐部QQ群等方式与我们联系,获取"电子资源申请表"文档并认真准确填写后发给我们,我们的联系方式如下:

地址:湖北省武汉市东湖新技术开发区华工科技园华工园六路

邮编:430223

电话:027-81321911

传真:027-81321917

E-mail:lyzjjlb@163.com

旅游专家俱乐部QQ群号:306110199

旅游专家俱乐部QQ群二维码:

群名称:旅游专家俱乐部
群　号:306110199

电子资源申请表

填表时间：_____年___月___日

1. 以下内容请教师按实际情况写，★为必填项。
2. 相关内容可以酌情调整提交。

★姓名		★性别	□男 □女	出生年月		★职务	
						★职称	□教授 □副教授 □讲师 □助教

★学校		★院/系	
★教研室		★专业	
★办公电话		家庭电话		★移动电话	
★E-mail（请填写清晰）				★QQ号/微信号	
★联系地址				★邮编	

★现在主授课程情况	学生人数	教材所属出版社	教材满意度
课程一			□满意 □一般 □不满意
课程二			□满意 □一般 □不满意
课程三			□满意 □一般 □不满意
其他			□满意 □一般 □不满意

教材出版信息						
方向一		□准备写	□写作中	□已成稿	□已出版待修订	□有讲义
方向二		□准备写	□写作中	□已成稿	□已出版待修订	□有讲义
方向三		□准备写	□写作中	□已成稿	□已出版待修订	□有讲义

请教师认真填写表格下列内容，提供索取课件配套教材的相关信息，我社根据每位教师填表信息的完整性、授课情况与索取课件的相关性，以及教材使用的情况赠送教材的配套课件及相关教学资源。

ISBN（书号）	书名	作者	索取课件简要说明	学生人数（如选作教材）
			□教学 □参考	
			□教学 □参考	

★您对与课件配套的纸质教材的意见和建议，希望提供哪些配套教学资源：